주변으로 밀려난
기독교

주변으로 밀려난 기독교

지은이	손봉호
펴낸이	김혜정
기획위원	김건주
교정지원	강민영
디자인	홍시 송민기
마케팅	윤여근, 정은희
제작	조정규
출간일	1쇄 발행 2017년 12월 25일
	4쇄 발행 2019년 6월 28일
펴낸곳	도서출판 CUP
출판신고	제 2017-000056호(2001.06.21.)
주소	(04549) 서울특별시 중구 을지로 148, 8층 803호 (을지로3가, 중앙데코플라자)
전화	02) 745-7231
팩스	02) 6455-3114
이메일	cupmanse@gmail.com
홈페이지	www.cupbooks.com

Copyright © 2017 by 손봉호
신저작권법에 의하여 한국 내에서 보호를 받는 저작물이므로 무단 전재와 무단 복제를 금합니다.

ISBN 978-89-88042-85-4 03230 Printed in Korea
* 파손된 책은 구입하신 서점에서 교환해 드리며 책값은 뒤표지에 있습니다.

주변으로
밀려난
기독교

손봉호 지음

CUP

저자 서문

나는 젊었을 때부터 80세가 된 지금까지 조그마한 꿈이 하나 있는데 아직도 이루지 못했다. 그 꿈은, 각 분야의 그리스도인 전문가들이 우리의 삶에 큰 영향을 끼치는 중요한 상황과 사건에 대해 기독교적 관점에서 이해하고 평가하는 글을 쓰거나 강연을 함으로 그리스도인들이 올바로 판단하고 행동하는 데 도움을 주는 것이다. 특히 성도들이 그런 상황과 사건에 대해 올바른 판단을 내릴 수 있도록 지침을 주어야 하는 설교자들에게 좋은 안내가 될 것이기 때문이다. 나는 그것이 오늘을 사는 기독 지식인들의 책임이라고 생각한다.

그런데 우리가 처한 사회 상황과 오늘날 일어나는 사건들이 워낙 다양하고 복잡해서 한두 사람이 이런 임무를 감당하는 것은 불가능하다. 가능한 한 많은 그리스도인 전문 학자들을 발굴하고 동원해 각기 자기 분야의 상황과 사건들을 담당해야 한다. 이것은 동시에 기독 학자들이 구체적인 문제에 대해서도 전문 지식을 이용하고 기독교적으로 생각하게 하는 계기와 훈련이 될 수 있다. 그래서 기회가 있을 때마다 여러 그리스도인 학자들에게 부탁해 보았는데 아직도 별 호응을 받지 못하고 있다.

그리스도인이면서 학자인 사람들은 세계 곳곳에 얼마든지 있다. 그러나 자기 전공 분야와 관계되는 문제들에 대해 기독교적으로 이해하고 평가하고 비판할 수 있는 사람들은 그렇게 많지 않다. 그런데 적어도 내가 아는 한 한국만큼 신실한 그리스도인 지식인들을 많이 가진 나라는 많지 않다. 그러므로 내가 꿈꾸는 목적을 달성하는 데는 한국만큼 좋은 곳도 별로 없지 않나 한다.

그런데도 아직 그 꿈이 이뤄지지 못한 것은, 한국 그리스도인 학자들이 좀 지나칠 정도로 조심하기 때문이다. 대부분 자신은 신학적 지식도 부족하고 자기 전공분야의 다른 기독 학자들이나 이론에 대해 충분한 지식과 정보를 갖지 못하고 있다고 생각하는 것 같다. 그래서 다른 그리스도인들에게 도움이 될 만한 의견을 제시할 자신이 없다고 겸손해한다. 그리고 본인이 속한 학계에서 종교적 편견으로 학문한다는 비판을 받는 것도 두려워하는 것 같다. 지금의 학계 분위기를 고려하면 충분히 이해되는 조심성이다.

그런데도 나는 그런 시도가 이뤄져야 한다고 계속 주장한다. 그것은 성경의 하나님은 우주의 한구석만 지배하시는 분이 아니라 이 우주 자체를 창조하시고 자연과 역사와 지금 세계의 모든 것을 주관하신다고 믿기 때문이다. 그리고 우리는 단순히 죄에서 구속되어 구원을 받는 것으로 만족할 것이 아니라 그 하나님의 뜻을 이루고 그 하나님께 영광을 돌리는 사명을 받았다고 믿기 때문이다. 그리고 그렇게 하는 것이 단순히 우리 자신뿐 아니라 인간을 위시해서 존재하는 모든 것이 그 본래의 의미와 목적을 달성하는 데 도움이 된다고 믿기 때문이다. 우리가 올바로 판단하고 행동하는 것은 우리 자신뿐 아니라 동시에 이 세상의 모든 다른 사람이 의미 있고 행복한 삶을 살아가는 데 도움을 준다고 믿는다.

다른 학자들이 시도하지 않겠다면 나 혼자라도 시도해 보고 싶었다. 여기에 수록된 글은 모두 〈월드뷰〉에 창간호부터 "대표주간 칼럼"이란 이름으로 기고한 것들로 내가 꿈꾸던 것을 조금 실현해 본 것이다. 물론 나는 모든 분야에 대해 전문적 지식을 갖지 못하고 있다. 그러므로 모든 분야의 사건과 상황에 대해 다른 그리스도인들에게 확실한 방향을 제시할 수 없는 것은 분명하다. 그러나 신학과 영문학을 조금 공부했고, 다른 전공 분야를 조금씩이라도 건드릴 수 있는 핑계를 지닌 철학을 전공했다는 이점을 갖고 있다. 나는 서양의 한 속담처럼 "모든 일에 손을 대지만 하나도 제대로 못하는"(Jack of all trades and master of none) 잡식성을 가지고 있다. 그 덕으로 성경과 기독교 교리에 근본적으로 어긋난 소리를 하지는 않고, 많은 분야의 문제에 대해 전혀 얼토당토않은 소리는 하지 않는다고 생각한다. 물론 독자를 조금이라도 오도하지 않으려고 상당히 조심하고 있는 것도 사실이다.

이 책을 통해서 독자 한 분이라도 도움을 받는다면 이 책은 그 소임을 다했다고 생각한다. 원고를 손질해 준 전 〈월드뷰〉 신효영 편집장과 책의 출판을 독려하고 기다려 준 CUP의 김혜정 대표께 감사한다.

프롤로그

세상이 아주 잘못되고 있다

나는 지금의 세상이 잘못되어 가고 있다고 본다. 그 이유는 무엇보다도 돈과 기술이 우상이 되어 있기 때문이다. 돈이나 기술 그 어느 것도 그 자체로 나쁘지는 않지만, 우상화되면 위험하다. 그 둘은 모두 인간의 본능적 욕구에 기초해 있고, 짐승과는 달리 인간의 욕망에는 한계가 없으므로 쉽게 도를 넘을 수 있다. 모든 사람은 좀 더 큰 물리적 힘을 행사하고 싶고, 더 편리하게 살기 원하므로 기술에 대한 욕구에는 한이 없다. 돈에 대한 욕망은 아주 옛날부터 문제를 일으켜 왔지만, 지금은 어느 때보다 더 커져 버렸다. 문화가 세속화되고 물질주의가 팽배해지자 돈으로 살 수 없는 것이 거의 없어졌다. 이제는 명예나 권력뿐 아니라 친구, 이웃, 배우자조차도 돈이 있어야 얻을 수 있게 되었다. 심지어 고등 종교의 성직자들도 헌금을 많이 거두면 성공했다 한다. 기술과 돈은 상호작용을 하면서 폭발적인 힘을 갖게 되었다. 기술이 있으면 돈을 벌고, 돈이 있으면 새 기술을 개발할 수 있게 되었다. 거기다가 모든 사람이 원하는 안전보장, 질병 치료, 쾌락 등도 모두 돈과 기술로 가능하므로 그 둘은 무시무시한 회오리바람을 일으키면서 모든 것을 휩쓸어 가고 있다.

낙관주의자들은 기술이 발달하면 힘 드는 일, 귀찮은 일은 모두 기계에 맡기고 사람은 넉넉한 여유를 즐기며 재미있고 창조적인 일만 할 수 있게 된다고 주장한다. 그러나 인간의 무한한 욕망과 그에 불가피하게 따르는 경쟁으로 말미암아 그런 특혜를 누릴 수 있는 사람은 소수에 불과하고 인류의 절대다수는 그 심각한 부작용에 시달리게 될 것이다. 우선 실업자가 엄청나게 양산될 것은 뻔하다. 우리나라뿐 아니라 대부분의 선진국에서 이미 실업자가 급속하게 늘어나고 있다. 새로운 기술이 개발될 때마다 새로운 일자리가 생겨나지만 사라지는 일자리가 더 많다고 한다. 인공지능 기술은 육체노동뿐 아니라 정신노동조차 대체하기 시작했다. 머지않아 의사, 변호사, 판사, 교육자들조차 상당수 일자리를 잃을 것으로 예측된다.

실업자가 되어 본 사람은 실업이 단순히 경제적 문제에 국한되지 않는다는 사실을 뼈저리게 실감한다. 스스로가 쓸모없는 인간이라고 느끼는 것만큼 사람을 불행하게 만드는 것도 없다. 인간으로서의 자존감, 자긍심, 존엄성이 심각하게 상처를 받는다.

상대적 박탈감이 대부분의 사람을 괴롭힐 것이다. 과거의 경험과 인간의 성향으로 보아 수요에 따라 공급하는 완벽한 사회주의는 실현되지 못할 것이다. 불가피하게 기술과 자본을 가진 소수는 큰 부자가 되고, 나머지는 그 부자들의 심부름꾼이 되어 삯을 받든지 던져 주는 부스러기를 주워 먹고 살게 될 것이다. 영국 구호단체 옥스팜(Oxfam)은 다보스 포럼에서 2015년에는 인류의 1퍼센트가 전 세계 부의 99퍼센트를 차지할 것이라고 발표하더니, 2016년에는 세계 갑부 62명이 인류의 절반이 가진 부만큼 소유하고 있다고 했고, 2017년에는 세계 갑부 8인이 소유한 부가 전 인류의 가난한 절반이 가지고 있는 부와 같다고 주장했다. 계산에 오류가 있다는 이의가 제기되나, 양극화가 심각해지고 있다는 사실은 아무도 부인하지 못할 것이다.

　물질적인 풍요에 대한 지나친 관심은 그동안 전 인류가 거의 절대 선처럼 지키고 추구했던 민주주의도 위기로 몰고 있다. 2016년에는 민주주의 역사가 가장 긴 영국이 유럽연합(EU)을 탈퇴하기로 결정하고, 민주주의의 모형으로 인정받던 미국이 트럼프를 대통령으로 뽑았다. 모두 민주적인 방법으로 내린 결정이다. 이제까지 우리는 다수의 결정은 항상 합리적이고 도덕적이라고 믿어 왔다. 그런데 이제는 민주주의가 집단 이기주의의 모태요 방패막이가 될 수 있음이 드러났다. 두 사건은 자기들 나라의 양극화를 극복하기 위해서 국가 간의 양극화를 확대할 것이다.

　부요와 편리, 쾌락에 대한 현대인의 지나친 집착으로 도덕적 질서가 무너지고 있다. 문화의 세속화로 강화된 인간의 동물적 욕망은 양심을 마비시키고 이성을 도구적 합리성으로 타락시켜 모두 자신의 이익만 전부로 여기고 다른 사람, 특히 약자에 대한 배려는 약하게 만들었다. 영국의 유럽연합 탈퇴와 미국의 트럼프 대통령 당선은 상당 부분 거짓말로 가능했다. 옥스퍼드 영어 사전은 2016년 "올해의 단어"(word of the year)로 "탈진실"(post-truth)을 선정했다. 이말은 진실이나 진리가 더는 중요하지 않거나 영향력이 없다는 뜻이다. 그러나 질서는 불가결하기에 강제력을 행사하는 법이 점점 더 많이 동원되고 있다. 법의 숫자는 늘어나고 처벌의 수위도 높아지며 판사, 검사, 변호사의 수도 늘어나고 그들의 위상도 높아지고 있다. 국민이 내는 세금 상당 부분이 질서유지에 사용되고 사람들의 삶은 점점 더 규격화되며 개인이 누릴 수 있는 자유의 폭은 그만큼 줄어들 수밖에 없다.

점점 심각해지는 환경오염도 큰 걱정거리다. 전기 자동차나 신재생 에너지 등에 희망을 걸 수 있으나 이미 곳곳에서 사막화가 일어나고 기후가 이전과 같지 않다. 지나친 소비가 만들어 낸 재앙이다. 환경오염의 우선 피해자는 가난한 사람이며 가난한 나라다. 인류는 자연환경 파괴로 말미암아 종말을 맞을 것이라는 경고가 끊이지 않는다. 거기다가 자국 중심주의적 국제 경쟁으로 전 지구적인 환경 문제가 소홀히 다루어질 가능성이 커졌다.

이 모든 재앙은 궁극적으로 자연과학과 과학기술이 만들어 낸 닫힌 세계관(Closed World-View) 때문이라고 나는 진단한다. 모든 사람이 동의할 수 있는 삶의 목적은 행복이고, 행복이란 주어진 욕망을 충족시키는 데서 오는 쾌락으로 이해하는 사람이 가장 많다. 욕망 충족에 근거해서 형성된 오늘의 세계질서를 나는 "에로스 질서"라 부른다. 《아가페와 에로스》(크리스천다이제스트, 1998)를 쓴 니그렌(A. Nygren)은 에로스를 자기중심적인(ego-centric) 욕망에 근거한 사랑이라고 정의했다.

아가페는 십자가에 나타난 하나님의 사랑으로 '자신의 이익'이나 '의'가 아니라 '이웃의 번영'이 목적이다. 에로스 질서는 현실이지만, 아가페 질서는 이상이며 당위다. 아가페는 얼핏 보면 매우 비현실적인 것 같지만, 궁극적으로는 가장 현실적이다. 지금 세계를 지배하고 있는 에로스 질서는 인류를 파멸로 이끌 수밖에 없다. 반면 아가페 질서는 인류가 생존하고 번영할 수 있는 대안이다.

아가페는 욕망의 절제를 요구한다. 인간이 짐승과 다른 점은 욕망을 절제할 수 있다는 사실이다. 욕망 절제가 없는 짐승의 세계는 힘의 논리에 의한 약육강식의 법칙으로 질서가 유지되지만, 인간은 욕망을 절제함으로 짐승보다 우위에 서고 정의의 원칙으로 질서와 평화를 누릴 수 있다. 그런데 오직 이 세상에서 모든 행복을 찾아야 하는 차세(此世) 중심적 세계관에서는 욕망을 절제할 동기와 동력이 약하다. 기껏해야 도구적 합리성을 발휘할 수 있겠지만, 그것은 오직 경쟁에서 이기기 위한 능력이며 전략이지, 공동번영과 평화의 전략은 아니다. 점점 강해지고 있는 이기적 욕망과 점점 약해지고 있는 절제 능력 때문에 정의감과 동정심, 합리성 등 인간에게 주어진 도덕적 자원이 무력해지고 있다. 세계화로 조금씩 개선되던 국가 간의 평등과 정의도 최근 다시 역주행을 시작했고 더욱 악화될 가능성이 크다.

　아가페 질서를 추천하는 것을 기독교의 종교적 이기주의라 할 수 없다. 그러나 그것은 절제에 근거한 희생과 봉사가 전제되지 않으면 실행할 수 없으며, 따라서 어떤 세속적 이익도 개입될 수 없다. 그것이 바로 십자가의 가르침이고 사랑이신 하나님을 본받는 것이며, 모든 사람에게 이익을 주는 사랑의 논리다.

01
어지러운 세상

과도기의 서러운 시대 025

언어는 세계관 그릇 029

Media is Message 034

수치도 죄의식도 사라지는 세상 038

한국인의 거짓말 042

경쟁심과 연합 046

경쟁에 찌든 한국 교육 050

한국 교육, 실패한 종교 053

한국 대학생의 고민 056

02
우상으로
등극한 돈

비판적 소비 063
티끌 모아 태산 067
탐심이 우상숭배 071
한국 교회를 타락시킨 돈 075
돈이란 우상 079
탐심은 마음 건강의 적 083

03
주변으로 밀려난 기독교

주변으로 밀려난 기독교 091

모르고는 이길 수 없다 095

한국 교회의 부패와 기독교적 세계관 100

기독교는 무식한 종교가 아니다 103

그리스도의 몸 107

그리스도의 마음과 소통 111

법 없이도 사는 사람 115

04
위대한 유산

책의 종교 123
세계관과 상대주의 127
상대주의가 아닌 다원주의 131
기독교적 역사관과 창조적 상상 134
역사의 무게 138
인간 생명의 존엄성 142
인간 생명은 왜 존엄한가? 146
인권 존중, 기독교의 유산 150

동성애는 하나의 가시 154
동성애 반대도 과유불급 158
학문을 제자리에 놓기 163
공부해서 남 주자 168
순수하고 정직한 아름다움 173
그리스도인과 전쟁 177
통일의 기독교적 명분 181

05
급변하는 시대

4차 산업혁명, 경계하며 지켜보자 189

사이버 공간과 신독 194

정보의 홍수와 미숙한 인격 198

과학적 지식은 잠정적 202

상대적인 과학, 절대적인 성경 206

기술 개발 모라토리엄이 필요하다 210

인간은 과학보다 크다 215

06
인류문명을 바꾼 종교개혁

종교개혁은 매체 사건이었다 223

종교개혁을 기념할 자격 228

종교개혁과 인간 교육 233

종교개혁과 경제 정의 237

종교개혁 시대의 예술 242

종교개혁과 이웃 사랑 247

종교개혁과 학문의 발전 252

07
정의로운 사회

약자와 윤리 261

약자 보호가 정의 266

비판적 정치 참여 270

시민사회와 윤리 274

정의의 요구가 만족되어야 279

로잔 언약과 사회적 책임 283

의사와 구주 288

경제민주주의, 왜 필요한가? 292

지도자의 도덕성 296

정의와 세계관 301

08
소중한 가정

가정의 주권과 교육 307

세계관과 어머니 310

부부간의 사랑 313

엄숙하고 소박한 결혼 문화 317

가정이 건강해지려면 321

아버지와 권위 325

01 어지러운 세상

과도기의
서러운 시대

✅　　나는 주민등록 나이와 실제 나이가 다르다. 1년의 차이가 있다. 내가 태어날 때는 신생아가 1년 이내에 죽는 일이 흔했기 때문에 많은 부모들이 한 돌이 되기 전에는 출생신고를 하지 않았다. 사망신고를 해야 하는 아픔을 피하기 위해서다. 돌잔치를 성대히 하는 풍속이 생긴 것은 삶의 첫해를 넘기는 것이 매우 어려웠기 때문이다. 겨우 살아남은 우리는 일제강점기에 소나무 껍질을 벗겨 먹고, 칡뿌리를 캐 먹었다. 6·25 전쟁 때는 많이 죽고 다쳤다. 미군이 던져 주는 초콜릿을 주워 먹는 것을 행운으로 알았고, 외국인이 입다 버린 구호물자로 추위를 견뎠다. 독재 치하에선 숨도 제대로 쉬지 못하고 살았다. 가족들 먹여 살리고 자식들 공부시키기 위하여 그야말로 피와 땀을 흘렸고 외국에 나가서 가난한 나라의 국민이 겪는 온갖 천대와 수모를 다 감수했다. 그렇게 해서 지금의 대한민국을 일궜다.

　　그런데 지금 우리는 과도기 세대의 서러움을 당하고 있다. 부모에게 효도하고 어른들에게 순종한 마지막 세대, 자식에게 효도 못 받고 어른 대접 못 받는 첫 세대, 부모를 모신 마지막 세대, 자식과 같이 사는 것이 쑥스러운 첫 세대, 어른의 말을 경청한 마지막 세대, 자신들의 말이 콧방귀로 들리는 첫 세대가 되었다. 가족을 위해, 자식과 나라를 위해 온갖 고생을 다 했지만, 가족들에게 소외되고 사회에서 무시당하는 서러운 사람들이 되고 말았다. 자립하려니 늙었다고 일자리를 주지 않고, 자식도 국가도 돌봐 주지 않으니 자살하는 것이 유일한 출구다. 우리나라 65세 이상 노인 10만 명당 81.4명이 자살해서 일본의 17.9명, 미국의 14.1명의 거의 5배에 달한다. 국가는 부양할 자식이 있다고 외면하고, 자식은 자기 자식 사교육비 지출로 여력이 없다. 노인들은 배와 선창 사이에 빠져 버렸다. 오늘의 한국인은 구약시대의 고아와 과부 같은 처지에 있다.

교회도 노인들에겐 관심이 별로 없다. 돈이 없으니 헌금도 많이 못하고, 힘이 없으니 봉사도 못하고, 케케묵은 생각에 발언권도 없어 정중하게 무시당하는 신세가 되었다.

그런데 이래서는 안 된다.

일할 수 없는 장애인을 국가가 보호하듯 자기 힘으로 살 수 없는 노인들을 사회가 보호하는 것이 공정하다. 부잣집 아이들은 비싼 유기농 식품으로 공짜 점심을 먹이면서 힘없는 노인들은 자살하든 말든 내버려 두는 것이 정의일 수 없다. 모든 노인을 다 우대할 필요도 없다. 돈 있는 노인들은 지하철 요금도 물도록 해야 한다. 어려운 노인들만 더 도우면 된다. 일할 수 있는 노인에게 일자리를 주어야 한다. 임금 피크제를 도입하더라도 정년을 연장해 줘야 한다. 고속도로의 하이패스를 없애고 일본처럼 노인들이 통행료를 받도록 하면 일자리가 많이 생긴다. 효율성도 좋지만 일자리가 더 중요하다. 복지비용도 줄일 수 있다.

젊은이들은 대부분 영원히 늙지 않을 것이라 착각한다. 우리도 젊을 때는 그랬는데 당해 보니 착각이더라. 노후대책이란 노인들이 아니라 젊은이들이 세워야 한다. 돈만으로 되지 않는다. 노인 보호 정책, 노인 존중 문화가 중요한 노후대책이다. 당신들이 늙었을 때 지금의 노인 신세 되지 않으려면 지금부터 준비해야 한다. 푸대접한 사람은 푸대접 받기 십상이다.

노인들도 이제는 생각을 바꿔야 한다. 이제 "밤 놔라, 대추 놔라" 지시할 시간은 지나갔다. 어차피 노인들이 책임질 수 있는 세상도 아니고, 그들 뜻대로 되어서도 안 된다. 다만 반세기가 넘도록 시행착오를 거쳐 쌓은 경험과 삶의 지혜를 그대로 사장해 버리는 것은 너무 아깝다. 기회가 있으면 그것을 활용해서 새 세대를 도와야 한다. "이렇게 해 보니 좋더라, 저렇게 해 보니 나쁘더라." 젊은 세대에게 경험을 이야기해 주는 것은 중요하다.

기회가 없으면 만들어야 한다. 공연히 지하철 타고 돌아다니며 철도공사 적자만 늘일 것이 아니라, 노인정에 모여 앉아 바둑이나 둘 것이 아니라 작은 일이라도 봉사활동을 해야 한다. 길가의 쓰레기도 줍고, 담배 피우는 학생들, 남이 보는 데서 서로 끌어안고 입 맞추는 젊은것들, 담배꽁초 버리는 철없는 철부지들을 꾸짖고 나무라야 한다. 혼자 하면 못된 놈들에게 폭행당할 수도 있으므로 몇 노인이 무리를 지어 잔소리 부대를 조직하는 것이 좋다.

어쨌든 마지막 순간까지 사회에 쓸모 있는 사람으로 살아야 한다.

젊은 세대에 짐이 안 되도록 최선을 다해야지! 그러나 자살은 좋은 방법이라 할 수 없다. 생명 경시 풍조를 강화해서 사회를 돕기보다는 해를 끼친다.

곱게 늙자.

언어는 세계관 그릇

✅ 스위스의 철학자 테비나스(P. Thévenaz)는 '언어가 의식'이라고 주장했다. 말은 의미가 있어야 하고 말하는 사람이나 듣는 사람이 그 의미를 의식할 수 있어야 말이 된다. 현상학자 후설은 의식이 바로 의미로 이뤄진다고 주장했다. 짐승도 정보를 전달한다는 주장이 있다. 꿀벌은 날갯짓으로 어떤 꽃이 어느 쪽에 얼마나 있는지를 동료 꿀벌에게 알린다는 것이다. 그러나 그 날갯짓은 본능에 의한 신호(sign)일 뿐 '의사' 전달은 아니다. 자신의 몸짓이 무엇을 뜻하는지를 의식하지 못하기 때문이다.

언어는 생각을 표현하지만 언어가 없으면 생각을 할 수도 없다. 생각이란 의미를 가진 의식으로 이뤄지고 언어가 있어야 의식이 가능하기 때문이다. 사람만 생각할 수 있다는 말은 곧 사람만 언어를 사용할 수 있다는 말이다. 그러므로 언어가 사람을 사람으로 만든다고 할 수도 있다. 독일의 철학자 카시러(E. Cassirer)가 인간을 '상징을 가진 동물'(animal symbolicum)이라고 정의한 것처럼 언어는 상징의 대표이다. 하나님이 창조하신 모든 것에 아담이 '이름'을 준 것은(창 2:19~20) 인간에게만 언어 능력이 주어졌음을 암시한다. 명사는 언어에서 가장 기본적이고 대표적이다.

언어는 자동차나 무궁화처럼 손으로 지칭할 수 있는 대상이나 민주주의처럼 추상적인 이념을 표현하지만 "자동차가 멋지다", "무궁화가 아름답다", "민주주의를 이룩해야 한다"처럼 감정과 가치관, 의무도 표현한다. 그래서 언어는 사용하는 사람의 지식뿐만 아니라 그의 인격 전체를 나타낸다. 조리 있게 말하고 쓰는 사람은 그 사람의 생각이 논리적으로 잘 정리되어 있기 때문이고, 다른 사람이 이해할 수 없는 글을 쓰는 것은 많은 경우 자신도 충분히 이해하지 못한 채 쓰기 때문이다. 추잡한 말을 하는 사람은 그의 인품이 추잡하기 때문이고, 아름다운 말은 아름다운 마음을 대변한다. 야고보는 말과 관계해서 "샘이 한 구멍으로 어찌 단 물과 쓴 물을 내겠느냐"(약 3:11)고 한다. 생각이 깨끗하면 말이 깨끗할 것이요, 인품이 고상하면 고상한 말이 나올 것이다. 말조심하란 것은 입술과 혀를 조심해서 움직이란 것이 아니라 생각을 바르게 하고 인품을 훌륭하게 가꾸란 것이다.

그런데 언어는 다른 사람이 있어야 필요하다. 혼자 살면 말할 필요가 없고 말이 없으면 생각할 수 없으므로 다른 사람이 없으면 오늘날 우리가 아는 사람은 있을 수 없다. 언어는 사회적이고 인간도 사회적이다. 사회학자 미드(G. Mead)가 말한 것처럼 "나를 나로 만든 것은 사회다"(I am what the society makes me). 나를 한국인으로 만든 것은 나의 피나 피부 색깔이 아니라 한국 사회요, 한국 문화다. 그리고 한국 사회는 무엇보다도 한국어를 매개로 해서 나를 한국인으로 만든다.

사람의 의식은 마치 물웅덩이와 같다고 할 수 있다. 깨끗한 물이 계속 들어오면 웅덩이도 깨끗해지고 더러운 물이 많이 들어오면 웅덩이가 더러워진다. 사회의 구성원들과 계속해서 의사를 교환하는 동안 들어오는 정보와 가치관이 나의 생각과 인격을 염색하는 것이다. 사회가 논리적이고 도덕적이면 그 사회 구성원들은 자신도 의식하지 못한 채 논리적이고 도덕적이 된다. 사회의 도덕적 수준이 낮으면 구성원들의 도덕성이 높아지기가 힘들다. 선진 사회와 후진 사회는 그렇게 해서 결정된다. 우수한 개인들이 우수한 사회를 만들고, 우수한 사회가 우수한 개인을 만들어 낸다.

의사소통이 주로 언어를 통해서 이뤄지기 때문에 언어는 객관적인 의미(denotation)와 더불어 그 사회의 세계관을 담고 있다. 언어의 구조(syntax)는 인간 사고의 저변에 생득적으로 주어진 근본 구조일 수 있으나 언어의 의미(semantics)는 전적으로 문화적이다. 문화의 다른 부분들과 마찬가지로 언어도 역사적 과정을 거치면서 사회 구성원들이 만들어 낸다. 한국인이 한국어를 만들고 한국어가 한국어를 쓰는 사람을 한국인으로 만든다. 중국의 기독교 사상가 린유탕(林語堂)은 같은 생각을 중국어와 영어로 써 보았더니 두 개의 다른 글이 되고 말았다고 했다. 그래서 심지어는 "모든 번역은 왜곡이고 모든 번역가는 반역자"(All translation is corruption and all translators are traitors.)란 말까지 생겨났다. 자연과학 논문은 정확하게 번역될 수 있겠지만 인문학적인 글, 특히 시는 정확한 번역이 불가능하다.

개인의 경우처럼 문화의 특성도 그 사회의 언어에 반영된다. 영어에는 명사가 풍부하고 한국어에는 형용사가 풍부한 것은 한국인이 논리적인 사고보다는 감성적인 능력이 발달되어 있음을 반영하고, 서양어에는 험한 욕설이 주로 하나님과 관계되어 있는 반면에 한국인의 욕설은 주로 부모나 성과 연관되어 있는 것을 보면 그들 문화에서 신성불가침의 대상이 무엇인가를 잘 보여준다. 언어는 그 사회의 거울이며 세계관의 그릇이라 할 수 있다.

요즘 한국어는 한마디로 엉망진창이다. 욕설을 포함한 비속어, 야유와 냉소로 가득 찬 청소년들의 약어, 슈퍼, 스테인 등 미국인도 모르는 영어, '당선되다'(뽑히게 되게 되다), '피해를 입다'(해를 입음을 입다)', '시혜를 베풀다'(은혜 베풂을 베풀다)와 같이 '역전(驛前) 앞에서 축구(蹴球)차다' 식의 비논리적인 관용어, '너무 좋다', '좋은 것 같다' 같이 따져 보면 말이 안 되는 표현들이 들끓는다. 자기가 실수를 해 놓고는 "양해의 말씀 올립니다" 하는 방송국 아나운서가 한둘이 아니다. 자기가 자기 실수를 '너그러이 이해한다'는 것이다. 가관이다. 국가조차도 해마다 날짜가 바뀌는 명절을 '설'(정월 초하루)이라 부르니 헷갈리지 않을 수 없다. 노인은 푸대접하면서 존댓말은 과잉상태다. "할아버지에게는 애완견이 계시고", "할머니 목이 마르시다." 이런 상황은 바로 우리 사회가 얼마나 비논리적이고, 제멋대로이며 불안정한가를 잘 보여 준다.

이런 잘못은 교육계 혹은 국어연구원이 앞장서서 고쳐야 한다고 주장하는 사람들(prescribers)이 있는가 하면, 언어란 생물과 같아서 인위적으로 고친다고 해서 바뀌는 것이 아니므로 그대로 둘 수밖에 없다고 주장하는 사람들(describers)이 있다. 영어에도 "It is me"처럼 문법에 어긋나는 문장이 버젓이 사용되고 있고 "irregardless" 같이 비논리적인 단어가 사전에 들어 있다. 사람들이 이해하면 말이 된다는 것이다.

그런데도 불구하고 언어 정화는 필요하다. 언어가 우리의 사고, 판단, 느낌, 관계, 행동 등에 미치는 영향이 매우 크기 때문이다. 비록 권위를 가진 개인이나 기관이 인위적으로 정화하지는 못할지라도 사회와 문화의 건전한 발전에 조금이라도 책임의식을 가진 사람이라면 바른 말, 고운 말을 쓰려고 의식적으로 노력해야 할 것이다. 가능한 한 논리적이고 분명하게 말하며, 도덕적이고 아름답게 표현하려고 힘써야 하는 것이다. 바울은 "무릇 더러운 말은 너희 입 밖에도 내지 말고 오직 덕을 세우는 데 소용되는 대로 선한 말을 하여 듣는 자들에게 은혜를 끼치게 하라"(엡 4:29)고 권면하고 야고보는 "우리가 다 실수가 많으니 만일 말에 실수가 없는 자라면 곧 온전한 사람이라 능히 온 몸도 굴레 씌우리라" 하며 우리의 관심을 환기시킨다(약 3:2). 예수님께서 지적하신 것처럼, 사람 속에서 나오는 것이 사람을 더럽게 하고(막 7:23) 그것은 주로 말을 통해서 나온다. 모든 종교들 가운데 기독교만큼 말이 중요한 종교는 없다. 기독교는 '책의 종교'며 말의 종교다. 기독교적 세계관의 중요한 특징이 잘못된 세계관에 비판적인 것이라면 그리스도인은 세계관을 실어 나르는 언어에 대해서도 비판적이고 개혁적일 수밖에 없다.

Media is
Message

✓ 인간의 의식을 물웅덩이에 비유했다. 깨끗한 물이 계속 들어가면 웅덩이가 깨끗해지고, 더러운 물이 많이 들어가면 웅덩이 전체가 더러워질 수밖에 없다. 즉 의식의 내용과 성격은 전달되는 정보에 의해 결정된다. 물론 사람에게는 취사선택의 자유와 능력이 있어서 들어오는 정보를 수동적으로 받아들이기만 하는 것은 아니다. 마음에 드는 것은 취하고 싫은 것은 버릴 수 있으며, 스스로 새로운 것을 창조할 수도 있다. 그러나 그런 취사선택도 이미 그 이전에 받아들인 정보에 상당할 정도로 영향을 받기 때문에 주위의 영향은 결코 무시할 수 없다. "흰 눈이 온 누리를 채워도 홀로 푸르게 남으리라"(白雪이 滿乾坤할 제 獨也靑靑하리라)고 성삼문이 결심했지만, 현실 사회에서는 그게 그렇게 쉽지 않다. 한국 사회에 살면 한국어를 하고 김치를 좋아하게 되며, 사회의 도덕적 수준이 낮으면 개인도 쉽게 비도덕적이 된다. 맹자의 어머니가 자녀 교육을 위해 세 번이나 이사를 한 것은 그만한 이유가 있기 때문이다.

그래도 옛날에는 사람들이 대개 사람들의 말을 직접 듣거나 사실을 직접 목격함으로 정보를 얻었고, 그에 관한 판단이나 평가도 옳든 그르든 자신이 직접 했다. 그러나 현대 사회에서는 정보를 직접 얻는 경우는 상대적으로 적고 대부분 신문이나 방송, 책 등 매체(미디어)를 통해서 얻는다. 그동안 미디어의 종류와 숫자가 엄청나게 늘어났다. 과거 어느 때보다 더 많고 다양한 정보를 더 쉽게 얻을 수 있게 되었다. 우리의 의식 대부분은 매체들이 제공하는 정보로 채워져 있다. 사람들의 의식이 문화를 만들고, 문화가 사회와 삶의 질을 결정한다. 그 의식 형성에 중요한 역할을 하는 매체는 오늘날 우리 삶에 결정적인 역할을 하고 있다고 해야 할 것이다.

  매체들 중에서도 인쇄 매체와 달리 방송, 영화, 휴대전화 등 전자 매체는 그들이 제공하는 정보를 반추하거나 비판할 시간적 여유를 주지 않는다. 그러므로 수용자는 수동적이 될 수밖에 없고 따라서 매체는 더 큰 영향력을 행사한다. 거기다가 미디어 전문가 맥루한(Marshall MacLuhan)이 지적한 것처럼 영상 매체는 말이나 글처럼 정보를 시간적 흐름에 따라 순차적으로(linear) 제시하는 것이 아니라 한꺼번에 보여 주기 때문에(configuration) 우리를 훨씬 더 수동적이 되게 하고, 따라서 우리에게 더 큰 영향력을 행사한다. 비판적 사고는커녕 사고활동이 전혀 없어도 되도록 우리 두뇌를 게으르게 만든다. 신문이나 라디오 광고보다 TV 광고비가 월등하게 비싼 것은 광고효과가 그만큼 더 크기 때문이다. 더 효과적이란 것은 우리가 그만큼 더 수동적이고 그만큼 더 영향을 받는다는 것이다.

  물론 대부분의 매체는 가능한 한 객관적이고 공정해서 소비자들에게 유익한 정보를 제공하려고 노력할 것이다. 그러나 아무리 공정한 매체라도 운영을 위해서는 기본적인 비용이 필요하고 영향력을 확대하기 위해서는 재투자를 해야 하므로 영업이익을 무시할 수 없다. 따라서 매체가 전달하는 정보의 질과 전달 방식에 경제 논리가 작용하지 않을 수 없다. 그것은 불가피하게 정보의 객관성과 공정성에 흠을 낸다. 단순히 정보를 전달하는 중립적인 '매체'가 아니라 자체의 의도도 같이 전달하는 또 하나의 '정보'가 되는 것이다. "매체가 정보다"(Medium is the Message)라는 맥루한 (M. MacLuhan)의 말에 일리가 있다.

　선진 사회에서도 그러하지만, 특히 사실과 객관성에 대한 열정이 낮은 후진 사회에서는 그 정도가 훨씬 더 심하며, 객관성과 공정성에 취약한 한국 매체들의 경우에는 더할 나위가 없다. 사실을 전달하는 것이 아니라 '소설을 쓴다'는 말이 있을 정도다. 소비자들에게 유익한 정보가 아니라 그들이 좋아하는 정보를 그들이 좋아하는 방식으로 제공함으로 광고 수입을 늘리는 것이 그들의 목적이다. 재미만 추구하는 소모적인 오락 프로는 황금시간대에 방송하고, 모든 국민과 특히 청소년들이 꼭 시청해야 할 좋은 교양 프로는 한밤중에 방송한다.

　정보 소비자들의 질이 낮으면 질이 낮은 정보가 더 많아지고, 질이 낮은 정보는 소비자들의 의식 수준을 더욱 저급하게 만들어서 악순환을 일으킨다. 그 결과, 방송의 질이 낮으면 낮을수록 시청률은 높아진다. 그동안 우리 언론은 연예인들과 운동선수 꽁무니 따라다니느라 사회의 불법과 부조리를 지적하고 바로잡음으로 생명존중이나 도덕성을 함양하는 것에 게을리 했다. 세월호 참사에는 한국 언론 매체도 정치권 못지않게 큰 책임을 져야 한다.

이런 상황은 한국 그리스도인에게 심각한 경종이 되어야 한다. 바울도 믿음은 들음에서 난다고 지적했다(롬 10:17). 물론 성령의 역사와 창조적인 사고, 우리의 자유로운 판단도 중요하고 그동안 형성한 비판 능력도 작용을 하지만, 그래도 우리의 믿음과 가치관, 판단과 결정, 행동방식은 상당할 정도로 정보의 영향을 받는다. 더러운 물이 계속 들어오면 어느 순간부터 그것이 더럽다는 것을 인식하지 못하며, 점차 홍수처럼 밀려드는 더러운 물을 오히려 환영하게 된다. 교회의 설교나 교제하는 성도들의 의식 수준이 낮으면 상황은 더욱 심각해질 수밖에 없다. 그러므로 어떤 매체를 어떻게 이용할 것인가에 대해서 기독교계가 진지한 연구와 토론을 거쳐 매체에 대한 변별력을 키워야 한다.

나아가서 교계에는 건전한 기독교 매체들이 많아져야 한다. 가능한 한 사실을 있는 그대로 반영하고 철저히 공정하되, 성경적 관점에서 이해하고 평가해서 설득력 있게 전달하는 매체가 많아야 한다. 그리스도인들이 그런 매체를 많이 이용해야 한국 교회와 그리스도인들의 생각과 판단이 건전해지고 행동이 신실해질 것이다.

수치도 죄의식도
사라지는 세상

✓   고대 그리스의 4대 미덕은 지혜, 정의, 용기, 절제였고, 유교의 4대 미덕은 인(仁), 의(義), 예(禮), 지(智)였다. 공통되는 것은 지혜와 정의인데 이 둘은 어느 시대를 막론하고 중요했고 오늘날에는 더욱 그러하다. 그런데 맹자는 정의를 '악을 부끄러워하는 마음'(수오지심: 羞惡之心)이라 하였다. 철두철미 주체 중심적 유교 윤리에서는 정의도 전적으로 주관적인 태도의 하나로 간주하고 있다.

심리학자인 톰킨스(Silvan Tomkins)는 '수치-창피'(shame-humiliation)는 모든 인간의 생득적 정서(affects) 9쌍 가운데 매우 강력한 하나라고 했다. 비록 무엇 때문에 양심의 가책을 받고 왜 부끄러워하는가는 개인과 문화에 따라 다르지만 인간에게 양심과 수치심이 있다는 사실은 부인할 수 없다. 수치심이 사람에게 해롭다는 주장도 있지만 맹자가 사단의 하나로 취급할 만큼 수치감은 악행을 억제하는 중요한 도덕적 자원임에 틀림없다. 인간의 품위를 지키지 못하고 못된 짓을 하는 사람을 우리는 '얼굴이 두꺼워 부끄러움을 모르는 자'(후안무치: 厚顔無恥)라 하고, 심지어는 '쇠가죽으로 된 얼굴'(철면피: 鐵面皮)이라 욕한다. 최근 우리나라 정치계와 종교계에는 그런 후안무치한 철면피들이 들끓어 도덕적 후진국을 만들고 있다.

사람이 후안무치하게 되는 데는 적어도 두 가지 원인이 작용하는 것 같다. 하나는 개인의 양심이 마비되어 옳고 그름을 가릴 만한 판단력을 잃는 것이다. 그것은 머리가 나쁘거나 객관적 지식이 부족해서가 아니라, 욕심이 눈을 가려 나쁜 것이 그리 나빠 보이지 않고 옳은 것이 별로 중요하게 느껴지지 않기 때문이다. 최근에 우리 사회에 막대한 해를 끼친 사람들 상당수는 좋은 두뇌를 가지고 좋은 교육을 받았고 그 가운데는 천재란 칭송을 들은 자도 있다. 그러나 돈, 권력, 명예에 눈이 멀면 양심이 마비되어 좋은 두뇌가 아주 효과적인 악의 도구가 되고 마는 것이다.

그러나 그보다 더 심각한 원인은 사회문화가 잘못되어 도덕적 수준이 높은 사회에서는 충분히 수치 거리인 행위가 전혀 부끄럽지 않게 되는 것이다. 한국 사회에서는 거짓말이 예사로 인식되기 때문에 거짓말하는 것이 별로 부끄럽지 않고, 탈세하는 사람이 많으니 탈세가 부끄럽지 않은 것이 되었다. 우리 사회에는 최순실의 위치에 있었다면 최순실처럼 행동했을 사람들이 얼마든지 있다. 그러므로 최순실은 자신의 비리에 대해 양심의 가책도 받지 않고 부끄러워하지도 않는 것 같다. 자기만 "재수 없이 걸렸다"고 생각할 것이 틀림없다. 양심의 가책과 수치를 유발하는 잘못의 기준은 절대적이고 객관적인 것이 아니라 주관적이고 문화에 따라 상대적이다. 최근 한 언론사가 예약 지키기 운동(No-Show 근절 캠페인)을 벌인 결과 예약 지키지 않는 것을 '부끄럽게 느끼는' 사람들이 늘어났다 한다.

문화인류학에서는 '죄의식의 문화'(guilt culture)와 '수치의 문화'(shame culture)를 구별해 왔다. 베네딕트(Ruth Benedict)가 일본 문화에 대해서 쓴《국화와 칼》(을유문화사, 2002)이란 책을 통해서 많이 알려진 분류다. 일본, 한국, 중국 같은 동양문화에서는 수치심이 일탈행위를 억제시키는 반면, 서양 문화에서는 죄의식이 그런 기능을 한다는 것이다. 수치의 문화에서는 다른 사람의 따돌림을 무서워하고 죄의식의 문화에서는 인격적인 신이나 보응의 법칙에 의한 처벌을 무서워한다는 것이다. 수치는 주로 다른 사람 앞에서 느끼는 것이므로 무신론적 세계관이 지배하는 문화에서 중요하게 작용하는 윤리적 자원이다. 따라서 잘잘못의 기준은 하나님의 계명이나 우주 법칙이 아니라 그 사회가 형성해 놓은 규범이다.

수치의 문화에서 수치가 제 기능을 하기 위해서는 공동체가 매우 유기적이고 인간관계가 친밀해야 한다. 우리나라 전근대 사회의 질서가 비교적 잘 유지될 수 있었던 것은 이념적으로 동질적이고 인간관계가 친밀했기 때문이었다. 인구이동이 많지 않았기 때문에 한 곳에서 오랫동안 같이 살면서 모두가 서로를 잘 알고 서로 믿고 의지하며 살았다. 따라서 그런 공동체에서 따돌림을 당하는 것은 죽음 못지않게 심각한 처벌이었다. 일제 강점기 굶는 사람이 많았을 때도 대문과 자물쇠가 없는 시골 마을에도 도둑이 거의 없었다. 공동체 구성원간의 상호신뢰를 도둑질로 배신하면 따돌림을 당할 것이고 그것은 심각한 수치 거리였다.

그러나 사회가 기계적으로 조직되고 인간관계가 익명적이 되자 수치는 윤리적 기능을 점점 상실하게 되었다. 이런 사회적 변화에는 죄의식의 문화보다 수치의 문화가 훨씬 더 취약할 수밖에 없다. 죄의식의 문화에서는 인간관계가 익명성을 띠어 개인의 생각과 행동을 감시하는 '마음속의 경찰'이 두려움의 대상으로 남지만, 수치의 문화가 익명적이 되면 행동을 감시하는 '다른 사람의 얼굴'은 전혀 힘을 쓰지 못한다. 범죄하고도 "하늘을 우러러 한 점 부끄러움도 없다"고 하거나 청문회에 불려 나온 증인들이 예사로 "기억나지 않는다"고 거짓말하는 경우는 죄의식의 문화에서 그렇게 흔하지 않다.

놀라운 것은 인격적 하나님을 믿는 그리스도인들조차 수치의 문화에 살면 부정직해진다는 사실이다. 한국의 그리스도인들은 평균적으로 유럽이나 미국의 비그리스도인들보다 더 부정직한 것 같다. 이것은 세계관과 문화가 개인의 윤리에 얼마나 큰 영향을 끼치는가를 잘 보여 준다.

물론 죄의식의 문화에서도 요즘 무신론이 확산되어 '마음속의 경찰'이 사라지고 있다. 그래서 이제는 두 문화에서 모두 법의 강제력만이 정의 유지의 유일한 수단이 되고 있다. 인간이 짐승과 다른 것은 자율성에 있는데 외부의 압력에 의하여 타율적으로 행동하는 것이 과연 바람직한 변화인가? 살아 계신 하나님을 마음속의 경찰로 모시는 참 그리스도인들이 나서서 이렇게 타락하는 문화를 근본적으로 변혁하지 않으면 누가 하겠는가.

한국인의
거짓말

✅   파선으로 제주도에 표착해 3년간 조선 땅에 갇혀 있다가 탈출한 네덜란드 선원 하멜이 쓴 보고서 《하멜 표류기》(1653)에 "조선 사람들은 도둑질을 매우 잘하며 속이거나 거짓말도 잘한다. 그래서 조선 사람들은 신뢰할 수가 없다"란 구절이 있다. 19세기 말 도산 안창호는 "거짓이여! 너는 내 나라를 죽인 원수로구나. 군부(君父)의 원수는 불공대천(不共戴天)이라 했으니, 내 평생에 죽어도 거짓말을 아니하리라" 하여 거짓말 때문에 조선이 일본의 수모를 당한다고 판단했다.

지금도 상황은 크게 개선되지 않았다. 한국의 탈세율은 26.8퍼센트에 달해서 그리스나 스페인과 비슷하고, 보험금의 13.9퍼센트가 사기로 지급되며, 교통사고 입원율은 일본의 8배나 된다. 우리의 부정직은 뿌리 깊은 민족적 고질이다. 물론 우리가 세계에서 가장 부정직한 국민은 아니다. 그러나 경제, 교육, 기술, 예술 등 다른 분야의 수준과 비교하면 한국의 도덕적 수준은 매우 낮다. 국제투명성기구는 2016년도 한국의 투명성이 세계에서 52위라 발표했다. 아프리카의 보츠와나의 35위보다 17위나 낮은 것으로 나타났다. 유럽의 선진국들은 말할 것도 없고 일본, 대만, 싱가포르, 홍콩보다 부패가 더 심하다.

　우리의 투명성이 일본 수준만 되어도 경제가 매년 1.4퍼센트에서 1.5퍼센트 더 성장할 수 있다 한다. 경제뿐만 아니라 정치, 학문, 기술, 예술 등 거의 모든 분야가 부정직의 피해를 보고 있다. 그 결과로 한국인은 세계에서 매우 불행한 사람들이 되고 말았다.

　미국 퓨연구재단(Pew Research Center)이 2015년에 발표한 바에 의하면 한국인의 행복지수가 100점 만점에 47점으로 베트남(64점), 인도네시아(58점), 말레이시아(56점), 파키스탄(51점)보다 낮은 것으로 드러났다. 부정직한 사람이 많고 부정직의 정도가 높으면 속는 사람의 수가 많고 피해의 정도가 클 수밖에 없으므로 사람들이 불행할 수밖에 없다.

　왜 우리가 이렇게 부정직한 국민이 되었는가? 여러 가지 역사적 상황과 사건들이 빚어낸 적폐(積幣) 때문일 것이다. 그러나 역시 가장 중요한 원인은 한국인의 무신론적 세계관 때문이다. 한국의 차세 중심적 세계관에 결정적인 영향력을 행사한 것은 무속 종교와 유교라 할 수 있는데, 두 종교는 모두 절대 신을 인정하지 않는다.

　무속 종교는 귀신을 인정하나 무당에 의해 조종되는 수준의 잡신에 불과해, 생활과 평가에 별로 중요한 작용을 하지 못한다. 논어(論語)에 보면 공자의 제자 계로(季路)가 공자에게 귀신 섬기는 일에 대해서 질문하자 공자는 "사람도 제대로 섬기지 못하면서 어떻게 귀신을 섬기겠느냐?" 하고 대답한다. 귀신같은 것에는 아예 관심도 없다는 태도다.

그러나 전능한 초월신은 사람의 도덕적 행위에 결정적인 영향을 미친다. 그것은 그리스 철학자 플라톤과 계몽주의 사상가 칸트도 지적한 것이다. 인간의 마음을 살피는 전능한 신이 '마음속의 경찰'(police within)로 기능하면 사람이 정직할 수밖에 없다. 그래서 기독교에 대해서 비판적이었던 프랑스 사상가 볼테르(Voltaire)조차도 "하나님이 없으면 하나 만들어야 한다"고 주장했다.

무속종교의 귀신은 정직 같은 도덕성에는 전혀 관심이 없고 무력하기에 그런 기능을 전혀 할 수 없다. 유교적 전통을 가진 중국과 한국뿐만 아니라 무신론적 이념을 따랐던 공산주의 사회에서 부패가 극심한 것은 우연의 일치라 할 수 없다.

'마음속의 경찰'이 없으면 진실보다 외모가 중요해진다. '하나님'이 아니라 '다른 사람'의 이목이 중요한 것이다. 우리 사회에 외모지상주의와 피상적인 겉치레, 위선, 과시, 과장, 체면, 허례허식, 사치 등이 심각한 것은 그 때문일 것이다. 세계에서 가장 많이 이뤄지고 있는 성형수술, 호화판 결혼식, 고비용 장례식도 이런 외식문화가 만들어 내는 부정적 현상들이 아닌가 한다.

우리 국민 가운데 이런 거짓의 문화를 긍정적으로 평가하는 사람은 아무도 없다. 모두 고쳐야 한다고 생각한다. 그러나 모두가 다른 사람들이 먼저 고치기를 바라기에 고쳐지지 않는다. 바로 여기에 그리스도인들의 사명이 있다. 손해를 보더라도 그리스도인들이 먼저 나서서 고쳐야 한다. 성경은 하나님은 신실하시고 사탄은 거짓말쟁이요 거짓의 아비(요 8:44)라고 가르치고, 거짓말하는 사람은 천국 유업에 동참할 수 없다고 경고한다(계 22:15). 그러므로 그리스도인이야말로 누구보다 신실하고 정직해야 한다.

그런데 그리스도인이 19퍼센트나 되는데도 한국 사회는 그리스도인이 0.5퍼센트밖에 되지 않는 일본보다 더 부정직하다. 그것은 한국 그리스도인들이 세상의 소금과 빛의 역할을 제대로 하지 못했음을 말해 준다. 소금과 빛은커녕 오히려 교회가 사회보다 더 거짓되다는 비판까지 받는다. 2017년 한국 교회를 신뢰하는 국민은 18.9퍼센트로, 천주교 32.9퍼센트, 불교 22.1퍼센트에 비해 낮다. 정직했다면 이렇게 불신을 받겠는가?

정직해야 그리스도인이 되는 것은 아니다. 그러나 그리스도인은 정직해야 한다. 정직하지 않은 것은 하나님을 '마음속의 경찰'로 모시지 않는다는 뜻이며, 따라서 진정한 그리스도인이라 할 수 없다. 정직이야말로 참 그리스도인을 판별하는 시금석이 아닌가 한다.

경쟁심과
연합

✅ "한국인 한 사람 한 사람은 매우 우수하나 모래알 같아서 단결하지 못한다"는 주장이 있다. 일각에서는 일본이 한국 지배를 정당화하기 위해 만들어 낸 신화이므로 심각하게 취급할 필요가 없다는 의견도 있다. 그러나 도산 안창호는 우리가 일본으로부터 수모를 당하는 것은 우리에게 힘이 없기 때문이고, 힘이 없는 것은 단결하지 못하기 때문이라고 분명하게 지적했다. 지금의 한국 사회, 한국 정치, 국내외의 한국 교회, 해외에 있는 한인회, 시민단체들이 얼마나 심각하게 분열되어 있는가를 보면 한국인이 단결하지 못한다는 지적은 정확한 것 같다. 이런 분열 때문에 우리는 불필요한 손해를 엄청나게 많이 당하고 있고, 조선시대 말기와 같은 위기를 맞을 수도 있다.

그런데 왜 우리는 손해를 보고 위기에 이르면서도 단결하지 못하는가? 대답은 아주 간단하다. 서로 이기려 하기 때문이다. 모든 사람은 어느 정도 경쟁적이지만 한국인의 경쟁심은 좀 유별나다. 계속 적자를 보던 공기업도 민영화하여 경쟁에 붙이면 당장 흑자를 낸다. 학부모들도 자녀들이 학교에서 단순히 공부를 잘하는 것보다는 다른 학생들을 앞지르는 것을 더 원한다. 이런 학부모는 세계 다른 어느 나라에도 없을 것이다.

이런 경쟁심은 한국인을 부지런하게 만들고 한국의 발전을 빠르게 했다. 전 세계적으로 유명하게 된 한국의 '빨리빨리' 문화는 이런 엄청난 경쟁심의 산물이다. 인류 역사상 가장 빨리 절대빈곤으로부터 탈출했고, 민주화도 가장 빠른 시일 내에 이룩했으며, 한국 교회도 선교 역사상 가장 빨리 성장했다.

이런 경쟁심은 역시 차세 중심적 세계관 때문이다. 효경(孝經)은 유명해져서 부모의 이름을 드러내는 것(立身揚名)이 효도의 극치라 했다. 한국의 부모들은 자녀가 아침저녁으로 인사를 드리고 봉양을 하는 것보다 출세해서 유명해지는 것을 더 바란다.

물론 한국 사회도 다른 사회들처럼 유무상통의 가족 중심 공동체에서 이익 극대화를 노리는 개인들이 계약을 맺고 경쟁하는 시민사회 형태로 발전했다. 헤겔이 말한 대로 가족 공동체에서 시민사회로 발전한 것이다. 그런데 우리나라는 이익을 위한 개인들의 경쟁은 유난히도 치열한 데 비해 경쟁을 조절하는 계약, 즉 경쟁의 규칙(rule of game)은 공정하지도 않고 충분히 존중되지도 않고 있다. 이 때문에 한국의 시민사회는 중병을 앓고 있다. 사회가 사분오열되고 갈등이 심각하며 빈부 격차가 엄청나다. 가족 중심의 전통사회가 보장해 주던 안전은 약해지고, 사회 계약은 그 기능을 제대로 수행하지 못하고 있다. 국민 대다수가 불안하고 불행할 수밖에 없다. 한국의 행복지수는 세계 최하 수준이다. 한국적 세계관으로는 개인주의가 개인들을 결코 행복하게 할 수 없는 것 같다. 개인의 이익

극대화를 노리는 개인주의가 개인 이익의 극대화를 허용하지 않고, 서로를 행복하게 하기보다는 오히려 고통스럽게 하는 것이다.

이런 개인주의는 극복되지 않으면 안 된다. 그렇다고 하여 옛날의 부족, 씨족, 혹은 가족 사회로 다시 돌아가는 것은 바람직하지도 않거니와 현실적으로 가능하지도 않다. 자유와 독립을 한 번 맛본 개인들이 다시 과거로 돌아가서 유기적 공동체에 함몰되어 개인적 정체성을 상실하는 것은 상상할 수도 없다. 독립된 개인의 정체성을 유지하되 한국적 개인주의의 약점을 극복한 진전된 공동체를 이룩해야 제대로 된 연합과 행복이 가능할 것이다.

적어도 민주적으로 제정된 법과 규칙은 마음에 들지 않아도 준수해야 한다. 잘못된 법은 민주적으로 고쳐야지 동의하지 않는다는 이유로 어기면 독재가 된다. 무질서가 지배하면 약육강식의 상태가 되고 약자들만 희생된다. 교통규칙이 지켜져야 보행자나 자전거가 큰길을 다닐 수 있고, 뇌물을 금지해야 가난한 사람의 권리가 존중된다. 뇌물은 "가난한 자의 돈이 부자에게 직행하는 것"이란 말이 있다. 끼리끼리 도와주고 서로 눈감아 주는 과거의 단합이 아니라 약속과 규칙에 따라 경쟁하는 정의로운 연합이 이루어져야 한다.

진정한 연합은 성경이 가르치는 대로 자신의 이익 못지않게 다른 사람의 이익을 존중하고 자신의 잘못과 무관하게 불리한 상황에 부닥쳐 약자가 된 사람들을 보호해 줄 때 이룩된다. 하나님과 하나님 나라를 소망으로 바라보는 사람들이라면 그런 연합의 주역이 될 수 있다. 성경적 세계관에 따라서 다른 사람을 행복하게 해야 나도 행복하며 서로를 위하여 나의 이익을 상대화할 때 비로소 나의 이익이 극대화될 수 있다. 진정한 연합은 예수님을 닮아 이웃을 위하여 자신의 이익을 조금씩 양보할 때만 가능하다.

경쟁에 찌든
한국 교육

✓ 　　오바마 전 미국 대통령은 대통령 재임 중 미국은 한국 교육을 본받아야 한다고 여러 번 말했다. 외국에서는 한국 교육이 선망의 대상이 되어 있는 것 같다. 세계 최빈국 중 하나였던 나라를 불과 70년 만에 선진국 수준으로 올려놓은 동력이 교육이란 사실이 알려지고, 지금도 각종 국제 경시대회에 우리 중고등학생들이 좋은 성적을 거두고 있어서 그런 평가가 나온 것 같다.

　그러나 국내의 평가는 사뭇 다르다. 우리 국민의 절대다수는 우리 교육이 심각한 위기에 처해 있다고 생각한다. 지식 교육에만 집착하고 인성 교육은 무시하며, 사교육이 지나쳐서 공교육을 방해하고 있으며, 심지어 출산 저하와 가난의 대물림 같은 사회악까지 초래한다고 걱정하고 있다. 아무리 머리가 좋고 열심히 공부해도 돈이 없어 사교육을 받지 못하면 좋은 대학에 들어갈 가능성이 희박해져 "개천에서 용 난다"는 속담은 이제 옛날이야기가 되고 말았다.

　그런데 특이한 것은 정치인, 언론인, 교육자, 학부모 등 거의 모든 국민이 이런 걱정을 하고 있는데도 고쳐지지 않는다는 것이다. 민주 국가에서 국민이 한목소리로 인성 교육을 강화하고 사교육을 줄여야 한다고 주장하는데 왜 변화가 일어나지 않는가? 누가 반대하고 방해하기에 온 국민이 비판하는 교육 상황이 고쳐지지 않는가?

그 일차적인 이유는 교육개혁을 주장하는 사람들이 실제로는 개혁을 반대하고 있기 때문이다. 학부모들 절대다수는 다른 집 자녀들은 인성 교육을 받아야 하지만, 자기 자녀들은 그런 것에 시간을 빼앗기지 말고 오직 지식 습득에만 전념하기를 바란다. 다른 학생들은 사교육을 받지 말아야 한다고 주장하면서 자기 자녀들은 사교육을 시킨다.

왜 한국 교육에 대한 외국의 평가와 국내의 평가가 다르고, 왜 한국 학부모들은 한국 교육 현실에서 자신의 자녀들과 다른 자녀들에 대해 이렇게 모순되는 태도를 보이는가?

이런 괴리와 모순은 한국인에게 유달리 강한 경쟁심 때문에 일어난다고 생각한다. 전 세계에서 한국인만큼 경쟁심이 강한 민족은 없다. 그 강한 경쟁심은 한국인을 세계에서 가장 부지런하게 만들어 역사상 가장 빨리 성장하고 발전하는 나라를 만들었다. 전 세계에서 원조를 받던 나라가 원조하는 나라로 바뀐 것은 한국이 처음이고 유일하다 한다. 그것은 천연자원이 많아서도 아니고 외부의 도움이 있어서도 아니다. 오직 경쟁에 이기기 위하여 끈질기게 노력했기에 가능한 일이다.

유교적 전통을 가진 사회, 현대의 지식 기반 사회에서는 경쟁에서 승리하는 데 가장 효율적인 수단이 교육이다. 따라서 그렇지 않아도 경쟁이 심한 한국 사회에서 교육 경쟁이 특별히 치열한 것은 당연한 일이다. 교육 경쟁에서 이긴 자는 곧 인생의 승자인 것처럼 인식되고, 대학은 교육기관이 아니라 종교적 열망의 대상이 되었다.

이런 비합리적인 경쟁심은 인성 교육을 무시하고 지식 교육에 모든 힘을 쏟도록 만들었다. 인성은 점수화할 수 없고, 따라서 경쟁의 대상이 될 수 없기 때문이다. 인성을 전혀 평가할 수 없는 것은 아니지만, 우리 사회의 도덕적 수준이 너무 낮아 어떤 주관적 평가도 신뢰를 받지 못한다. 수학능력시험에서도 사람의 평가를 믿지 못하여 컴퓨터가 채점하고, 컴퓨터가 채점하기 위해서 문제를 모두 사지선다형으로 출제한다. 그 결과 '찍기' 연습 같은 비교육적 행위까지 자행된다. 지나친 경쟁심은 한국인에게 상대적 박탈감을 느끼게 하여 매우 불행하게 만들고, 경쟁적일 수 없는 인성 교육은 무시하고 경쟁적인 지식 교육에 모든 힘과 관심을 기울이도록 만들고 있다.

한국 교육의 성공과 실패는 모두 차세 중심적 세계관에 기인한다. 그러므로 몇 개의 제도만 바꾸면 교육 문제가 모두 해결될 것이란 생각은 순진하기 짝이 없다. 세계관이 바뀌어야 해결될 수 있다. 여기에 한국 기독교의 책임이 있다. 그리스도인은 차세 중심적으로 남아 있을 수 없고 이 추악한 아귀다툼의 한가운데 뛰어들지 말아야 한다. 더 많은 지식보다는 더 큰 사랑, 인내, 관용, 희생, 봉사가 사람에게 이익이 되고, 따라서 하나님께 영광이 되며 궁극적으로 자신에게 참 행복을 가져올 것을 믿어야 한다. 그런 사람이 많아야 한국 교육도 정상화될 수 있다.

한국 교육,
실패한 종교

✅   초중고생 학부모들의 연령대 청중들에게 강연할 기회가 있으면 나는 "여러분의 자녀가 평균 성적은 95점인데 3등이 되는 것을 더 원합니까? 성적은 75점이지만 1등이 되는 것을 더 원합니까?"하고 물어본다. 대부분 모두 빙긋이 웃는다. 모두 후자를 원하지만, 그것이 매우 어리석다는 사실을 자각하기 때문일 것이다. 그러면 나는 좀 잔인하게 다그친다. "도대체 무엇하라고 자녀를 학교에 보냅니까? 공부하라고 보냅니까? 1등 하라고 보냅니까?"

이 문제에는 그리스도인과 비그리스도인이 다르지 않다. 심지어 그렇게 다그치는 나도 예외가 아님을 발견한다. 나도 모르게 손녀들의 학교 성적보다는 그들의 석차에 더 관심을 쓰는 것이다. 철학을 가르치고 합리성을 강조하는 나 역시 한국인이고, 한국인의 세계관에 깊이 젖어있음을 발견하고 놀란다.

우리 사회를 멍들게 하는데도 사교육이 번창하는 것은, 학생들이 훌륭하고 좋은 교육을 받는 것에 관심이 크기 때문이 아니라 다른 학생과 경쟁해서 이기기 위해서다. 그것이 얼마나 큰 폐해를 가져오는가는 정부와 학부모, 학생 모두가 다 알고 있으며 가능한 한 없애거나 줄여야 한다는 것에 동의한다. 그런데도 아무도 그렇게 하지 못한다. 한국인의 경쟁심이 이렇게 높은 한 사교육은 절대 없어지지 않을 것이다.

피상적으로 보면 일자리가 한정되어 있기에 좋은 대학을 나와야 일을 할 수 있고, 그 때문에 입시 경쟁이 치열한 것은 어쩔 수 없을 것 같다. 그러나 유럽이나 미국에서는 청년 실업률이 우리보다 훨씬 높다. 그런데도 그런 나라들에는 대입 경쟁이 우리만큼 치열하지 않고, 우리나라에서처럼 사교육 문제가 심각하지 않다. 따라서 일자리가 많지 않기에 사교육이 번창한다는 주장은 설득력이 없다.

우리나라에 교육열이 유난히 높고 교육 경쟁이 특히 치열한 것은 철두철미 차세 중심적인 한국적 세계관 때문이다. 하나님과 내세를 믿지 않기에 삶의 모든 의미는 이 세상에서 찾아야 하고 삶의 모든 목적은 이 세상에서 이룩해야 한다. 이 세상에서 입신양명, 즉 출세해서 이름을 날리는 것이 삶의 의미며 목적이 되어 있다. 그리고 과거를 통해 고위공직자를 선발한 유교적 전통이 이어져서, 오늘날 교육이 신분상승의 가장 효과적인 사다리가 되고 말았다. 그래서 한국에서 교육은 단순히 축적된 지식을 습득하고 기술을 익혀서 삶에 이용하는 것이 아니라 삶의 목적을 달성하기 위한 능력을 얻는 방편으로 받는 것이다. 한국에서 교육은 하나의 종교적 행위요 종교적 열정으로 이뤄진다. 경쟁에서 이기는 것이 삶의 목적이고, 이기기 위하여 교육을 받는 것이다.

이런 전통은 때마침 전 세계적으로 불어 닥친 정보화시대와 지식 기반 사회에서 엄청난 효과를 거두었고, 그 덕에 한국은 세계에서 가장 빠른 경제성장과 민주화를 이룩했다. 한국뿐 아니라 홍콩, 대만, 싱가포르, 베트남, 일본 등 유교 국가들이 상대적으로 빨리 발전하는 것도 비슷한 이유 때문이 아닌가 한다.

그런데 이렇게 과대평가된 교육이 과연 그 역할을 제대로 하고 있는가? 즉 삶의 의미를 제공하고 삶의 목적을 달성하는 데 도움을 주는가? 모든 사람이 출세하고 이름을 날리면 좋겠지만 무한 경쟁에서는 1등만 성공하고 나머지는 모두 패배자가 된다. 2017년 OECD의 한 조사에 의하면 자기 반에서 1등이 되고 싶은 학생이 OECD 평균 58퍼센트였는데 한국 학생은 80퍼센트 이상이었다 한다. 이런 경쟁심과 교육열로 사회는 발전했지만, 개인은 과거 어느 때보다 더 불행해졌다. 종교적 열정으로 추구된 교육이 소기의 구원을 가져오지 못했다. 종교화한 교육은 실패한 교육이며 동시에 실패한 종교다.

교육의 목적을 바꿔야 한다. 다른 사람을 이기기 위한 교육이 아니라 다른 사람과 함께 살기 위한 교육으로 탈바꿈해야 한다. 높은 점수로 경쟁하는 교육이 아니라 남을 이해하고 남을 돕는 것이 높이 평가되는 인성교육이 강조되어야 한다. 너무 당연해서 거의 무의미해진 공자님 말씀처럼 들리지만, 우리가 인간답게 살고 행복해지기 위해서는 이제 필수 조건이다.

한국 대학생의
고민

✅ 나같이 1950년대에 대학생활을 한 사람에게는 요즘 대학생들의 불평이 배부른 사람들의 엄살같이 보인다. 그때 우리는 자주 굶었고 추웠으며 일자리도 없었고 사회는 무질서했고 암울했다. 나도 가정교사로 숙식은 해결했으나 할 일이 없어서 대학원에 들어갔다. 입대 영장이 나왔을 때는 뛸 듯이 기뻤다.

그런데도 우리는 요즘 대학생들처럼 불행하진 않았다. 막연하지만 꿈이 있었고 나름대로 낭만도 있었다. 그런데 우리보다 몇십 배나 더 좋은 환경과 조건에서 공부하는 오늘의 학생들이 왜 이렇게 불행할까?

그 이유 가운데 하나는 오늘날엔 미래가 너무 뻔해졌기 때문일 것이다. 사회가 어느 정도 정착되고 제도가 합리적이 되어서 과거처럼 허황한 꿈이 설 자리가 없어졌다. 주어진 상황과 갖춘 능력으로는 자신의 목표를 달성할 수 없음이 분명해지면 절망할 수밖에 없다.

그러나 역시 가장 중요한 이유는 경쟁이 너무 치열해졌기 때문일 것이다. 과거에도 일자리는 많지 않았지만 그래도 대학생 수가 적어서 대학교를 졸업하기만 하면 언젠가는 좋은 자리를 얻을 수 있다는 희망이 있었다. 그러나 요즘은 대학생 수도 늘었고 실력 있는 졸업생도 많아져서 경쟁이 훨씬 더 치열하다.

물론 모든 사회와 모든 사람은 경쟁에 시달린다. 그러나 한국인의 경쟁심은 좀 특별하다. 영국의 레가툼 연구소(Legatum Institute)의 보고서에 의하면 한국인의 평균 생활만족도(average life satisfaction)는 조사대상 110개국 가운데 104위로 최하위에 속한다. 다른 분야의 눈부신 성취에도 한국인이 이렇게 불행한 이유는 도덕적 수준이 낮고 경쟁심이 지나치게 강하기 때문이다.

이런 경쟁심은 철저하게 차세 중심적인 한국인의 세계관에 근거해 있다. 유명해지려면 다른 사람보다 앞서야 한다. 1등을 하지 않으면 유명해질 수 없다. 그래서 학교에서도 95점을 받은 2등보다는 75점 받은 1등이 더 인정을 받는다. 올림픽 경기에서 국가 순위를 매길 때 다른 나라들은 전체 메달 수를 기준으로 하는데 한국은 금메달의 수로 판정한다.

한국인에게는 루터가 가르친 소명(召命, Beruf)의식이 약하다. 신발을 수리하는 것도 하나님의 부름이기에 나라를 다스리는 왕의 소명보다 열등할 이유가 없다는 생각은 한국 문화에서는 낯설다. 자질이나 취미, 기호, 능력보다는 다수의 이목과 평가에 따라 직업을 선택하고 모든 사람이 추구하는 금전적 소득의 다과에 따라 직장과 직위의 수가 결정된다. 경쟁이 치열해지는 것은 당연하다. 외국인 근로자가 100만 명 가까이 되는데도 대졸 실업자들이 우글거리는 것에는 그런 가치관이 반영되어 있다.

높은 경쟁심 때문에 한국은 빠른 기간에 세계가 부러워할 정도로 발전했다. 원조 받던 나라가 원조하는 나라로("from beggar to donor", *Economist*) 성장했다. 그런데도 삶이 불행하다면 무엇 때문에 발전하겠는가? 발전이 늦어지고 경쟁에서 지더라도 행복하게 사는 것이 더 중요하지 않을까? 이런 상황이 계속될 수는 없다. 이젠 심각하게 반성할 때가 된 것 같다.

기독 대학생들도 이런 무한경쟁에 휩쓸려서 불행해지면 안 된다. 점수로 계산할 수 없고 아무와도 경쟁할 필요가 없는 사랑과 겸손, 양보, 배려, 절제 등 성경적인 가치에 충실할 용기를 가져야 한다. 조만간 이런 가치로 무장된 인재가 우리 사회에서 가장 필요하고 유능한 인재로 평가될 날이 올 것이다.

높은 점수로 경쟁하는 교육이 아니라
남을 이해하고 남을 돕는 것이 높이 평가되는
인성교육이 강조되어야 한다.

02 우상으로 등극한 돈

비판적 소비

✅ 　내가 아는 한 젊은 교수는 별로 알려지지 않은 제조사의 전자제품을 쓴다. 값이 싸고 질이 좋아서가 아니라 다른 유명 제품들의 제조회사가 도덕적으로 문제가 있다고 판단하기 때문이다. 나는 회사들의 도덕성을 판단할 수는 없으나 그의 그런 소비행태를 높이 평가한다. 만약 우리 사회의 소비자 상당수가 단순히 질 좋고 값싸기 때문이 아니라 그 상품의 생산자와 생산 과정의 도덕성을 고려해서 상품을 구매한다면 불량품도 줄어들 것이고 사회 전체의 도덕성도 높아질 것이다.

　내가 어렸을 때는 사람들이 상당할 정도로 자급자족했다. 스스로 농사지어 먹었고 길쌈해서 입었다. 물론 시장도 있었고 매매도 이뤄졌으나 지금에 비하면 그런 매매가 차지하는 정도와 중요성은 미미했다. 그러나 사회가 다양화되고 분업이 확대된 오늘날에는 거의 모든 품목에서 우리는 다른 사람이 생산한 것을 소비한다. 따라서 소비 활동에서 다른 사람이 중요해지고 이해관계가 생겨난다. 세계화가 진척되어서 그 다른 사람이 누군지도, 어디에 있는지도 모르는 경우가 대부분이다. 소비를 통해서 전혀 모르는 사람들과 이해관계가 성립되는 상황이 벌어지는 것이다.

자급자족이 많이 이뤄졌을 때나 가족 혹은 잘 아는 사람이 쓸 물품을 생산할 때는 속이는 경우가 별로 없었고, 따라서 상도덕이 문제가 되지 않았다. 물론 오늘날에도 생산자들이 정직하고 정의롭게 상품을 제조하고 유통한다면 그보다 더 바랄 것이 없고, 실제로 그런 생산자가 없지 않을 것이다. 그리고 모든 사람은 가능한 한 값싸고 질 좋은 상품을 사려 할 것이므로 정직한 생산자는 그런 요구에 부응해 가능한 한 질 좋은 상품을 정직하게 생산해 가능한 한 값싸게 판매할 것이다. 모든 것이 정상적이면 스미스(Adam Smith)가 말한 대로 '보이지 않는 손'이 작용해 질 좋은 물건이 값싸게 시장에 나오게 될 것이다.

그러나 불행하게도 돈에 찌든 오늘의 세계에서, 특히 대형 투자와 큰 이익이 좌우되는 상황에서 사람의 이성과 양심이 항상 정상적으로 작동하는 것은 아니다. 피해자가 눈에 보이지 않고, 조금만 속이면 큰 이익을 볼 수 있는데도 자발적으로 정직해지기란 그렇게 쉽지는 않다. 비도덕적이면 손해를 본다는 두려움이 있어야 정직해질 수 있다. 그러므로 현대 사회에서는 엄격한 법과 공정한 법 집행이 소비자 보호에 필수적이다.

그러나 법보다 더 효과적인 것이 있는데, 그것이 바로 비판적인 소비문화다. 상품 생산자에게는 법보다 소비자의 반응이 더 무섭고 더 큰 압력이 된다. 소비자가 외면하면 생산자는 속수무책이다. 그런데 대부분의 소비자는 우선 자기에게 필요한지, 질이 좋고 값이 싼지만 따진다. 그리고 생산자는 그 사실을 잘 알고 있다. 생산자들이 생산품의 원료와 생산 과정의 도덕성에 별로 주의를 기울이지 않음으로써 사회와 소비자에게 해를 끼치는 자들이 없지 않다. 오직 자기 편의와 이익만 챙기는 무책임한 소비자가 있기에 비도덕적인 생산이 이뤄지는 것이다. 무책임한 소비는 무책임한 생산을 장려하고, 그 결과 자신을 포함한 모든 소비자가 해를 입는 것이다.

그러므로 단순히 나에게 당장 필요하고 값이 싸다는 이유로 상품을 구매할 것이 아니라 그 재료와 물건 혹은 서비스가 사람과 환경에 해롭지 않은지, 제조 과정에서 법을 어기거나 근로자를 착취하고 다른 업체에 불공정한 손해를 끼치지 않았는지 등을 꼼꼼히 따져 봐야 한다. 개개인이 상품이나 서비스 하나하나에 다 그렇게 할 수는 없으므로 소비자단체나 소비자보호기관의 조사 발표와 언론 보도에 관심을 기울이면 된다. 물론 당장 먹을 것이 없어 주리고 입을 것이 없이 떠는 사람들에게 그런 것을 요구할 수는 없다. 그러나 어느 정도 여유가 있다면 앞에 언급한 젊은 교수처럼 비판적인 소비를 실천해야 한다. 그래야만 불량상품과 서비스가 사라지고 비도덕적인 경제활동이 제재를 받을 것이며 결과적으로는 자신들을 포함한 모든 소비자가 보호를 받을 수 있다.

한때 미국과 유럽에서는 한 의류 브랜드가 방글라데시의 생산 공장에서 여성 노동자들의 인권을 심각하게 유린했다는 이유로 불매 운동을 일으켰다. 그것은 거대 기업의 노동력 착취 방지와 방글라데시의 인권 개선에 큰 성과를 거두었다. 우리나라를 포함한 여러 선진국에서 일어나고 있는 공정무역 운동도 약한 나라에 대한 다국적 기업들의 경제적 착취에 어느 정도 제재가 될 것이다. 이처럼 의식이 깨인 시민들이 뜻과 힘을 모아 비판적 소비 활동을 펼치면 경제 활동이 정의로워지고 사회가 안전하게 유지되는 데 크게 공헌할 수 있다. 책임 있는 모든 소비는 공익에 이바지한다.

불편한 전자제품을 사용하고, 비도적적인 회사의 물건을 사지 않으며, 맛있는 고급 커피를 마시지 않는 것은 어느 정도 절제하고 손해를 감수하는 것이다. 그런 불편과 손해 없이 세상을 건강하고 정의롭게 만들기는 쉽지 않다. 그러나 그런 불편과 손해는 그 결과로 생겨나는 이익에 비하면 큰 희생은 아니다. 적어도 그리스도인이라면 그 정도의 작은 희생은 얼마든지 감당할 수 있어야 하고, 그것을 희생이 아니라 오히려 세상의 소금이 되는 의무와 특권으로 간주해야 할 것이다. 한국의 그리스도인들만이라도 비판적 소비를 실천하면 사회의 도덕성이 한결 높아질 수 있다.

티끌 모아 태산

✓ 다른 가정의 사생활에 대해서 별 관심을 쓰지 않지만, 오래 살다 보니 많은 가정을 알게 되었다. 하나 눈에 띄는 것은 그들 대부분 씀씀이가 우리 집보다 헤프다는 것이다. 그러나 그 가정들 가운데는 경제적으로 좀 어려운 집도 있어 안타깝다.

우리는 지독하리만큼 아끼며 산다. 여름에 냉방기를 틀지 않고 겨울에도 좀 춥게 산다. 외식을 자제하고, 하더라도 비싼 것은 피한다. 내 돈으로는 커피숍 커피를 마시지 않고 비상 상황이 아니면 호텔 음식을 먹지 않는다. 태양광발전시설을 설치해 전기를 절약하고 빗물 통을 설치해 지하수도 아낀다. 40년이 넘은 진공청소기를 사용하고 50년 전에 산 셔츠를 아직도 입는다. 30분만 안 써도 컴퓨터를 끄고, 전기플러그에 스위치를 달아 잘 때는 반드시 전원을 끈다. 자동차는 소형차를 몰고 다니며 긴 정지 신호에는 엔진을 끈다.

나의 이런 절약 정신은 어릴 때의 경험에서 생겼다. 어려웠던 시대를 가난하게 보냈기에 돈을 넉넉하게 가져본 적도, 써본 적도 없다. 초등학교 다닐 때는 거름으로 쓰기 위해 길에 떨어진 소똥을 주우러 다녔다. 어머니는 "돈을 쪼개 쓰라"고 말씀하셨다. 만 원짜리를 쪼개면 2만 원이 된다. 즉 2만 원의 효과를 낼 만큼 만원을 아껴

쓰란 말씀이다.

또 하나의 이유는 네덜란드에서 보낸 8년의 세월이다. 그 나라 국민은 전 세계에서 구두쇠로 유명하다. 아무리 부자라도 사과를 궤짝으로 사는 것을 보지 못했다. 대학 교내식당에서 한 번 돈을 내면 얼마든지 더 먹을 수가 있는데도 내가 먹다 남은 음식을 화란 친구가 먹는 것을 보았다. 음식 남기는 것을 용인할 수 없기 때문일 것이다. 친구의 집에 초청을 받아 하룻밤 자는 데 영하의 온도에도 난방을 하지 않아 양복을 입고 이불을 뒤집어쓴 채 침대에 들어간 적도 있다.

그렇게 아껴 봤자 큰돈이 모일 것 같지 않아 보인다. 그러나 나는 "티끌 모아 태산"이란 속담을 믿는다. 평생 그렇게 절약하니 교회 헌금과 기부금보다 생활비가 적게 들었다. 결혼 후 첫 번째 집을 지은 때를 제외하고는 한 번도 빚을 져 본 일이 없다. 그리고 그 빚도 안간힘을 다하고 철저히 절약해서 얼른 갚았다. 나는 빚지는 것을 지극히 싫어한다. 나 개인과 우리 집은 말할 것도 없고 내가 대표로 있는 기관도 가능한 한 빚을 지지 않도록 한다. 이자 돈은 버리는 돈과 다름없어 보인다. 많은 사람이 나의 절약을 나무란다. 모두가 그렇게 살면 자본주의 경제가 거덜 난다고 한다. 나는 경제학자가 아니므로, 그렇게 지독하게 아끼는 네덜란드와 독일의 경제는 왜 유럽에서 가장 탄탄하고, 풍덩풍덩 소비 잘하는 그리스, 스페인, 이탈리아 경제는 왜 휘청거리는지 모르겠다. 소비가 미덕이란 말은 아직 실증되지 않은 것 같다.

나는 대부분의 사람들보다 소득이 많은 것이 사실이지만, 주로 아끼기 때문에 부자가 되었다. 부자란 돈 걱정 없이 살고 어려운 사람을 도울 수 있는 사람이다. 이런 부자가 되면 돈에 비겁할 필요가 없다. 돈 때문에 양심을 팔거나 아첨할 필요가 없다. 모든 사람이 다 나처럼 부자가 될 수는 없지만, 큰 장애가 없는 한 누구든지 검소하게 살면 어느 정도 부자는 될 수 있다고 믿는다. 검소하기에 돈이 모이고 돈이 있어도 돈을 쓸 곳이 적기에 부자가 된다. 돈을 많이 버는 것이 부자 되는 방법이라고 하지만, 그것은 스트레스가 많이 쌓이기에 병이 날 수 있고, 병이 나면 돈을 많이 써야 하기에 효과가 별로 없다. 아끼는 방법이 훨씬 낫다.

내가 돈을 아끼는 것은 돈을 중요시하기 때문이다. 모든 돈은 노동의 대가고, 노동은 중요하고 신성하다. 나도 공돈이 생기면 기분이 좋지만, 그것이 옳지 않기에 받지 않는다. 네덜란드 유학 시절, 대학이 제공하는 장학금을 사절하고 조교로 일하면서 월급을 받아 공부했다. 대가를 지불하지 않는 돈은 장애인처럼 노동력을 상실한 사람만이 받을 권리가 있다. 나도 인플레이션 덕에 집 지을 때 진 빚을 쉽게 갚았지만, 그것은 결코 공정하지 못했다. 빚을 갚는 마음으로 열심히 세금을 바쳤고, 더 바칠 용의가 있다.

나는 돈을 아끼되 수전노(守錢奴)가 되지 않으려고 애쓴다. 돈의 노예가 되는 것은 자신을 경멸하는 것이다. 하나님과 이웃을 위해 써야 할 곳에는 돈을 써야 한다. 아들 결혼식 때나 장모 장례식 때는 축의금과 조의금을 받지 않았지만, 다른 사람의 결혼이나 장례에는 부조한다. 특히 가난한 사람들의 경우에는 부조를 많이 하려고 노력한다.

　모든 소비는 환경을 오염시킨다. 환경오염은 인류가 당면한 가장 큰 재난이기에 절제는 오늘날 가장 필요하고 중요한 미덕이기도 하다. 그리스도인 가정은 모두 노랑이가 되기 바란다.

탐심이
우상숭배

✓ 하나님께서 가장 싫어하시는 것은 우상숭배다. 십계명의 제2계명뿐만 아니라 제1계명도 우상숭배에 대한 경고라 할 수 있다. '다른 신'이 바로 우상이기 때문이다.

많은 그리스도인은 우상이 마치 객관적으로 존재하는 것처럼 착각한다. 제2계명이 "형상을 만들지 말라"고 했기 때문에 우상을 '형상'이 있는 것으로 이해하는 것이다. 물론 옛날에는 사람들이 해와 달처럼 물리적으로 주어진 것들이나 형상들을 만들어 그것들을 신이라 믿고 그것들에게 절하고 기도하고 제물을 바쳤다. 그러나 이슬람이 주장하는 것처럼 사람이 만든 모든 형상이 다 우상일 수는 없다. 동상이나 조각품, 인형, 초상화를 다 우상이라 하지는 않는다.

우상이 되려면 사람들이 그것을 신격화해야 한다. 신이 아닌 것을 신이라 믿기 때문에 그것은 잘못된 믿음이 만들어 낸 것이지 객관적으로 존재하는 것이 아니다. 바울 사도는 "우리가 우상은 세상에 아무 것도 아니며 또한 하나님은 한 분밖에 없는 줄 아노라"(고전 8:4)고 했다. 이교도들이 신이라고 믿는 '우상'들은 실제로 아무것도 아니며, 따라서 그것에게 바쳤던 제물 역시 다른 음식과 다를 바 없다는 것이 바울의 주장이었다. 반면에 형상이 없는 이념이나 가치라도 그것들을 신처럼 믿고 숭배한다면 우상이 될 수 있다. 예를 들어 오늘날 한국인들에게는 '돈'이 우상이다. 우상은 객관적으로 존재하는 것이 아니라 사람이 착각하여 만든 허상이다.

그런데 왜 사람들은 참 하나님 대신 우상을 만들고 섬기는가? 바울은 로마서 1장 21절에서 불의한 사람들의 "생각이 허망하여지며 미련한 마음이 어두워졌"기 때문이라 설명한다. 즉 잘못된 판단 때문이다. 성경적 인간관은 잘못된 판단을 결코 지적 능력의 부족 때문이라고 보지 않는다. 우상을 만들 정도로 잘못된 판단은 죄와 연결되어 있고, 죄의 특성은 교만이며 하나님에 대한 불신이다. 그래서 바울은 로마서 1장 22절에서 "스스로 지혜 있다 하나 어리석게 되어"라고 했다. 하나님보다 자기 생각을 더 믿기 때문에 우상을 만드는 것이다. 하나님의 명령이 비합리적이고 자신에게 별로 유익하지 않다고 생각하기에 이를 무시하고, 그 대신 다른 것이 자신에게 이익이 되며 자신을 구원한다고 판단해서 우상을 만든다는 것이다. 모든 인간에게는 '절대'가 하나 필요하다. 하나님을 '절대'로 수용하지 않으면 '가짜 절대'가 그 자리에 앉는다.

바울 사도는 에베소서 5장 5절과 골로새서 3장 5절에서 '탐심'을 우상숭배라 했다. 예수님도 마태복음 6장 24절에서 "너희가 하나님과 재물을 겸하여 섬기지 못하느니라"라고 하심으로 재물이 하나님을 대신하는 '우상'이 될 수 있음을 시사하셨다. 신학자 브루스(F. Bruce)에 의하면 여기서 말하는 '탐심'은 주로 돈 혹은 재물에 대한 욕심을 뜻한다 한다. 그리스도의 자리에 재물을 세우기 때문에 우상승배가 되는 것이다.

예수님과 바울의 시대에 재물이 우상이 될 수 있었다면 오늘날, 특히 한국에서는 훨씬 더 분명하고 심각하게 재물이 우상이 될 수밖에 없다. 온 사회가 돈에 의해, 돈을 위해 움직이는 돈의 세상이 되고 말았다. 재물이 하나님의 자리로 등극한 것이다. 선거에 당선되려면 클린턴 전 미국 대통령처럼 "바보야! 역시 경제야!"(Stupid, it's economy!)란 전략을 내세워야 한다.

돈에 미친 것이 바람직하다고 생각하는 사람은 많지 않다. 그런데도 물질에 대한 욕망을 충분히 극복하는 개인이나 공동체는 거의 없다. 그러나 적어도 교회는 달라야 한다. 교회는 하나님에 의해, 하나님을 위한 하나님의 교회가 되어야 한다. 하나님과 재물을 같이 섬길 수 없다고 주님은 분명히 말씀하셨다. 교회는 그 둘 가운데 하나만 섬겨야 하는데 하나님만 섬겨야 참 교회다. 이렇게 하나님만 섬기는 참 교회라야 돈에 미친 사회를 조금이라도 건강하게 고칠 수 있다. 공산주의가 몰락한 이후 견제세력이 없어진 자본주의는 전 인류를 위험으로 몰고 있다. 옥스팜(Oxfam)에 의하면 조만간 인류의 1퍼센트가 모든 부의 99퍼센트를 소유할 것이라 한다. 이미 거의 모든 사회에서 빈부 격차가 늘어나고 있다.

상황이 이러함에도 한국에서는 교회조차 돈의 우상숭배에서 벗어나지 못할 뿐 아니라 더 나아가 이상하게도 교회 자체가 우상이 되고 있다. 자기가 출석하고 자기가 섬기는 '우리 교회'가 우상으로 변질되고 있다. 그리스도보다 '우리 교회'가 더 중요하게 되어서 그리스도의 영광과 복음에 이익이 되어도 '우리 교회'에 이익이 되지 않으면 시도하지 않고, 그리스도의 영광과 복음에 해가 되어도 '우리 교회'에 이익이 되면 감행한다. 대형 버스를 몰고 온 시내를 돌아다니면서 교인을 자기 교회로 끌어가고, 가난한 사람들이 생활고로 자살까지 하는 상황이 벌어지고 있는데도 궁궐같이 화려한 예배당을 건축하고, 두 교회가 서로 마주 보고 서고, 사회에 큰 물의를 일으킬 정도로 부정을 저지른 사기꾼들이 장로가 될 수 있는 것은, 모두 그리스도에게는 욕이 되어도 '우리 교회'에 이익이 된다고 판단하기 때문에 가능한 것이다.

 '우리 교회 우상'은 '집단 이기주의'의 발로다. 그리고 집단 이기주의는 개인의 탐심을 좀 더 세련되고 음흉하게 표현하는 전략적 산물이다. '우리 교회'와 '하나님의 교회'를 동일시함으로 집단적 탐심을 '하나님의 이익'으로 위장할 수 있고, 개인들의 노골적인 탐심이 일으킬 수 있는 비판과 양심의 가책을 무마할 수 있다.

 종교개혁이 일어난 지 500년이 되었다. 한국 교회는 반드시 개혁되어야 하는데 돈과 '우리 교회' 우상을 제거하고 회개하지 않고는 불가능할 것이다.

한국 교회를
타락시킨 돈

✅   한 여인이 남편 둘과 시어머니를 독살하고 또 다른 시어머니와 심지어 자신의 친딸조차 독살하려다 경찰에 붙잡혔다. 보험금을 타기 위해서였다. 또 어떤 남자는 동생이 엽총으로 형의 가족을 총살했다. 역시 돈 때문이었다. 청해진 해운은 승객 476명을 세월호에 태우고 항해하다 사고를 내어 300여 명의 생명을 희생시켰다. 돈을 좀 더 버느라 안전을 소홀히 한 것이 원인으로 추측된다. 만약 돈이 없었다면 오늘날 전 세계에서 벌어지는 범죄와 사고는 상당 부분 일어나지 않았을 것이다. "돈을 사랑함이 일만 악의 뿌리"(딤전 6:10)란 성경의 가르침은 매우 확실하게 실증되고 있다.

철학자 로크에 의하면 오늘날 모든 사회의 가장 큰 문젯거리로 대두되고 있는 빈부격차도 돈 때문에 생겨났다고 했다. 돈이 없었더라면 사람들은 자신과 가족이 꼭 필요한 만큼만 생산하고 소유했을 것이다. 더 많이 가져봐야 다른 것과 바꿀 수 없기 때문이다. 그러나 돈이라는 매개체가 생겨나면서 필요한 것보다 더 많이 생산해서 돈으로 바꾸고 그것으로 미래의 수요에 대비하고 다른 것을 구입할 수 있게 되었다 한다. 음식이나 의복 등은 오래 보관할 수 없지만, 돈은 썩지 않으므로 한없이 축적할 수 있게 되었고, 돈이 생산 수단이 되자 돈이 돈을 버는 상황이 벌어져서 빈부의 격차가 일어난다는 것이다. 설득력 있는 설명이다.

과거에도 돈이 인간 욕망의 대상이었지만 오늘날에는 과거 어느 때보다 더 큰 유혹 거리가 되었다. 거의 모든 가치가 돈으로 환산될 수 있게 되어서 돈만 있으면 거의 모든 것을 얻을 수 있기 때문이다. 신분, 지식, 명성, 사랑, 우정같이 과거에는 돈으로 살 수 없었던 것이 오늘날에는 상품이 되고 말았다. 그러므로 재물, 명성, 권력, 쾌락 등 이 세상에 인간을 유혹하는 수많은 것들에 대한 욕망이 이제는 돈에 대한 욕망으로 집중되고 있다. 돈만 있으면 그 모든 것을 얻을 수 있다고 믿기 때문에 그런 것 하나하나를 따로 추구하기보다는 돈을 추구하는 것이다. 심지어 자기 삶의 목적이 무엇이며 자신이 가장 가치 있다고 생각하는 것이 무엇인지 아직 확실하지 않은 경우에도 일단 돈을 모으려 한다. 후에 그런 것이 확실해질 때 바로 돈을 투입하면 쉽게 얻고 달성할 수 있다고 믿기 때문이다. 돈이 만능열쇠로 승급되자 이제는 돈 버는 것 그 자체가 삶의 목적으로 둔갑했고 돈을 가치 있게 쓰는 사람이 아니라 돈을 많이 가진 사람이 선망과 존경의 대상이 되었다.

만능열쇠가 된 돈은 사람의 안전을 보장해 주는 중요한 능력으로도 인식되게 되었다. 범죄한 인간은 가인처럼 하나님의 보호를 벗어나고 하나님의 약속을 의심하게 된다. 그 때문에 인간은 생존과 의미 있는 삶을 위협받고 존재론적 두려움에 떨게 된다. 바로 이런 두려움 때문에 어떤 사람들은 하나님을 찾지만, 더 많은 사람들은 하나님 대용품을 설정한다. 그것이 바로 성경이 말하는 우상이다. 철저히 세속화된 오늘날에는 근본주의적 모슬렘과 같은 소수를 제외하고는 돈이 가장 매력적인 우상으로 부상하게 되었다.

전 세계에서 한국인만큼 돈을 좋아하는 사람들도 없는 것 같다. 2008년 4월 8일 일본청소년연구소가 한국, 일본, 미국, 중국의 고교생 1,000~1,500명을 대상으로 의식 조사를 한 결과 한국 학생의 50.4퍼센트는 "부자가 되는 게 성공한 인생"이라고 응답했다. 이는 일본 학생의 33퍼센트, 중국의 27퍼센트, 미국의 22.1퍼센트와 크게 비교되는 수치다. 그리고 "돈을 벌기 위해선 어떤 수단을 써도 괜찮다"는 것에도 한국 학생은 23.3퍼센트가 동의해서 미국 21.2퍼센트, 일본 13.4퍼센트, 중국 5.6퍼센트보다 높았다. "돈으로 권력을 살 수 있다"는 항목에도 한국 학생은 54.3퍼센트나 동의했는데, 미국, 일본, 중국은 30퍼센트 정도가 동의했다 한다.

돈은 영합적(zero-sum)으로 분배되는 최하위 가치로 치열한 경쟁을 유발하기 때문에 한국인 대부분이 상대적 박탈감에 시달린다. 여러 분야의 눈부신 발전에도 불구하고 한국인이 매우 불행한 이유도 바로 돈이라는 우상을 숭배하는 데서 생기는 상대적 박탈감 때문이다.

그러나 무엇보다 더 놀라운 것은 한국 그리스도인 상당수가 돈을 섬기고 있다는 사실이다. 물론 그들은 돈을 우상이 아니라 하나님의 축복이라고 주장하면서 자신들의 숭배를 정당화한다. 예수님은 이미 "하나님과 재물을 겸하여 섬길 수 없음"을 지적하심으로 재물이 하나님을 대신하는 우상이 될 수 있음을 분명히 하셨다(마 6:24). 사실 성경의 모든 경고 가운데 재물에 대한 탐심만큼 많은 것도 없다. 그런데도 성경을 강조하는 한국 교회가 성경의 가장 심각한 경고를 무시하는 것이다.

돈을 우상으로 섬기는지 아닌지를 식별할 수 있는 간단한 방법이 있다. 돈을 벌기 위해 성경이 금하는 거짓말이나 불공정한 행위를 감행하는지의 여부를 보면 안다. 총회장이나 단체장이 되기 위해 뇌물을 쓰는 것, 회계 부정 때문에 교회 재정 상황을 공개하지 않는 것 등은 하나님보다 돈을 더 중시하는 행위다.

구약시대 이스라엘은 타락할 때 반드시 주위에 있는 이방인들이 섬기는 우상을 섬겼다. 그것은 모든 시대의 교회에 적용된다. 지금 한국 교회는 돈을 우상으로 섬기는 모습으로 타락하고 있다. 그러므로 교회가 돈을 무시하기 전에는 결코 개혁될 수 없다. 그리고 이런 타락은 사회에도 해를 끼친다. 오늘의 세속 사회가 자본주의를 포기할 수는 없으나 적어도 기독교만은 돈 우상을 몰아내야 자본주의가 건강하게 유지될 수 있다.

돈이란 우상

✅   이 세상에 "검은 것을 희게, 추한 것을 아름답게, 잘못을 옳은 것으로, 천한 것을 고상하게, 늙은이를 젊은이로, 비겁한 자를 용사로"로 만드는 것이 있다 한다. 이것은 셰익스피어가 그의 희곡 《아테네의 타이몬》에서 타이몬의 입을 빌려 표현한 관찰이고, 마르크스가 그의 《국가경제와 철학》(*Nationnalökonomie und Philosophie*)에서 긍정적으로 인용한 구절이다. 도무지 그런 무소불위의 능력을 갖춘 것이 무엇인가? 그게 바로 돈이다.

셰익스피어 시대(17세기)와 마르크스 시대(19세기)에 돈이 그만한 힘을 행사했다면 오늘날엔 그보다 수십 배나 더 큰 힘을 행사할 것이다. 그때는 돈이 있어도 살 수 없었던 것을 지금은 살 수 있게 되었고(건강, 미모, BMW), 그때는 돈벌이 수단이 아니었던 것이 오늘은 좋은 돈벌이 수단이 되었으며(야구, 개그, 얼굴), 과거에는 돈이 없어도 가능했던 것이 지금은 돈이 없으면 어렵게 되었고(국회의원, 학위), 과거에는 돈이 있어도 어려웠던 것이 지금은 돈이 있으면 쉬워졌다(신분 상승, 총회장). 미국이고 한국이고 훌륭한 대통령은 경제를 살려야 하고, 대학에서는 돈 버는 데 도움이 되어야 인기 학과가 된다. 하늘나라를 지배하는 것은 의와 사랑이고, 땅의 나라를 지배하는 것은 돈과 쾌락이다.

사람이나 짐승은 힘이 있는 것을 의지하게 된다. 오늘날에는 돈보다 더 강한 것이 없고 따라서 사람들은 돈을 의지하게 되었다. 이미 예수님 시대에도 돈이 하나님 자리에 앉으려 했던 것 같다. 예수님이 "한 사람이 두 주인을 섬기지 못할 것이니 혹 이를 미워하고 저를 사랑하거나 혹 이를 중히 여기고 저를 경히 여김이라 너희가 하나님과 재물을 겸하여 섬기지 못하느니라"(마 6:24)고 말씀하신 것을 보면 돈이 우상이 될 수 있음이 분명하다. 그때 돈이 우상이 될 수 있었다면 오늘에는 그 가능성이 훨씬 더 커졌다. 문화가 세속화되어 초월적 세계와 가치는 무시되고 육체 중심의 물질주의가 지배적인 위치에 자리 잡게 되었다.

마치 칼이 그 자체로 나쁜 것이 아니듯 돈도 그 자체가 악하거나 더러운 것은 아니다. 어려운 사람을 구제하기 위해 쓰는 돈은 매우 귀하고 아름답다. 그러나 타락한 인간에게 욕망이란 것이 있으므로 돈이 바르게 쓰일 가능성보다는 잘못 쓰일 가능성이 훨씬 더 크다. 로크의 관찰대로 인간의 욕심이 아무리 크더라도 돈이 없었더라면 부를 무한히 축적할 가능성이 없었고 따라서 빈부 격차가 이렇게 커지지 않았을 것이며, 그 때문에 생겨난 온갖 문제들로 사회가 이렇게 갈등으로 가득 차지 않았을 것이다. 바울은 "돈을 사랑함이 일만 악의 뿌리"(딤전 6:10)라 했지만, 이제는 '돈 그 자체'가 일만 악의 뿌리가 되고 있다.

돈에는 힘이 있고 그 힘은 점점 더 강해지고 있기에 돈은 부패의 뿌리로 작용하고 있다. "모든 힘은 타락할 경향이 있다"(All power tends to corrupt)란 액튼의 경고에서 돈은 예외가 아닐 뿐 아니라 오히려 전형적인 예가 되고 있다. 가난한 교회보다 큰 교회에 사고가 많은 것도 큰 교회에 돈이 많아서 부패의 유혹이 더 크기 때문이다. 가난했더라면 존경 받을 분들이 돈이 많아서 감옥에 앉아 있다.

성경에는 돈에 대한 경고가 매우 많고, 돈이 많은 문제를 일으킨 것으로 기록되어 있다. 가룟 유다는 은 30냥에 예수님을 팔았고, 아나니아와 삽비라는 돈 때문에 거짓말하다가 죽었으며, 시몬은 돈으로 성령을 사려다 베드로에게 혼쭐이 났다. 그리고 기독교 역사에서도 돈이 많은 문제를 제기하였다. 루터의 종교개혁은 돈을 받고 면죄부를 파는 것에 대한 항의에서 비롯되었고, 오늘날 한국 교회의 부패도 대부분 돈과 관계되어 일어난다. 특히 한국인의 전형적인 세계관이 차세 중심적이고 국민 상당수가 돈에 미쳐 있는 상황에서 한국 기독교는 이런 세계관을 극복하기는커녕 오히려 그것에 깊이 함몰되어 있다. 부자가 되는 것이 복 받는 것이고, 연보를 많이 해야 좋은 교인이며, 헌금이 많이 걷혀야 성공한 교회로 인정받는 상황이다. 한국 교회와 교인들의 상당수는 실제로는 돈을 섬기면서도 스스로는 하나님을 섬기는 줄 착각하고 있다. 한국 교회가 섬기는 우상은 의심할 여지 없이 돈이다.

한국 교회와 그리스도인이 성경적 신앙의 순수성을 회복하려면 돈의 위험을 직시하고 돈을 본래 위치로 돌려보내야 한다. 돈에 대한 태도가 바로 신앙의 순수성을 시험해 보는 시금석이다. 돈을 상대화하려면 종교개혁 당시의 성도들처럼 '세계내적 금욕'(Weber)을 실천해야 한다. 열심히 일해서 이익을 많이 내되, 철저히 절제하고 검소하게 살면서 기본 수요만 충족하고 나머지는 모두 가난한 사람과 가난한 나라에 주어 버릴 수 있어야 한다. 재물은 우리의 편의와 쾌락을 위해 주신 것이 아니라 그것으로 "종들을 맡아 때를 따라 양식을 나눠"(눅 12:42) 주라고 주신 것이다. 재물은 우리의 것이 아니고 다만 우리에게 맡겨진 것이므로 우리 자신의 사치와 쾌락에 쓰는 것은 하나님의 것을 도둑질하는 범죄일 수밖에 없다.

탐심은
마음 건강의 적

✓　　한 그리스도인으로부터 편지가 왔다. 가정 상황이 매우 어려웠을 때 위로를 받고자 모 교회 장로가 인도하는 성경 공부 모임에 참석했다. 믿음이 좋으면 만사가 형통한다는 것이 가르침의 핵심이었다. 그런데 그 가정에는 도무지 제대로 되는 것이 없었다. 상속 문제로 가족 간의 갈등도 심각했다. 자신의 신앙과 하나님의 사랑에 의심이 생겨 성경 공부가 위로가 되기는커녕 전보다 더 혼란스럽고 괴로웠다.

　그러다가 우연히 쓴소리 많이 하는 다른 장로의 설교를 읽었는데, 첫 번째 장로의 가르침과는 반대로 돈을 무시하란 내용이었다. 그 충고대로 돈을 좀 상대화하고 기독교윤리실천운동에서 추진하는 자발적 불편 운동을 실천해 보았더니 놀랍게도 마음이 아주 편안하고 삶이 행복해졌다. 이제는 남편이 직장을 가진 것만으로 감사하고 이웃을 위해 기부까지 했다. 그분과 가족의 마음이 건강을 회복한 것이다.

　불행하게도 요즘 우리 사회에는 각종 정신병, 그 가운데서도 특히 우울증이 심각하다. "당신의 마음이 매우 괴로울 때를 생각해 보세요. 그 괴로움에 100을 곱하면 우울증 환자가 느끼는 고통과 비숫할 것입니다." 어느 정신과 의사의 말을 듣고 충격을 받았다. 우울증이 심각하다는 것은 알았지만, 그 정도로 무서운지는 미처 몰랐다. 얼마나 힘들까?

그러나 정신병에 걸리지 않았다 하여 마음이 건강하다고 할 수는 없다. 마치 당장 어떤 병을 앓지 않는다 하여 몸이 건강하다고 할 수 없는 것과 같다. 힘도 좀 쓰고 활발하게 움직여서 생산적인 활동을 할 수 있어야 건강하다고 할 수 있는 것과 같이 일상생활에서 심한 스트레스(distress) 때문에 괴로워하지 않고 가족이나 다른 사람과 원만한 관계를 이루며 살 수 있어야 그 사람의 마음이 건강하다 할 수 있다.

마음의 건강을 방해하는 요소들은 수없이 많다. 우리가 부정적이라고 평가하는 모든 것이 직간접적으로 마음을 괴롭히고 원만한 인간관계를 파괴한다. 이 세상에는 몸의 건강을 해치는 원인보다 마음의 건강을 해치는 원인이 훨씬 더 많은 것 같다. 물론 몸과 마음은 상관관계(psycho-somatic)에 있으므로 몸의 건강을 해치는 원인이 직간접적으로 마음의 건강도 해치고 그 역도 가능하다. 그러나 사기꾼은 비록 몸은 멀쩡하나 마음은 심각하게 병들어 있고, 송명희 시인 같은 장애인은 몸은 비록 병들어 있으나 마음은 누구보다 건강하다. 몸의 병이 마음의 병을 일으키는 경우보다는 오히려 마음의 병이 몸의 병을 가져오는 경우가 더 많은 것 같다.

그런데도 현대인은 몸의 건강에 대해서는 관심도 많고 몸의 병을 고치는 병원도 많으나 마음의 건강에 관한 관심은 상대적으로 약하다. 유물론적이고 물질주의적인 세계관이 현대인을 사로잡고 있기 때문이다. 그러나 우리를 진정 행복하게 만드는 것은 몸의 건강이 아니라 마음의 건강이고, 마음의 건강이 우리의 삶을 의미 있고 가치 있게 만든다. 몸에 병이 있어도 행복할 수는 있으나 마음이 병든 사람은 행복할 수도 없고 의미 있게 살 수도 없다.

마음을 건강하게 유지하는 방법에는 여러 가지가 있을 것이다. 그러나 한 가지 기본적인 것은 우리의 탐욕을 줄이는 것이다. 인간도 생물체인 만큼 생존을 위해 필요한 본능적인 욕구가 있고, 그것들은 어느 정도 충족되어야 한다. 그러나 돈과 명예, 권력같이 본능적 욕구를 넘어선 사회적 욕구는 경쟁적이다. 즉 내가 많이 가지면 다른 사람은 그만큼 적게 가질 수밖에 없는 것들이다. 그런 욕망을 조금이라도 줄이면 그만큼 우리는 다른 사람에게 해를 적게 끼칠 것이고 다른 사람과의 관계가 평화로워질 것이다. 스트레스가 줄어들 것은 당연하다. 물론 탐욕만 줄이면 모든 사람의 마음이 자동으로 건강해지는 것은 아니다. 그러나 강한 탐심을 가지고도 마음을 건강하게 유지하는 것은 불가능하다.

성경은 탐심을 매우 경계한다. 탐심은 하나님에 대한 불신에서 생겨나기 때문이다. 우리가 하나님의 사랑과 보호를 확실히 믿는다면 돈이나 명예, 권력 같은 것에 집착하지 않게 된다. 돈이나 명예, 권력 같은 것이 아니라 하나님이 우리를 안전하게 보호해 주고 행복하게 만들어 주실 것을 믿기 때문이다.

욕심을 줄이는 것은 심리적 현상이 아니라 의지의 결단이다. 성욕을 줄이는 약은 있어도 돈에 대한 욕심을 줄이는 약이나 수술 방법이 있다는 말은 들어보지 못했다. 예수님과 바울 사도, 장기려 박사, 한경직 목사 같은 분들이 무슨 약을 먹거나 심리적 치료를 받아서 탐심을 이긴 것이 아니다. 심리학이 설명할 수 있는 범위 밖에서 인격체가 의지로 결정하는 것이다.

한 초등학교 여교사가 아파트를 팔았는데 얼마 후에 그 아파트 값이 엄청나게 올랐다. 너무 속이 상해서 결국 우울증에 걸렸고 그 때문에 돈도 많이 허비하고 고생도 많이 했다. 과연 속상해하는 것이 정신병의 원인이 되는지, 탐심을 줄여서 마음의 평안과 원만한 인간관계를 유지하면 정신병 예방에 도움이 되는지는 정신병 전문가가 밝혀 낼 과제다. 그러나 그럴 개연성은 매우 높지 않을까 한다.

어쨌든 확실한 것은 탐욕을 줄이지 않고는 마음이 건강할 수 없고, 탐욕은 참된 신앙과 병존할 수 없다는 사실이다.

사기꾼은 비록 몸은 멀쩡하나
마음은 심각하게 병들어 있고,
송명희 시인 같은 장애인은 몸은 비록
병들어 있으나 마음은 누구보다 건강하다.
몸의 병이 마음의 병을 일으키는 경우보다는
오히려 마음의 병이 몸의 병을 가져오는
경우가 더 많은 것 같다.

03 주변으로 밀려난 기독교

주변으로 밀려난 기독교

✔︎　한국인은 한복을 입지 않는다. 한복은 명절에만 입는 사치품이 되었다. 현대인에게 종교는 마치 한국인의 한복처럼 되고 말았다. 우리 삶의 한가운데는 경제와 정치, 기술, 학문이 자리 잡고 있고, 스포츠와 예술, 연예 등은 중간지대에서 왔다 갔다 하는데, 한때 삶의 중심부에 있었던 종교는 주변으로 밀려나 사적인 공간에서 쉬는 시간에나 관심을 쓰는 대상이 되고 말았다. 기독교도 예외가 아니다.

이런 현상은 과학적 사고가 중요해진 현대 문화의 발전 과정이 만들어 낸 결과다. 현대 과학은 16세기의 종교개혁을 통해 출현할 수 있었음에도 자신을 끌어올린 사다리를 밀어 버렸다. 기독교의 권위는 떨어졌고, 정치, 경제, 사회 등 모든 분야에서 발언권을 상실했다. 그 결과, 탈종교화가 문화 발전의 척도로 인식되는 상황이 되고 말았다.

그러나 기독교의 이런 쇠락은 결코 불가피한 것은 아니었다. 만약 교회와 신학이 좀 더 심각하고 철저하게 문화의 변화와 씨름했더라면 오늘날의 이런 결과는 피할 수 있었을 뿐만 아니라, 공공영역을 주도할 수도 있었을 것이다. 요즘 과학적 사고는 포스트모더니즘의 조롱을 받고 있고, 과학기술이 주도하는 현대 문명은 사람들을 행복하게 하는 데 실패했다는 인식이 생겨나고 있다. 심지어 최근의 과학기술은 생산성 향상에도 별로 이바지하지 못했다는 주장까지 대두하고 있다. 기독교 신학은 이런 결과를 예측할 수 있어야 했고, 그것을 설득력 있게 제시했어야 했다.

그러나 불행하게도 자유주의 신학은 너무 빨리 과학적 사고에 아첨해 버렸고, 보수신학은 너무 강하게 과학적 사고와 담을 쌓았다. 과학적 사고의 특징과 약점을 성경적 입장에서 철저히 파헤치고 그것을 설득력 있게 제시하는 데 실패한 것이다. 결국 정치, 경제, 기술, 학문 등이 공공영역을 주도하고, 기독교와 기독교 신학은 거기서 무의미하게(irrelevant) 되고 말았다. 삶의 주변으로 물러난 기독교는 오직 영혼의 구원과 개인적 경건에만 관심을 기울일 뿐, 인간의 삶을 가장 크게 지배하고 사람들이 관심과 시간 대부분을 쏟아붓는 공공영역은 내팽개치고 말았다. 결국, 하나님의 주권은 오직 사적인 공간과 휴식 시간만 지배할 뿐 광대한 공적 공간과 시간에는 무력한 것이 되고 말았다. 이런 이원론 때문에 기도와 전도에 열정을 쏟는 그리스도인조차 정치계나 기업계에 들어가면 불신자와 다름없이 행동한다.

사적 공간에 칩거하게 되자 기독교는 편협한 집단 이익과 자체의 정체성 유지에만 급급할 뿐 공적 이익에는 무관심하게 되었다. 예를 들어 성경에는 동성애에 대한 경고보다는 가난한 자를 돌보고 정의롭게 행동하라는 가르침이 압도적으로 많다. 그런데도 한국과 미국의 보수 교회는 후자는 무시하고 전자에만 열정을 보인다.

특별히 안타까운 것은 오늘날 공공영역에서 매우 중요하고 소중한 이념들의 상당수는 성경의 가르침에 근거한 것인데, 기독교계는 이들의 정신적 특허권을 이용하지 못하고 심지어는 그 사실을 인식하지도 못하는 것 같다. 민주주의, 노예 해방, 여성과 어린이 권리 보호, 가난한 자와 장애인 복지 등은 모두 성경이 강조하여 가르치는 것들로, 전 세계 모든 공공영역이 추구하는 이념들이다. 철학자 하버마스(J. Habermas), 매킨타이어(A. MacIntyre), 심지어 무슬림 지도자까지 기본 인권 사상은 기독교의 유산이라고 증언하고 있는데도 기독교는 인권의 가치를 강조하고 그것을 보호하고 신장하기 위해 충분한 노력을 기울이지 않고 있다.

이런 이원론은 특히 한국 교회에 두드러진다. 기독교가 유교적 세계관이 지배하던 사회에 도입되었기 때문에 사적 공간에 피신한 것은 이해가 된다. 그러나 독립운동, 개화활동, 신교육과 현대 의료 도입 등에서 앞장선 기독교는 공적 공간으로 진출할 기회가 얼마든지 있었는데도 실패했다. 그렇게 할 만한 공공신학이 전혀 준비되지 않았기 때문이다. 이상하게도 미국에서 개발된 '교회와 국가의 분리'(separation of church and state) 원칙이 우리나라에서는 '종교'와 '정치'의 분리(separation of religion and politics)로 잘못 인식되어 기독교인은 정치를 비롯한 공공영역 활동을 삼가는 전통이 굳어진 것이다.

지금이라도 기독교는 공적 영역으로 관심을 돌려야 한다. 인권

신장, 환경보존, 사회정의 등 모든 사람에게 이익을 주는 이런 활동에 누구보다 더 적극적이 되어야 한다. 하나님이 기뻐하실 것이고, 사회에 이익이 되며, 교회의 위상과 도덕적 권위를 높여서 복음 전파에도 도움을 줄 것이다. 세속 문화의 공격으로부터 신앙을 지키려는 소극적인 노력보다 훨씬 더 효과적으로 기독교의 정체성을 보존하고 위상을 지킬 수 있을 것이다.

모르고는
이길 수 없다

✓ 한때 한국 교회 목회자들 사이에 "쩍쩍 하는 자들"이란 표현이 유행했다. 좀 배웠다 하는 자들이 '신학적', '사회적'처럼 '~적'(的)이란 말을 많이 사용하는 것에 대한 비아냥거림이었다. 학자들은 주로 추상명사 뒤에 '적'자를 붙여서 형용사로 사용하는 경우가 많다. 우리말 번역 성경에는 '적'이란 말이 거의 나타나지 않는 것도 주목할 만하다. 성경이 학문적인 책이 아니라는 것을 반증한다. 어쨌든 학자들을 '적'이란 표현과 연결하는 것은 매우 재치 있는 관찰이고, 기독교에서는 학문의 위치가 그렇게 중요하지 않다는 것도 그렇게 틀린 지적이 아니다. 학자들이 자랑하는 이론적 지식이란 겨우 "세상의 초등학문"(갈 4:2, 9; 골 2:8, 30)이며 "십자가의 도"에는 전혀 미치지 못하는 세상의 "지혜"(고전 1:21)에 불과하다.

그런데 사도 바울은 그가 언급했던 초등학문이 무엇인지 전혀 모르면서 비판했을까? 만약 그랬다면 그는 매우 무책임한 사람이었을 것이다. 그리고 또한 바울은 그런 초등학문이 바른 신앙과는 전혀 무관하므로 방관해 버려도 괜찮다고 생각했을까? 무관했다면 그런 것에 대해서 아예 언급도 하지 않았을 것이다. 그러나 바울은 무책임하지도 않았고, 세상의 초등학문이 그리스도인들에게 아무

해도 끼치지 않는다며 무시해 버리지도 않았다. 바울 사도는 그 시대의 철학을 비교적 잘 알았고, 그것이 신앙에 위험하다는 것을 알고 경고했다. 그리스도인이 하늘나라에 가거나 세상과는 완전히 단절된 특별한 공동체에 들어가기 전에는 이 세상의 초등학문을 무시할 수 없다. 아는 수준을 넘어서 비판하고 극복할 수 있을 만큼 잘 알아야 한다. 모르면 자신도 의식하지 못한 채 그것에 감염될 수 있고, 모르고 배척하거나 비판하는 것은 효과도 없거니와 오히려 기독교를 웃음거리로 만드는 것이다. 그리고 무엇보다 그런 학문에 의하여 형성된 사고방식과 세계관에 젖어 있는 현대인에게 복음을 효과적으로 전할 수도 없다. 한자성어에도 "적을 알고 나를 알면 백 번 싸워도 백 번 이긴다"(知彼知己 百戰百勝)는 말이 있지 않은가.

초대교회 속사도(續使徒, Apostolic Father)들은 그 사실을 잘 인식했다. 유스티누스(Justinus), 오리게네스(Origenes), 클레멘트(Clement of Alexandria), 터툴리아누스(Tertullianus) 등 초대교회 교부들은 그 시대의 학문에 대해서 상당한 지식을 소유했고, 한편으로는 불신 사상의 공격으로부터 십자가의 도를 변증하고 다른 한편으로는 교육과 신앙고백을 위하여 성경의 가르침을 이론적으로 정리하는 작업을 했다. 그렇게 해서 태어난 것이 신학이다. 이렇게 시작된 기독교의 학문 활동은 면면히 이어졌고 아우구스티누스나 아퀴나스 같은 대 사상가도 배출했다. 만약 칼뱅이 당대 학문에 무식했다면《기독교 강요》를 쓸 수 있었을까? 만약 루터가 신학 교수가 아니었다면 95개 조항을 제시하면서 감히 천주교 신학자들과 토론을 제안할 수 있었을까? 그런데 현대 교회가 대항해야 하는 세상의 초등학문은 초대교회 때보다, 칼뱅과 루터 시대보다 훨씬 더 복잡해지고 세련되어 있다. 이들을 상대로 하는 것은 실로 버거운 전쟁이 아닐 수 없다.

초대교회가 처했던 세상의 세계관은 지금에 비하면 자연에 대한 훨씬 더 원시적 반응이었고, 그나마 세련되었다 할 수 있는 헬레니즘도 오늘의 문화에 비하면 상대적으로 단순했다. 그런 세계관, 그런 초등학문을 이해하고 비판하기는 상대적으로 쉬웠을 것이다. 그러나 현대 사회의 세계관과 현대 학문은 그때와는 비교도 할 수 없을 정도로 복잡하고 어렵다. 학문도 역사적 산물이라 시간이 흐르면 흐를수록 더 많이 축적되고 그 축적된 것 위에 새로운 것이 개발되게 마련이므로 그만큼 더 복잡하고 난해할 수밖에 없다. 현대의 세계관은 온갖 종교와 사상, 그리고 그동안 발전을 거듭해 온 다양한 학문의 영향까지 받아 형성되었기 때문에 그만큼 더 복잡하다.

오늘 전 인류에게 가장 큰 영향력을 행사하는 것은, 거의 절대적인 신임을 받는 자연과학과 그것을 기초로 해서 무서운 속도로 발전하고 있는 과학기술이다. 최근에는 과학과 과학기술이 경제적인 이익과 손을 잡고 엄청난 폭발력을 갖게 되었다. 그런데 불행하게도 현대 과학은 전통적인 기독교 신앙에 심각하게 도전하고, 자본과 기술은 절제를 요구하는 경건 생활에 큰 방해가 되었다. 오늘의 그리스도인들은 바로 이런 세력들과 대면하지 않으면 안 되게 되어 있다. 비록 현대 문화의 모든 요소가 다 기독교 신앙에 적대적이지는 않을지라도 그것들을 무시하거나 제대로 이해하지 않고는 건강한 신앙을 유지하기가 힘들다.

이런 상황에 처한 오늘의 그리스도인이 '쩍쩍' 하지 않아도 아무 해를 당하지 않는다면 오죽 좋겠는가? 그러나 그것은 무책임의 극치가 아닐 수 없다. 위험에 처하면 모래 속에 머리를 처박아 버리는 타조의 전략과 다르지 않다.

물론 그리스도인의 학문적 노력을 단순히 세상 학문의 공격으로부터 기독교 신앙을 방어하기 위한 것에 국한할 필요는 없다. 그리스도인 학자들도 다른 학자들 못지않게 세상 학문을 열심히 연구하고 새로운 것을 발견하며 새로운 이론을 제시할 수 있다. 그렇게 함으로 자연과 인간, 사회 현상을 설명하고 미래를 예측할 수 있다. 그리스도인 학자는 불신 학자들보다 오히려 더 창조적으로 학문 활동을 할 수 있다고 해도 과언이 아니다. 하나님과 그분의 말씀을 절대로 수용하기 때문에 사람이 제시한 모든 다른 이론들을 상대화할 수 있고, 따라서 비판적이 될 수 있기 때문이다. 참 절대가 없으면 절대가 아닌 것이 절대 자리에 앉게 되어 있다.

나아가서 그리스도인 학자들은 불신 학자들에게 기독교의 가르침이 열등하지 않을 뿐 아니라 더 우수하다는 것을 이론적으로 제시할 수 있어야 한다. 이는 이미 성경의 패러다임에서 멀리 벗어난 세속적 패러다임에 서 있는 현대 학계에서는 지극히 어려운 작업임이 분명하다. 거대한 물결을 거슬러 가야 하기 때문이다. 그러므로 교회는 학자들에게 '쩍쩍 하는 자들'이라고 비아냥거릴 것이 아니라 그들이 용기를 갖도록 응원해 줘야 한다. 그들이야말로 가장 무서운 적대적 세력으로부터 성경적인 신앙을 방어하기 위해 최전방에 서 있는 전투병이라 할 수 있다. 그리스도인 학자들은 이 사실을 먼저 인식하고 책임의식을 가져야 한다. 그래서 다른 그리스도인 학자들과 친밀한 공동체를 형성해 서로 북돋우고 자극함으로써 학문적 비판과 창조적인 연구가 촉진되고 축적되도록 해야 할 것이다.

한국 교회의 부패와
기독교적 세계관

✅   최근 한국 기독교계의 부패가 심각하다. 대형 교회의 목회자들이 금전적, 성적 스캔들을 일으키고 한국 개신교를 대표한다고 자처하는 한국기독교총연합회가 돈 선거로 회장을 뽑아 세상의 조롱거리가 되었다. 예수를 믿는다는 사람들이 어떻게 불신자들보다 더 비도덕적으로 행동할 수 있는지 의심이 생긴다. 그들이 과연 그리스도인인가?

예수님은 열매를 보면 나무를 알 수 있다고 말씀하셨다. 행위를 보면 그들의 신앙 상태를 알 수 있다. 그러나 어떤 사람이 참 그리스도인인지 아닌지는 하나님만 아실 뿐이다. 비록 인정하고 싶지는 않지만, 부패한 행위를 한 자들이 스스로 그리스도인이라고 자처한다면 그렇게 수용할 수밖에 없다.

그런데 왜 하나님을 믿는다고 고백하는 사람들이 불신자들보다 더 비도덕적으로 행동할까? 구약시대에 이스라엘이 타락했을 때를 보면 항상 주위 이방인들이 섬기는 우상을 섬겼을 때다. 한국의 그리스도인도 타락하면 한국 사회의 잘못된 모습을 답습하지, 결코 미국이나 아프리카 사회의 모습을 닮지는 않는다. 문제를 일으킨 한국기독교총연합회 관계자나 스캔들을 일으킨 목회자들은 한국적 세계관의 부정적인 요소들에 영합한 행동을 했다.

한국적 세계관은 주로 무속종교와 유교에 의해 형성되었다고 할 수 있는데, 그 특징은 철두철미 차세중심적이란 것이다. 무속신앙과 유교는 실제로는 무신론이고 내세에 관심이 없다. 삶의 의미와 목적, 행복은 이 세상에서 이룩해야 하며, 기독교에서 말하는 구원에 해당하는 것이 바로 입신양명(立身揚名), 즉 출세해서 세상에 이름을 떨치는 것이다. 하나님의 보상이나 내세에 대한 소망보다는 이 세상에서 출세하는 것이 더 중요하다고 보기 때문에 부정과 불법을 감행하면서까지 돈과 명예, 쾌락을 추구하는 것이다. 한국 기독교계 대표란 명예를 위해서 불법으로 돈을 쓰고, 일부 대의원들이 공정성과 정직성보다 더 중요하게 여기는 돈을 받고 표를 판 것은 한국 사회의 전형적인 부정과 일치한다.

철저히 차세 중심적인 한국 문화의 세계관이 산출하는 부작용들 가운데 가장 대표적인 것이 바로 현저히 낮은 도덕적 수준이다. 한국의 경제, 교육, 과학기술은 선진국 수준인데, 유독 도덕의식은 후진국 수준이다. 국제투명성기구(Transparency International)는 한국의 투명성이 세계에서 52위라고 발표했다. 싱가포르 5위, 홍콩 12위, 일본 14위보다 현저히 뒤떨어지는 수준이며 대만이나 35위의 아프리카의 보츠와나보다 더 부패한 것으로 발표되었다. 한국인의 철저히 차세 중심적인 세계관은 사람의 마음을 살피는 감시자(police within)를 인정하지 않고, 인과보응이 철저히 이뤄질 수 있는 내세를 믿지 않는다. 그렇기 때문에 부정직의 문화가 형성될 수밖에 없는 것이다. 하루가 멀다 하고 일어나는 부정 사건들은 국제투명성기구의 판단이 잘못되지 않았음을 증명해 준다.

그런데 위에 언급한 그 어느 나라들보다 한국에 기독교인의 인구 비율이 높다. 그런데도 한국 사회가 이렇게 부패한 것은 한국 기독교가 성경적 세계관을 따라서 신앙생활을 하지 못할 뿐 아니라, 한국적 세계관의 부정적인 요소를 개혁하지 못하고 오히려 거기에 감염되어 행동하기 때문이다. 말로는 믿는다고 하면서 무신론적이고 차세 중심적 세계관을 따라서 행동하기 때문이다.

물론 아무 사회도, 누구도 기독교적 세계관에 완벽하게 충실할 수는 없다. 기독교적 세계관은 주어진 현실이 아니라 모든 그리스도인이 추구해야 할 이상이며, 기독교적 세계관 운동은 이미 주어진 세계관을 전파하고 확산하는 것이 아니라 우리가 감염된 잘못된 세계관을 비판하고 개혁하는 몸부림이다. 한국 교회는 "나더러 주여 주여 하는 자마다 다 천국에 들어갈 것이 아니요 다만 하늘에 계신 내 아버지의 뜻대로 행하는 자라야 들어가리라"(마 7:21) 하고 말씀하신 예수님의 경고를 좀 심각하게 받아들여야 한다.

기독교는
무식한 종교가 아니다

✅ 1970년까지만 해도 한국 교계에서 신학자의 위상은 매우 높았다. 박형룡, 박윤선, 한철하 등 뛰어난 신학자들은 말할 것도 없고, 그들 수준에 이르지 못한 신학자들도 교수란 사실만으로 존경 받았다. 신학자의 수도 적어서 희소가치도 높았다. 교단에서 중요한 결정을 할 때 신학자들의 의견이 결정적이었고, 중요한 집회나 큰 교회에서 신학 교수를 강사로 모시는 것을 영광으로 생각했다. 신학 교수가 목회자가 되는 것은 상상할 수도 없었다.

그러나 지금은 그 위상이 완전히 달라졌다. 신학 교수들의 운명은 교단 정치가들이 결정하고, 이단이 누구인지를 결정하는데도 신학자들의 의견은 묻지 않는다. 큰 교회 목사로 차출되는 것은 오히려 유능한 신학자의 표지가 되고 말았다. 한국 교회의 신학은 신학자들이 아니라 교단 정치가들이 좌지우지한다.

"꿩 잡는 것이 매"고 한국 교회의 꿩은 교인 수와 헌금 액수다. 그런데 많은 지식과 심오한 이론은 그런 꿩을 잡는 데 별로 효과적이 아니므로 홀대 받을 수밖에 없다. 게다가 신학자가 잘 나갈 때 너무 많은 젊은이가 신학 공부를 시작했기에 이제는 신학교가 과도하게 많은데도 가르칠 자리가 부족하다. 과잉 상태니 신학자의 가치가 떨어지고 신학의 가치도 덩달아 떨어지고 있다.

신학의 저평가는 모든 지식, 이론, 지성으로 연장되었다. 교회에서 지식인들의 위치는 헌금을 많이 하는 기업인들이나 인기 있는 연예인들에 한참 못 미친다. 지금 한국 교회는 과거 어느 때보다 더 반지식적이고 반지성적이다. 물론 이런 상황에 대해서는 지식인들에게도 일부 책임이 있다. 신앙과 신학에 대해서 진지하게 알려 하기보다는 겉멋만 들어 만사에 냉소적이거나 아니면 철저히 이원론적이 되어서 자신들의 전문 지식은 신앙과 전혀 무관하게 취급한다. 신앙과 교회에 효과적인 비판도 하지 못하고 크게 공헌하지도 않는다.

지식의 저평가는 성경의 가르침이라고 주장할 수도 있다. 바울 사도는 헬라인이 찾는 지혜는 십자가의 도에 비해서 어리석은 것이며(고전 1:22~25), 당대의 학문을 대변한 철학은 세상의 초등학문으로 속임수나 다름없는 것으로 취급하였다(골 2:8). 2세기 때 교수 터툴리아누스(Tertullianus)는 "비논리적이기 때문에 믿는다"(Credo quia absurdum)라고 하면서 "(철학의 도시) 아테네와 (믿음의 도시) 예루살렘이 무슨 상관이 있는가?"라고 물음으로써 믿음의 세계에는 지식이 설 자리가 없다고 했다. 아우구스티누스는 "알기 위해서 믿으라"(crede, ut intelligas)고 했고, 안셀무스(Anselmus)도 "알기 위해서 믿는다"(Credo ut intelligam)고 했다. 모두 믿음이 지식에 우선하고 믿음이 있어야 올바른 지식을 가질 수 있다는 것을 강조한 것이다. 기독교는 믿음의 종교지 지식의 종교가 아니다.

그런데 놀라운 것은 그런 주장을 펼친 바울과 터툴리아누스, 아우구스티누스, 안셀무스가 모두 당대의 뛰어난 지식인이었다는 사실이다. 아우구스티누스와 안셀무스는 기독교 신학에서뿐만 아니라 일반 철학에서도 중요하게 취급되고, 칼뱅은 23세 때 쓴 《세네카의 관용론 주석》에서 라틴 저자만 해도 55명을 인용했다. 그들 외에도 기독교는 토마스 아퀴나스, 루터, 카이퍼, 바르트(K. Barth), 틸리히(P. Tillich), 니버, 도여베르트, 루이스 등 위대한 신학자들과 지식인들을 수없이 배출했다. 만약 그들이 없었더라면 그 후 역사에서 기독교가 누렸던 위상이 과연 가능했겠으며 심지어 믿음과 지식의 관계에 대해서 바로 알 수 있었겠는가? 거대한 세속 문화의 흐름에서 기독교의 정체성을 유지할 수 있었겠는가?

짐승과 달리 인간의 삶은 좋든 나쁘든 지식에 의해 영위되었고, 현대인의 삶은 대부분 지식이 결정한다. 현대 사회는 '지식 기반 사회'가 되었고, 이런 지식의 형성과 축적에는 기독교가 크게 공헌했다. 삶의 방식, 삶의 목적, 가치판단, 세계관, 심지어 지식까지 모두 인간이 개발하고 축적한 지식에 의해 영향을 받는다. 여기서 성경 이해, 신앙생활, 교회 사역도 예외가 될 수 없다. 성경 자체는 인간 지식에 의해 결정되거나 영향을 받지 않지만, 성경 해석과 구체적인 적용은 지식의 영향을 안 받을 수 없다.

지식의 내용 못지않게 중요한 것은 지식 추구에 필요한 태도다. 모든 거짓, 편견, 편애, 욕망, 감정, 부분적인 것, 일방적인 것, 비논리적이고 불합리한 것을 배제하고 오직 사실 자체만을 정확하게 바로 알려 하는 노력은 학문하는 자의 기본자세다. 거기에는 반드시 끊임없는 비판과 철저한 자기반성이 동반되어야 한다. 비록 그런 자세가 진리 발견을 보장하는 것은 아니지만, 그렇지 않고는 어떤 진리도 발견할 수 없다. 그런 태도를 갖추지 못한 사람은 학자가 될 수 없고 지성인이라 할 수 없다.

오늘날 한국 교회는 만신창이의 처참한 상황에 처해 있다. 모든 고등종교 중에 가장 불신을 많이 받고 있고, 세상의 조롱과 조소의 대상이 되어 있다. 그 원인 가운데 하나가 그동안 한국 교회에서 자란 반지식적이고 반지성적인 경향이다. 신학도, 지식도 다 무시하고 감정의 흥분을 성령의 감동으로 미화해 꿩을 잘 잡는 매들이 판을 치는 것이다.

성경이 하나님의 말씀이란 사실을 제외한 모든 영역에 학문 연구자의 태도로 접근했더라면 이런 시궁창에 빠져 있지는 않았을 것이다. 기독교는 지식의 종교는 아니지만, 무식한 종교가 결코 아니다.

그리스도의 몸

✅ 어느 교회 교역자의 도덕적 잘못을 지적하다 그 교회 권사 한 분으로부터 항의를 받은 적이 있다. "당신이 무슨 자격으로 남의 교회 일에 간섭하는가?" 하고 물었다. 말이 되는 항의인 것 같다. 남의 집안일이나 남의 나라 내정에 간섭하는 것은 주제넘은 짓이다. 나는 "그 사건 때문에 한국 교회 전체가 욕을 먹고 나도 한 사람의 기독교인으로서 손해를 보기 때문에 잘못을 지적하는 것"이라고 대답했다. 별로 설득을 당하는 것 같지 않았다.

성경은 분명히 교회가 그리스도의 몸이라고 가르친다(엡 1:22~23; 4:12, 16; 롬 12:3~5; 고전 12:12~26). 그리스도께서 몸으로 이 세상에 오셔서 사역하셨고, 승천하신 후에는 교회를 통해 이 세상에서 사역하신다. 그러므로 교회는 예수님이 살아 계셨을 때 그 몸이 감당했던 기능과 역할을 감당해야 한다. 그런 관점은 천주교나 개신교 신학에서 견해차나 논란이 없다. 개신교나 천주교가 다 같이 고백하는 사도신경에 '거룩한 공교회'를 믿는다는 구절이 있는데 공교회란 바로 그리스도의 몸인 보편교회를 뜻한다.

그리스도의 몸으로서의 교회는 참 그리스도인들의 모임으로 개교회를 초월하는 영적 공동체다. 원칙적으로 모든 참 그리스도인들과 모든 지역의 개 교회는 모두 그 공교회의 지체들이다. 그러므로 그 권사는 나에게 '남의 교회'에 간섭한다고 주장할 수가 없다. 그 '교회' 교인들과 나는 다 같이 보편적인 교회의 구성원이기에 우리는 같은 교회의 교인들이다. 물론 개교회의 예배당은 어떻게 지어야 하고 찬양대는 어떤 찬송을 불러야 하는가 같은 것에 간섭하는 것은 지나친 일이지만, 성경이 교회와 성도에게 분명하고 확실하게 요구하는 도덕성에 관해서 관심을 가지고 잘못을 바로잡으려 노력하는 것은 당연하다. 그러므로 그 권사가 내가 '비판'하는 것에 대해서는 시비를 걸 수 있으나 '남의 교회' 일에 간섭한다고 항의하는 것은 잘못이다.

그 권사가 그런 항의를 한 것은 한국 교회가 교회에 대한 성경의 가르침에서 너무 멀리 벗어나 있기 때문이다. '그리스도의 몸'으로서의 보편교회에 대해서는 제대로 알지 못하고 존중하지도 않는다. '주님의 몸 된 교회'란 말이 거의 입버릇처럼 되어 있지만, 거의 예외 없이 자신들이 속한 개 교회를 그렇게 이해한다. 물론 개교회가 보편적인 교회의 본분에 충실하고 그리스도의 사역을 성경적으로 잘 감당하면 '그리스도의 몸'이라 할 수 없는 것은 아니다.

그러나 나의 비판을 '남의 교회 간섭'이라 할 정도로 개교회 하나하나를 그리스도의 몸 혹은 사도신경이 말하는 '거룩한 공교회'로 이해하는 것은 옳지 않다. 교회의 머리이신 그리스도가 한 분인 것처럼 거룩한 공교회는 하나뿐이다. "몸은 하나인데 많은 지체가 있고 몸의 지체가 많으나 한 몸임과 같이 그리스도도 그러하니라"(고

전 12:12). "몸이 하나요 성령이 한 분이시니 이와 같이 너희가 부르심의 한 소망 안에서 부르심을 받았느니라"(엡 4:4).

성경이 교회를 그리스도의 몸이라 할 때 특히 강조하는 것은 교회의 연합이다. 그 연합은 모래알이 모여 무더기가 된 것 같은 기계적(mechanic)인 집합이 아니라 동물의 몸이나 건물처럼 유기적(organismic)인 조직이다. 고린도전서 12장은 교회를 사람의 몸에 비유하고 에베소서 2장 21~22절은 건물에 비유한다. 몸과 건물의 공통점은 모든 부분이 상호의존적이란 것이다. 심장이 없으면 위가 기능할 수 없고, 위가 없으면 심장이 영양분을 공급받을 수 없다. 건물도 그렇다. 기둥이 없으면 지붕이 제자리에 있을 수 없고, 지붕이 없으면 기둥도 기둥이라 할 수 없을 뿐 아니라 오래 서 있지도 못한다. 그러므로 지붕은 기둥보다 덜 중요하다 할 수 없고, 심장은 중요하고 위는 그보다 덜 중요하다 할 수 없다. 그 어느 것도 다른 것 없이 기능할 수 없고 존재할 수도 없다. 모든 지체가 갖추어져야 몸이 생존할 수 있고 모든 지체가 제대로 건강하게 제 역할을 잘 감당해야 몸이 그 임무를 수행할 수 있다. 이처럼 그리스도의 몸인 교회는 전체가 하나가 되어 머리인 그리스도의 명령에 따라 움직여야 한다.

전 세계의 모든 성도와 교단, 교회들은 비록 물리적으로나 조직으로 하나가 되지는 못하더라도 적어도 영적으로 하나가 되어 서로 의지하고 도우면서 그리스도의 남은 사역을 감당해야 한다. 그러므로 성경의 가르침에 어긋난 것을 주장하는 이단이면 몰라도 전통적인 정통교리를 신조로 고백하는 모든 성도와 교단 및 개 교회들이라면 적어도 한 머리이신 그리스도를 섬기는 한 몸에 속해 있음을 인식하고 최소한의 유대감이라도 가져야 한다.

그런데 오늘날 세계 교회는 말할 것도 없고 한국 교회도 하나 되지 못하고 하나가 되어야 한다는 생각조차 없다. 산산조각으로 분리되어 서로 경쟁하며 싸우고 있다. 눈과 귀가 따로 놀고 손과 발이 서로 싸우는 형국이다. 특히 한국 교회가 섬기고 있는 '우리 교회라는 우상'은 그리스도의 몸으로서의 교회와는 거리가 너무 멀다. 한국 기독교계 전체는 고사하고 개 교회 차원에서도 그리스도의 몸이란 사실을 인식하지 않고 한 몸이 되려고 노력하지도 않는다. 성경의 가르침에서 '그리스도의 몸 된 교회'만큼 무시되는 것도 없지 않나 한다.

그리스도의
마음과 소통

✓ 최근 '소통'이란 말을 많이 듣는다. 어떤 단어가 많이 사용되는 것은 그것이 아주 중요하기 때문일 수도 있고, 그것에 문제가 생겼기 때문일 수도 있다. 때에 따라서는 문제가 생기니까 비로소 그것의 중요성을 인식할 수도 있다. 요즘 '안전'이란 말이 많이 사용되는 것은 본래 안전이 중요함에도 그 중요성을 인식하지 못하고 있다가 세월호 사고로 그 중요성을 새삼스레 깨달았기 때문이다. '소통'도 비슷하지 않나 한다. 소통은 항상 중요하지만, 그것이 잘 되고 있지 않다는 사실을 요즘 인식하기 시작한 것이 아닌가 한다.

구태여 오늘날 소통이 문제가 되는 것은 역설적이다. 과거 어느 때보다 지금, 다른 어느 나라보다 우리 사회에는 언론의 자유가 잘 보장되어 있다. 대통령에 대해서 육두문자로 욕을 하고 온갖 비열한 표현으로 댓글을 달아도 별로 제재를 받지 않을 정도다. 그리고 우리나라는 세계 어느 나라보다 통신 수단이 발달한 나라다. 신문과 잡지, 방송, 인터넷, 유무선 전화 등의 매체에 관한 한 우리를 따를 나라가 별로 없다. 글과 말도 쉬워졌다. 이해하기 어려운 글이나 말은 사람들이 읽고 듣지 않으려 하므로 가능하면 쉽게 말하고 쉽게 쓰려고 안간힘을 쓴다. 말이 이렇게 많아진 적도 없고, 이렇게 쉽게, 그리고 알기 쉽게 전달된 적도 없다.

그런데도 소통이 잘 안 되고 있다. 사실은 지금만 잘 안 되는 것이 아니라 과거에도 별로 안 되었다. 그러나 그동안에는 먹고 사는 문제, 민주화, 북한 위협 등 급한 불을 끄기에 급급했고 그 문제들만 해결되면 나머지 문제는 저절로 풀릴 것으로 생각했다. 그런데 이제 먹고 사는 문제와 민주화는 해결되었는데도 사람들은 과거보다 더 외롭고 갈등은 더 크며 단합이 잘 안 되어 공생이 위협을 받는다. 형식적 조건은 잘 갖추어졌는데도 소통이 잘 안 된다.

왜 그럴까?

자명한 대답은 다른 사람에 대한 진정한 관심과 배려가 부족하기 때문이란 것이다. 진심으로 이웃과 함께 기뻐하고 슬퍼하는 경우가 흔하지 않고, 다른 사람의 말을 진지하게 경청하거나 솔직하게 속내를 털어놓는 일도 드물다. 우리 자신도 의식하지 못하는 가운데 우리는 모두 철저히 자기중심적이 되어 버린 것이다. 나만 중요하고 잘났으며 나의 이익을 극대화하기 위해서는 다른 사람에게 손해 끼치는 것을 당연하게 생각하는 것이다. '만인의 만인에 대한 전쟁'이 벌어지고 있다.

한국인의 차세중심적 세계관에서는 이 세상이 전부며 출세해서 이름을 떨치는 것이 삶의 궁극적 목표이기 때문에 인간 상호 간의 경쟁이 치열할 수밖에 없다. 입신양명(立身揚名)은 경쟁에서 이겨야 가능하기 때문이다. 그나마 과거 농경사회에서는 자연조건이 성공과 실패, 행복과 불행을 주로 결정했기 때문에 사람과의 경쟁은 상대적으로 덜 치열했다. 적기에 내린 비와 풍부한 햇빛으로 풍년이 들어야 부자가 되었던 시대에는 다른 사람과 이해 문제로 겨룰 이유가 많지 않았다. 그러나 삶의 모든 영역에서 성공과 실패, 행복과 불행이 거의 전적으로 다른 사람과의 관계에서 결정되는 오늘날에는 인간관계가 결정적이 되었고 그것이 주로 이해관계의 성격을 띠게 되므로 경쟁적이 될 수밖에 없다. 경쟁자 사이에는 전략적 교환만 있을 뿐 진정한 소통은 일어날 수 없다. 결과적으로 모두가 외롭고 불행해진 것이다.

안타깝게도 이런 현상은 그리스도인들 사이에서, 교회와 교단 사이에서도 그대로 나타난다. 하나님도 '내'가 잘 섬겨야 하고 복과 은혜도 '나'와 '우리 가족'이 받아야 하며 성장도 '우리 교회'만 해야 하고 심지어 선교, 구제, 전도도 '우리 교회'가 주도해야 한다. '이웃'의 축복, '이웃 교회'의 성장, '다른 교단'의 선교에는 별로 관심이 없다. 따라서 그리스도인들과 교회나 교단 간에도 경쟁은 있어도 소통은 없다. 이렇게 '우리 교회' 우상을 섬기기 때문에 한국 교회가 건강하게 성장하지 못하고 하나님의 영광이 가려지는 것이다.

진정한 소통은 바울이 권고하는 대로 "겸손한 마음으로 각각 자기보다 남을 낮게 여기고 각각 자기 일을 돌아볼 뿐더러 또한 각각 다른 사람들의 일을 돌보아"(빌 2:3~4)야 가능하다. 바울은 그런 것이 자기를 낮추신 '그리스도의 마음'이고, 우리는 그 마음을 품어야 한다고 했다. 말을 많이 하고 대화 기술이 뛰어나야 소통을 잘하는 것이 아니다. 겸손하고 양보하면서 다른 사람을 진실로 배려하면 말을 많이 하지 않아도 진정한 소통이 이뤄질 수 있다. 이심전심(以心傳心)이란 것이 그런 소통이다. 그런 소통이 이웃의 이익을 무시하고 자신의 이익만 챙길 때보다 훨씬 더 큰 이익과 행복을 가져다준다.

법 없이도
사는 사람

✓ '법 없어도 살 사람'이란 말이 있다. 법으로 강제하지 않아도 법이 요구하는 것을 자발적으로 행하는 사람을 뜻하는 칭찬이다. 이 말은 법으로 강제해야 비로소 행동하는 것은 그렇게 훌륭한 것이 아니란 뜻을 함축하고, 나아가서 법이란 그렇게 긍정적인 것이 아니란 것을 암시한다.

인간의 인간다움은 자율성에 있다는 것이 서양 인본주의의 기본 사상이다. 짐승은 본능, 충동, 공포 등에 의해 행동하므로 타율적이고, 충분히 성숙하지 못했거나 무식한 사람도 그와 비슷하다는 것이다. 고대 그리스로부터 감정적인 것은 모두 수동적이므로 타율적이란 생각이 서양사상에 스며들어 있고, 그 유산은 지금도 강하게 남아 있다. 어떤 감정이나 외부의 압력 없이 오직 이성의 자유로운 판단과 선택에 따라 행동해야 자율적이란 것이다. 그리고 역사의 궁극적인 목적도 모든 인간과 사회가 완전히 자율적으로 되는 것이고, 자율성의 정도가 곧 발전의 수준을 결정한다고 보았다. 따라서 충분히 성숙한 인간은 법의 강제 때문이 아니라 스스로 옳다고 판단해서 행동하는 사람이고, 그런 것이 가능한 사회는 발전된 사회인 것이다.

그러나 실제로는 어떤 형태로든지 법이나 강제력을 가진 규정이 전혀 없는 사회는 이제까지도 없었고 앞으로도 없을 것이다. 홉스에 의하면 그런 것이 없는 자연 상태에서는 '인간은 인간에게 늑대'(Homo homini lupus)가 되고 '만인이 만인과 전쟁'(bellum omnium contra omnes)을 일으킨다. 개인의 생존과 안전을 위협하는 것이 다른 인간이기 때문에 그대로 방치되면 약육강식의 상태가 벌어져서 인류의 존속이 불가능해진다는 것이다. 그것을 막기 위해 법이 필요하고, 그 법을 강제할 수 있는 국가권력이 필요하다는 것이 그의 주장이다.

서양의 인본주의나 홉스의 주장에 동의하지 않더라도 법은 인간의 죄악 때문에 필요한 것임을 부인할 수 없다. 모두가 선한 마음으로 타인의 권리를 존중하고, 다른 사람이나 사회에 아무 해도 끼치지 않는다면 대부분의 법을 없애도 될 것이다(물론 모든 사람이 다 착해도 질서를 위한 규칙은 불가피하다. 사거리에서 모든 운전자가 서로 양보하면 교통이 마비될 것이다). 그러나 불행하게도 모든 사회에서 시간이 가면 갈수록 법률이 더 늘어나고 있다. 그것은 인간의 삶이 자연이 아니라 점점 더 다른 사람과의 관계에서 이뤄지고 있고, 그 관계는 점점 더 이해관계, 즉 경쟁적이 되기 때문일 것이다. 이제는 어떤 사회도 종교, 전통, 예의, 윤리 같은 것만으로는 질서를 유지할 수 없게 되었다. 법이 늘어날 뿐 아니라 법을 집행하는 경찰, 검찰, 판사, 변호사도 늘어나며 그들의 역할과 힘이 점점 더 중요해지고 있다.

법이 많아지는 이유 중 하나는 '법 없어도 사는 사람'이 적어지기 때문이다. 바울은 이방인에게도 있는 양심을 '자기가 자기에게 율법이' 되는 것(롬 2:14)으로 이해했는데 이는 문자적으로 '자율성'을 뜻한다. 현대 사회에는 이런 양심이 점점 사라지고 사람들은 점점 더 타율적이 되고 있다.

대법원의 통계에 따르면 한국은 일본인과 비교하면 4배나 소송을 더 많이 하는 것으로 드러났다. 거의 모든 소송이 3심까지 가기 때문에 우리나라 대법원은 세계에서 가장 바쁜 대법원이 되었다. 억울한 사람이 그만큼 많고 '법 없어도 사는 사람'이 그만큼 적다.

최근 한국 교회에서도 법이 중요시 되고 있다. 분쟁이 일어나 소송하는 경우가 부쩍 늘고, 교단 재판부도 자주 모이며 개교회가 정관을 제정하는 경우도 많아지고 있다. 과거 교회가 순수하고 순결했을 때는 거의 없었던 현상이다.

이유는 간단하다. 교회와 교계에 사람들이 탐하는 세속적인 이익이 많아졌기 때문이다. 교회가 물량적으로 커지자 돈, 명예, 지위, 권력 같은 하급가치가 생겨나서 그런 것을 탐하는 불순분자들이 교회 안으로 들어오거나 교인들이 유혹을 받아 타락하기 때문이다. 과거 그리스도인이 핍박 받는 소수였고 교회가 가난했을 때는 그런 세속적인 가치를 탐하는 자들이 교회에 들어오지 않았고 그런 것 때문에 다툴 이유가 없었다. 소송이 늘어나고 교회 정관이 제정되는 것은 한국 교회가 타락하고 있음을 보여 주는 방증이다.

바람직한 것은 법이 없거나 아주 적어도 질서가 잘 유지되는 것이다. 사실 법이 존재하는 것도 궁극적으로는 법이 없어도 되는 세상을 만들기 위함이다. 경찰, 검찰, 법원 등과 함께 법도 자살 지향적이다. 즉 스스로가 없어도 좋은 세상을 만들기 위해서 존재하는 것이다. 아리스토텔레스는 좋은 법은 좋은 습관을 형성하는 데 도움이 된다고 했다. 법이 요구하는 대로 행동하는 것이 개인의 습관과 사회의 관습으로 정착되면 법은 강제적이 될 이유가 없어지고 법 자체가 필요하지 않게 될 것이다.

예수님은 자신이 오신 것은 율법을 폐하기 위함이 아니라 '완전하게' 하기 위함(마 5:17)이라 했다. 바울 사도는 "남을 사랑하는 자는 율법을 다 이루었느니라"(롬 13:8)고 했다. 법이 궁극적으로 추구하는 것은 아무도 다른 사람에게 해를 끼치지 않고 오히려 모두가 서로 사랑하도록 하는 것이다. 한국의 그리스도인들이 그런 사랑을 실천하도록 성화된다면 개교회가 별도의 정관을 만들거나 법정에 소송을 제기할 필요도 없을 것이다. 그리스도인들 다수가 '법 없어도 사는 사람'이 된다면 우리나라에도 법률의 수와 소송이 줄어들 것이다.

'세상의 소금과 빛'이 되는 것이 바로 그런 것이 아니겠는가?

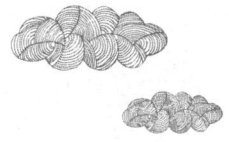

법이 많아지는 이유 중 하나는
'법 없어도 사는 사람'이 적어지기 때문이다.
바울은 이방인에게도 있는 양심을 '자기가 자기에게
율법이' 되는 것(롬 2:14)으로 이해했는데
이는 문자적으로 '자율성'을 뜻한다.
현대 사회에는 이런 양심이 점점 사라지고
사람들은 점점 더 타율적이 되고 있다.

04
위대한 유산

책의 종교

✅ 이슬람은 기독교를 유대교와 이슬람과 함께 '책의 종교'라 부르면서 다른 종교들과 구별한다. 기독교는 성경을 하나님의 계시가 기록된 책으로 믿고, 특히 개신교는 오직 성경만이 신앙과 생활의 유일무이한 규범이며 권위라고 인정하므로 '책의 종교'란 별명이 매우 잘 어울린다.

문자가 없다면 대부분의 정보는 입과 귀로 전달되고 기억 속에 보관될 수밖에 없다. 사람의 기억은 믿을 수 있을 만큼 확실하지 않으므로 중요한 정보를 정확하고 객관적으로 보관하고 전수하는 것은 불가능하다. 특히 하나님의 계시는 사람의 깨달음이나 경험과는 다르므로 기억만으로 보존하기는 매우 어렵다. 그러나 문자로 정착된 정보는 긴 시간 동안 정확하게 보관될 수 있고, 많은 사람이 읽을 수 있어서 전파 효과도 매우 크다. 만약 성경이 없었더라면 오늘날처럼 복음이 전 세계에 전파될 수 없었을 것이고, 기독교는 세계적인 고등 종교로 성장하지 못했을 것이다. 감사하게도 하나님의 계시는 책의 형태로 우리에게 전수되었고, 권위를 가진 객관적인 기록이기에 흔들리지 않는 기본으로 기능하고 있다. 성경에 대한 다양한 해석들이 있으나 절대적이고 객관적인 근거가 있기에 그들에 대한 검토와 재검토를 할 수 있고, 그 옳음과 그름은 언젠가는 드러날 수 있다. 그 덕으로 신학과 전통은 더 정교하게 되고 발전될 수 있었다. 종교개혁 때 루터가 제시한 95개 조항도 그때 마침 발명된 구텐베르크의 인쇄술 때문에 전 독일에 확산되었고, 그것은 종교개혁 성공에 크게 이바지했다. 문자와 책은 복음 전파와 기독교 문화 발전에 지대한 공헌을 했다.

그리스도인들은 올바로 믿고 거룩하게 살기 위해서 성경을 알아야 한다. 개신교는 처음부터 평신도들이 성경을 읽는 것을 허용했기에 책을 읽는 습관을 갖게 되었고, 책의 문화를 이룩할 수 있었다. 실제로 성경은 여러 나라에서 사람들의 문자 습득과 독서 문화 형성에 결정적인 공헌을 했다. 영국에서는 흠정역(King James Version)이, 독일에서는 루터의 번역이 영국과 독일 문어의 성격을 결정했다 할 수 있다. 흠정역과 루터의 번역을 전제하지 않고는 영국과 독일의 문학과 문화를 바로 이해할 수 없다. 우리나라에서도 일제의 우리말 말살정책에도 불구하고 한글이 보존될 수 있었던 데는 한글 성경이 결정적 공헌을 했다. 해방 후 한글을 아는 사람들 가운데는 일제강점기에도 성경을 읽었던 기독교인들이 다수였다. 문자가 있었기에 성경이 기록될 수 있었고, 성경이 있었기에 문자와 책이 보급되고 확산될 수 있었다.

문자가 있고 책이 읽히는 문화와 그렇지 못한 문화는 다를 수밖에 없다. 책이란 단순히 정보를 마구 던져 넣어 놓은 바구니가 아니다. 책은 수많은 정보 가운데서 중요하고 유용한 것들을 선택하고 체계적으로 분류하며 논리적으로 정리한 것이다. 책을 쓰기 위해서는 상당할 정도의 지적 능력과 논리적 사고가 필요하며, 세련되고 정교한 감수성조차 요구된다. 그런 성취는 독자들에게 전수되고 축적되며 그것을 바탕으로 한층 더 높은 차원의 작품들이 만들어질 수 있다. 그러므로 책을 읽는 것은 단순히 새로운 정보를 얻는데 그치지 않는다. 논리적이고 체계적인 사고를 훈련받고 창조적인 생각을 자극받으며 사물을 더 깊이, 그리고 넓게 보는 능력을 얻는다. 그러므로 책을 쓰고 읽는 공동체는 문화가 발전할 수밖에 없다. 전 세계 개신교인의 87퍼센트가 선진국 혹은 중진국에 살고 있다. 경제가 발전해서 개신교인이 많아졌기보다는 개신교인들이 있었기에 경제가 발전했다고 설명하는 것이 더 타당하다. 책의 종교는 사회발전에 크게 공헌했다.

그러나 오늘날엔 교육이 일반화되어 모든 사회에 책이 있고 거의 모든 사람이 책을 읽을 수 있다. 물론 아직도 기독교인들의 독서량이 상대적으로 큰 것은 사실이지만, 과거와 비교하면 그 비교우위가 사라지고 있다. 그리고 책을 쓰고 출판하는 것이 돈이 되자 읽을 가치가 없는 책, 읽으면 오히려 해로운 책들까지 양산되고 있다.

그러므로 이제는 책을 많이 읽는 것보다는 좋은 책을 올바로 읽도록 힘써야 할 때가 되었다. 그저 그런 책 열 권을 읽기보다는 고전 한 권을 열 번 읽는 것이 더 유익하다. 고전이란 오랜 시간에 걸쳐 수많은 사람의 검증을 받은 것이므로 안심하고 읽을 수 있다. 긴 역사를 가진 기독교는 위대한 고전을 많이 생산해 놓았다. 아우구스티누스, 칼뱅(J. Calvin), 루터(M. Luther), 아 켐피스(Thomas A Kempis), 번연(J. Bunyan), 카이퍼, 바빙크(H. Bavinck), 도여베르트(H. Dooyeweerd), 루이스(C. S. Lewis), 니버(R. Niebuhr), 본회퍼(D. Bonhoeffer), 쉐퍼(F. Schaeffer), 월터스톨프(N. Wolterstorff), 플랜팅가(A. Plantinga) 등 내로라하는 저자들이 쓴 깊이 있는 책들이 얼마든지 있다.

그러나 그리스도인은 좋은 책을 읽고 이해하는 것으로 만족해서는 안 된다. 성경을 아무리 많이 알아도 그대로 믿고 순종하지 않으면 아무 소용이 없다. 좋은 책도 마찬가지다. 읽고 이해했다면 그것이 신앙과 인격 성숙에 도움이 되고 구체적인 실천으로 이어져야 가치가 있다.

세계관과 상대주의

✓ 세계관을 쉽게 설명할 때 자주 이용하는 비유가 안경이다. 빨간 렌즈 안경을 끼고 보면 세상이 빨갛게 보이고 초록렌즈 안경으로 세상을 보면 온 세상이 초록이다. 모든 사람은 다 이런저런 색깔의 안경을 끼고 있는데 기독교적 세계관이란 바로 기독교적 안경을 끼고 세상을 보는 것이다. 비유란 항상 약점을 동반하는데 세계관을 안경에 비유하는 것도 마찬가지다. 이해하는 데 도움은 되지만 오해를 일으킬 수도 있다.

당장 제기될 수 있는 문제는 상대주의다. 기독교란 안경도 수많은 안경 가운데 하나이다. 아무도 안경 없이 세상을 볼 수 없다면 기독교란 안경을 껴야만 세상을 바로 볼 수 있다는 보장은 어디 있는가?

사실 세계관이란 이념이 처음으로 철학적 논의에 등장한 것은 상대주의와 무관하지 않다. 16~18세기 유럽의 지성계를 지배했던 계몽주의 사상은 모든 인간은 이성이 있고 그 이성의 능력을 통해 객관적이고 절대적인 진리를 발견할 수 있다고 믿었다. 따라서 세계를 보는 눈은 하나일 수밖에 없는데 그것이 이성이라고 믿었다. 기독교적 안경이나 불교적 안경 같은 것이 따로 있을 수 없고, 만약 있다면 그것은 언젠가는 폭로되고 제거되어야 할 오류라고 믿었다.

이런 확신이 19세기부터 조금씩 흔들리기 시작했다. 이성은 절대적이 아니라 의지나 감정에 의해 설정된 목적을 달성하는 도구에 불과하다는 주장이 니체 같은 철학자에 의해 제시되었다. 놀랍게도 니체는 종교개혁 때 루터가 '이성은 창녀'라고 한 말을 반복했다. 루터는 스콜라 신학이 숭상했던 아리스토텔레스를 비판했지만, 니체는 계몽주의가 신봉했던 이성을 조롱한 것이다. 상대주의적 사고방식이 조금씩 머리를 들기 시작했고, 거기서 세계관(Weltanschauung)이란 용어가 언어학과 철학 논의에서 점점 중요한 자리를 차지하게 되었다. 모든 사람이 동일한 이성의 눈으로 세상을 객관적으로 이해하는 것이 아니라 각 개인 혹은 각 문화가 역사적 과정을 거치면서 종합적으로 형성한 독특한 시각으로 세상을 본다고 생각한 것이다.

이런 상대주의적 관점은 20세기에 이르러 더욱 강화되고 확산되었다. 철학사상으로는 포스트모더니즘이 그것을 대변하고 사회과학에서는 문화다원주의와 상대주의가 그것을 반영한다. 이누이트(Inuit)족 문화를 연구한 보아스(F. Boas)의 "이누이트 문화는 서양 문화보다 뒤떨어진 문화가 아니라 서양 문화와는 다른 문화"란 주장은 오늘날의 문화다원주의와 문화상대주의의 효시가 되었다. 19세기 말까지만 해도 모든 문화는 동일 선상에서 발전하되 합리성에 뛰어난 서양 문화가 가장 앞서고 아시아, 아프리카 문화가 그 뒤를 따른다는 서양 문화 우월주의(ethnocentrism)가 지배했는데, 보아스가 그런 편견을 뒤집어 버린 것이다. 문화다원주의와 상대주의는 이제 전 세계의 돌이킬 수 없는 대세가 되고 말았다.

19세기 후반, 20세기 초반에 유럽을 지배했던 인본주의에 반기를 들었던 카이퍼(A. Kuyper)와 도여베르트(H. Dooyeweerd)도 그런 상대주의 기류와 전혀 무관할 수 없었다. 기독교, 불교 등만 종교가 아니라 인본주의를 비롯한 모든 '주의(-isms)'에는 종교적 근본동기(ground motive)가 숨어서 작용한다고 주장한 것은 바깥에서 보았을 때 역시 상대주의의 일종이라 할 수 있다. 오늘날 우리가 펼치는 기독교 세계관 운동도 그런 사상적 흐름의 산물임을 솔직하게 인정해야 할 것이다.

그렇다면 우리도 상대주의에 동의해야 할 것인가? 기독교적 세계관도 역시 서로 다른 여러 세계관 가운데 하나에 불과하다고 인정해야 할 것인가? 그럴 수는 없다. 그렇게 되면 우리의 신앙은 무너진다. 우리는 성경적 세계관만이 옳은 것이라고 믿어야 한다. 물론 그것이 왜 옳은가를 이론적으로 증명할 수는 없다. 증명한다는 것은 모든 세계관이 다 동의하는 제3의 중립적이고 절대적인 기준이 있다는 것을 인정하는 것인데 그것은 바로 계몽주의가 주장하다 실패한 것이다. 우리는 중립적이고 절대적인 바탕은 하나님의 말씀이라고 믿어야 하고 믿을 권리가 있으며 우리 나름대로 근거가 있다.

물론 우리는 "이것이 기독교적 세계관이다" 하고 명시적으로 내놓을 것은 없고, 그것이 기독교 세계관 운동의 중요한 목적도 아니다. 기독교적 세계관이란 이미 만들어져 있는 것이 아니라 우리가 추구하는 이상이며, 무엇보다도 성경적 가르침에 어긋난 잘못된 세계관, 특히 우리 자신과 우리 교회 공동체가 무의식적으로 갖게 된 비기독교적 세계관을 비판하고 극복하는 체계라 할 수 있다.

한국적 세계관은 내세와 하나님을 부인하며 차세 중심적이어서, 이런 세계관에서 비롯되는 온갖 부정적인 요소들이 교회와 그리스도인들을 타락으로 이끈다. 자연과학이 만들어 놓은 현대인의 세계관도 철저히 차세 중심적이고 인본주의적이며 대체로 유물론적이다. 기독교 세계관 운동은 주로 이런 것을 함께 발견하고 같이 고치며, 조금이라도 성경의 가르침을 따라서 살고 활동하는 경건 훈련이자 한국 교회 개혁운동이 될 수밖에 없다.

상대주의가 아닌
다원주의

✓　　다원주의는 오늘의 그리스도인에게 제기되는 가장 심각한 문제들 중 하나다. 하나님은 오직 한 분뿐이고, 구원의 길은 오직 하나뿐이며, 하나님이 계시하신 진리는 오직 성경을 통해서만 알 수 있다고 가르치는 정통 기독교가 어떻게 진리, 가치, 구원, 원칙 등이 원칙적으로 다원적이라고 주장하는 세상과 공존할 수 있겠는가? 그 중에서도 구원의 길은 여러 가지일 수 있다는 종교다원주의는 가장 직접적이고 뼈에 닿는 도전일 수밖에 없다.

　고대 사회에서는 존재하는 모든 것을 영원불변의 본질(essence), 실체(substance), 원리 같은 것으로 설명했다. 눈에 보이는 것은 모두 그림자며 표피적인 현상에 불과하기 때문에 다양하고 무질서하게 변하는 것 같이 보여도 그 배후 혹은 그 뿌리에는 변하지 않는 하나의 본질과 실체가 있고 그것들은 불변의 원칙에 따라서 생성되고 변화한다고 믿었다. 그런 유산은 지금도 자연과학에서 그대로 남아 있다. 눈에 보이는 강물, 얼음, 구름은 현상일 뿐 그런 현상을 일으키는 H_2O, 나아가서 수소(H)와 산소(O)가 그 실체며, 그것은 섭씨 0도에 고체가 되고 100도에 기체가 된다는 법칙은 불변한다고 주장하는 것이다. 19세기부터는 사회 현상도 자연과학적 방법으로 연구하려는 시도가 시작되었고 이런 시도는 실증주의(positivism)란 이름으로 상당한 영향력을 행사했다.

서양에서는 17세기부터 인류 문화가 발전한다는 미래 지향적 역사관이 자리 잡았다. 그런데 모든 문화는 동일 선상에서 발전하지만 그 선봉에 서양 문화가 서 있다고 믿었다. 이런 서양 문화 우월주의는 20세기 초까지 건재했고, 서양의 식민지였거나 서양의 우수한 과학 문명에 큰 인상을 받은 비(非)서양 문화들도 대부분 그 우월성을 그대로 수용했다. 아직도 자주 사용되는 '선진국', '후진국'이란 표현에서 그 유산을 볼 수 있다. 그때까지는 다른 문화에 대한 관용은 허용되었지만, 문화상대주의는 생소했다.

그러나 20세기 중반부터 주로 문화인류학에서 문화의 다양성과 상대성이 주장되기 시작했다. 독일 태생 미국의 문화인류학자 보아스가 캐나다의 이누이트 족 문화를 연구한 뒤 '이누이트 문화는 서양 문화에 뒤떨어진 문화가 아니라 서양 문화와 다른 문화'라고 주장하여 서양 문화 우월주의나 문화가 단일선상에서 발전한다는 사상을 크게 흔들었다. 1948년 국제연합(UN)이 〈보편인권선언〉을 준비하고 있을 때 문화다원주의 대변자 헬스코비치(M. J. Herskovits)가 회장이었던 미국문화인류학회가 이를 강력하게 반대하고 나선 것은 유명하다. '인권'의 이해는 문화마다 다른데 국제연합이 '보편'을 논의하는 것은 월권이라고 주장한 것이다. 북한이나 중국이 환영할 만한 비판이다. 비록 국제연합은 그 항의를 수용하지 않았지만, 문화다원주의는 오늘날 전 세계에 거역할 수 없는 대세가 되고 말았다.

모든 문화에서 핵심적인 위치를 점하고 있는 것이 종교인만큼 문화다원주의는 불가피하게 종교다원주의를 함축할 수밖에 없다. 그래서 기독교 신학자들 중에서도 종교다원주의를 강력하게 주장하는 힉스(John Hicks), 맥커리(John Macquarrie) 같은 사람들이 나타나게 되었다. 구원이란 정점으로 올라가는 길은 기독교, 불교, 이슬람 등 여러 갈래가 있을 수 있다고 주장하며, 다른 종교를 믿는 사람들에게 기독교를 믿으라고 전도하는 것은 잘못된 것이라고 주장한다.

오늘날 기독교는 문화다원주의를 부인하기가 쉽지 않다. 어떤 문화는 우월하고 어떤 문화는 저열하다고 판단할 보편적인 기준은 없다. 모든 문화에는 장단점이 있다. 그러나 우리는 한 문화의 어떤 요소는 잘못되었고 어떤 요소는 훌륭하다고 평가할 수 있어야 한다. 아프리카 어느 부족의 상부상조 제도는 칭찬할 수 있고 인도의 과부 화장제도나 중부 아프리카 여자 할례제도는 그것이 그들 문화에서 아무리 중요한 자리를 차지하더라도 우리는 강력하게 비판해야 한다. 한 문화 전체의 우열을 판단할 수는 없지만 한 문화가 가진 어떤 특정 요소를 칭찬하거나 비판할 수 있어야 한다는 것이다. 문화상대주의는 인정하되 도덕적 상대주의는 수용할 수 없다.

그리고 종교다원주의는 기독교뿐만 아니라 모든 종교의 본질에 어긋난다. 본질상 모든 종교의 신자는 자기 종교의 우월성과 절대성을 믿고 그것을 다른 사람에게 소개할 수 있어야 한다. 다만 다른 종교 신자도 그렇게 할 권리가 있음을 인정하고 그것을 존중하는 것은 우리 모두에게 요구되는 기본적인 예의로 간주해야 한다.

기독교적 역사관과
창조적 상상

✅ 상상이란 지금 눈앞에 보이지 않는 것을 마음속에 그려보는 것(mental picture)을 뜻한다. 책을 읽을 때나 다른 사람이 하는 말도, 눈에 보이는 글자와 귀에 들리는 소리가 뜻하는 것을 마음속에 그려 보아야 이해할 수 있으므로 거기에도 상상이 작용하는 것이다. 심지어 그림을 볼 때도 그 의미를 따지면 거기에도 상상이 작용한다. 어떤 경우에는 아무것도 보거나 듣지 않아도 멍하니 무엇을 마음속에 그려 볼 수 있다. 넓은 의미로 사람이 의식하는 것은 모두 상상이고, 인간의 정신 활동은 상상으로 이뤄진다고 할 수 있다. 생각하는 모든 사람은 상상한다.

사람들 가운데는 '상상력이 풍부한' 사람이 있다. 이미 가지고 있는 정보와 새로 들어온 정보를 아주 잘, 혹은 새롭게 연결하거나 새로운 그림 조각을 만들어 낼 수 있는 사람이다. 철학자 칸트는 머리 좋은 사람이란 상상력이 풍부한 사람이라 했다.

요즘은 창조적인 상상력이 인기를 끈다. 아직 아무도 그려 보지 못한 그림을 그려 보는 능력이다. 기억능력은 디스크나 USB가 훨씬 강하고, 계산은 컴퓨터가 더 빠르고 정확하다. 그래서 그런 능력을 갖춘 사람은 요즘 별 쓸모가 없다. 디스크나 컴퓨터가 할 수 없는 것이 바로 새로운 것을 상상해 내는 것이다. 그리고 그것이 병을 고치고, 삶을 편리하게 하고, 사람들을 더 즐겁게 한다. 문화를 한 단계 발전시킨다.

　동서를 막론하고 고대인은 역사가 발전하거나 새로운 것이 생겨 날 수 있음을 부인했다. 전도서의 지적처럼 옛날에 있었던 것이 다 시 일어날 뿐, "해 아래 새것은 없다"고 믿었다. 이런 관점을 '순환 적 역사관' 혹은 '과거지향적 역사관'이라 부른다. 플라톤이나 사마 천은 인류의 전성기, 즉 황금시대(golden age)는 과거에 있었다고 가 르쳤다. 중국에는 그것을 요순지절(堯舜之節) 혹은 태평성대(太平聖 代)라 불렀다. 그래도 발전하는 것이 있다면, 그것은 마치 콩을 심 으면 싹이 나고 잎과 꽃이 피어 열매를 맺는 것과 같이 이미 주어진 가능성이 현실화되는 것이라 믿었다. 그것이 바로 고대인들이 생각 했던 개발(develop, envelope와 반대) 혹은 진화(evolution)였다.

　없던 것이 새로 창조될 가능성은 전혀 인정하지 않았기에 창조를 자극하거나 장려하지 않았다. 모든 것은 이미 숙명적으로 결정되어 있고, 그것을 바꾸려는 시도는 본질과 자연에 대한 도전이기에 용 납될 수 없었다. 그리스 사상가들이 가르친 이성(logos)은 본래 운명 (moira) 사상에서 유래했다. 새로운 것이란 오히려 나빠지는 것이므 로 경계하고 만류할 수밖에 없다. 그리스와 로마 시인들은 시의 여 신 뮤즈(Muse)가 시인의 마음에 들어와서(inspire) 말한다고 생각한 것 같다. 당시의 많은 시의 첫 줄에 뮤즈를 초청하는 표현이 있다.

　이런 역사관이 존재한다는 것을 처음으로 발견한 사람은 교부 아우구스티누스(Augustinus, 354~430)이다. 그는 그런 역사관이 역사에 시작이 있고 끝이 있다는 기독교의 '선적 역사관'(linear view of history)과 대조되며, 선적인 역사관에서 비로소 '진보'가 인정된다는 사실도 지적했다. 그것이 진보적 역사관을 가능하게 했다.

아우구스티누스의 발견에도 불구하고 과거지향적인 역사관은 서양에서는 17세기, 동양에서는 19세기까지 지배적이었다. 종교개혁의 영향이 상당할 정도로 뿌리내렸을 때 비로소 역사관이 미래 지향적으로 바뀐 것이다. 그때부터 사회와 사고는 '과거의 굴레'에서 해방되고 새로운 것을 마음껏 상상하고 만들어 내기 시작했다. 동서양을 막론하고 사회와 문화는 급속도로 발전하기 시작했다.

그러나 성경은, 역사가 계속해서 자동으로 더 좋아진다고 가르치지는 않는다. 말세에 사람들이 더 악해질 수 있고, 믿는 자들이 많지도 않을 것이란 구절도 있다. 그러므로 피상적인 낙관주의는 성경적이 아니다. 그러나 창조와 종말의 교리는 미래지향성과 상대적인 창조의 가능성을 보장한다. 그리고 인류는 그 가르침을 충분히 이용하고 그 혜택을 누리고 있다. 뿐만 아니라 오히려 과거를 지나치게 무시하고 무책임하게 자연을 착취하는 잘못을 범하고 있다.

현대인은 그들이 누리는 상상의 자유와 발전이 기독교적 유산임을 잊어버렸고 따라서 감사하지도 않는다. 심지어 기독교인들도 대부분 잘 모르는 것 같다. 안타까운 일이다. 사실 기독교인들이야말로 누구보다 이 위대한 유산을 누리고 이용할 권리가 있어서, 마음껏 상상하고 새로운 것을 만들어 낼 수 있다. 그러나 쾌락과 편리가 아니라 사랑과 보존을 위해서 책임 있게 그 특권을 이용해야 할 것이다.

역사의
무게

✓   어떤 이단의 미혹에 깊이 빠진 젊은이가 자기들 교주의 강연회에 나를 초청했다. 어이가 없어서 심히 꾸짖었다.

"기독교의 정통 교리는 2,000년 동안의 역사가 있어. 자네의 교주보다 몇백 배 더 총명하고 신실한 수많은 학자와 경건한 지도자들이 그 기나긴 세월 동안 자네의 교주보다 더 많이 성경을 읽고 기도하고, 연구하고, 생각하고, 토론하고, 결의하고, 개정해서 형성해 놓은 결정체야. 어디 무식한 돌팔이가 하나 갑자기 나타나서 2000년의 역사를 가진 유산에 감히 도전하면서 말도 안 되는 짓거리로 사람들을 속이려 하는가!"

기독교는 하나님의 계시에 근거한 종교이므로 역사는 중요하지 않아 보인다. 하나님의 뜻이 시간의 흐름이나 역사적 상황에 따라 달라질 수 없기 때문이다. 그래서 그런 돌팔이가 자주 나타난다. 그러나 잊지 말아야 할 것은, 그 계시 자체가 하늘에서 바로 내려온 것이 아니라 역사적 과정을 거치면서, 그리고 역사적 상황을 이용해 주어졌다는 사실이다. 구약성경 상당 부분이 역사 기록이고 신약성경도 마찬가지다. 불경이나 코란을 비롯한 다른 종교의 경전들도 성경만큼 역사적 기록을 많이 포함한 것은 없다. 기독교는 역사적 종교이고, 모든 종교 가운데 역사를 가장 중요시하는 종교라 할 수 있다.

그리고 성경은 역사를 중요시한다. 하나님은 이스라엘 백성에게 출애굽 사건, 광야의 시련, 아브라함 등을 비롯한 조상들과의 언약, 이스라엘의 타락 등 역사적 사실을 "기억하라", "잊지 말라"고 거듭 명령하셨다. 이스라엘의 역사가 선민의 정체성을 결정한다.

기독교는 역사를 떠나서 정체성을 논할 수 없다. 물론 정경이 완성된 이후의 역사가 성경이 기록한 역사와 동일한 권위를 가질 수는 없다. 그러나 성경은, 모든 역사가 하나님의 주권적 통치 아래 있다고 가르치므로 우리는 역사적 과정을 무시할 수 없다. 비록 성경과 동일한 권위를 가진 것은 아닐지라도 올바로 이해한 역사는 매우 중요한 교훈이 된다. 신학은 자연의 계시를 인정한다. 물론 성경의 계시와 동일한 권위를 가진 것은 아니지만, 성경의 가르침에 따라 이해한 자연현상은 우리에게 하나님의 지혜와 능력을 더욱 선명하게 보여 준다. 역사의 경우도 마찬가지다. 역사 자체가 절대적인 권위를 가질 수는 없지만, 성경의 조명을 받은 역사는 하나님의 뜻을 더욱 구체적으로 알려 줄 수 있다.

네덜란드의 조직신학 교수 벨코프(H. Berkhoff)는 5세기경에 형성된 지금 형식의 사도신경에 그 시대의 교회에서 매우 당연한 것으로 생각했던 주장들과 사조들이 반영되지 않았다는 사실을 지적하고 거기에는 분명히 성령이 역사했다고 주장한다. 예를 들어 그 시대에는 이미 미사가 예배에 중요한 자리를 차지했으며, 도덕적 행위가 구원의 조건이라고 주장하는 도덕주의(moralism)가 상당한 영향력을 행사했다. 그런데도 사도신경에는 그런 것들이 전혀 반영되어 있지 않고, 오직 정경, 특히 바울의 가르침이 순수하게 반영되었다는 사실은 기적일 수밖에 없다. 오늘날 천주교와 개신교의 모든 교파가 다 인정하는 기독교의 가장 기본적인 신앙고백이 오직 성경의 가르침만 반영할 뿐 시대의 잘못된 생각과 제도를 배제한 것은 얼마나 큰 축복인가? 2세기부터 5세기까지 무려 300년이란 긴 세월을 거치면서 수많은 신학자의 연구와 공회의 토론을 거쳐 형성되었음에도 사도신경이 정경을 대체하지 않고 지금까지 성경의 권위 아래 남아 있는 것도 인간적으로 쉽게 설명할 수 있는 것이 아니란 사실을 벨코프는 지적한다.

이렇게 형성된 기독교의 정통성은 권위를 갖게 되었고 그에 대한 반복된 도전들을 굳건히 견뎠기에 역사의 무게는 더 커졌다. 그 역사의 무게를 무시할 수 없기에 기독교는 보수적이 될 수밖에 없다.

그렇다면 기독교는 결코 개혁되어서는 안 되는가? 물론 교회는 계속 개혁되어야 한다. "교회는 계속해서 개혁되어야 한다"(Ecclesia semper reformanda est)란 표현은 17세기 네덜란드 개혁교회에서 유래했고, "개혁교회는 항상 개혁되어야 한다"(Ecclesia reformata semper reformanda)는 프랑스 개혁교회가 모토로 사용했다 한다. 개신교회의 생명은 끊임없는 개혁으로 유지될 수 있다. 그렇다면 보수와 개혁은 어떻게 조화될 수 있는가?

기독교의 개혁은 과거를 무시하는 것이 아니라 잘못된 과거를 고치는 것이다. 16세기의 종교개혁은 성경으로 돌아가고 초대교회로 돌아가자는 운동이었다. 자연현상도 계시가 될 수 있으나 어디까지나 성경의 가르침과 일치할 때만 권위가 있듯, 역사도 오직 성경에 의해 올바로 조명될 때만 진정한 무게를 가질 수 있다. 모든 역사적 사건이 우리가 본받아야 할 모범이 아니다. 성경의 가르침이 올바로 반영된 것만이 진정한 권위를 가진다. 사도신경도 역사적 산물이고, 십자군 전쟁도 역사적 사건이다. 그러나 성경의 잣대로 재어 보면 하나는 옳고 다른 것은 잘못된 것이다.

물론 역사는 인간의 산물이기에 역사를 비판적으로 돌아봄으로 과거의 실수를 반복하지 않을 수 있고 인간의 약점을 알아 대비할 수 있다. 과거를 바로 보아야 미래를 바로 살 수 있다. 독일이 존경을 받고 일본이 비판을 받는 것은 역사를 보는 능력과 태도의 차이 때문일 것이다.

인간 생명의
존엄성

✔︎ 최근에 개발된 유전자 검사로 2,500가지의 질병 전조를 알 수 있게 되었는데, 그 가운데 500가지만 고칠 수 있다고 한다. 고칠 수 없는 질병 전조를 발견했을 때 그것을 당사자에게 알려야 하는지는 의료 윤리의 심각한 고민거리라 한다. 의학, 유전학, 생명공학이 발달함에 따라 매우 복잡한 윤리 문제가 새롭게 제기되고 있다.

생명과 관계된 윤리 문제는 결코 사소한 것이 아니다. 그러나 그보다 훨씬 더 기본적인 것은, 왜 사람의 생명이 존엄한가에 대한 이론적 근거를 확실히 제시하는 것이다. 이 근거가 흔들리면 생명 윤리의 모든 논의가 사상누각이 되고 만다.

현대 사회에서는 살인이 더 많이, 더 다양한 방법으로 일어난다. 살상 무기와 흉기, 낙태 기술, 독약, 생화학 무기 등은 더 효과적이고 다양하게 개발되고, 안락사와 자살은 늘어나고 있다. 많은 사람이 환경오염과 기상 변화로 생명을 잃고 빈부 격차로 인한 기근과 질병으로 죽는 사람이 늘어나는데 그 원인을 사람이 제공하고 있으니 이 역시 간접 살인이라 할 수 있다. 의술과 치료제가 발전하고, 인권 선언이 보편화되어 생명이 연장되고 생존권이 존중되는데도 사람에 의해 사람의 생명이 죽임을 당하는 경우는 과거보다 더 늘고 있다. 그렇게 된 가장 중요한 이유는 사람의 생명이 신성하다는 믿음이 약해지기 때문이다. 살인이 왜 나쁜가에 대한 확실한 근거가 설득력 있게 제시되지 못하고 있다.

오랫동안 사람들은 감각이 있는 생명, 즉 동물의 생명은 신비롭기에 존엄하다고 믿어 왔다. 오늘날에도 채식주의자들 대부분이 그런 견해를 가지고 있다. 모든 다른 자연 현상은 과학적으로 설명할 수 있지만 생명 현상만은 그렇게 쉽게 설명되지 않는다는 것이다. 그래서 그들은 인공적으로 생명체를 합성할 수 있다는 과학자들의 주장에 상당한 위협을 느낀다. 기독교인들을 포함한 유신론자들은 적어도 생명만은 창조주의 전유물이므로 사람이 설명하거나 조작할 수 없고, 특히 사람의 생명과 관계되는 경우에는 어떤 조작도 허용되어서는 안 된다고 믿는다. 화학적으로 생명을 합성하려는 노력을 그들은 신의 권위에 대한 도전이라고 비판한다. 생명공학, 특히 인간의 생명 혹은 유전학 연구와 실험에 대해서 정부들이 어느 정도 제재를 가하는 것도 그런 관점을 반영한다.

그러나 이런 입장은 지금 많이 흔들리고 있다. 요즘처럼 생명과학이 계속 발전해 생명 현상을 설명할 수 있거나 생명공학이 발달해 생명을 합성하거나 조작할 수 있게 되면, 생명은 그 이상 존엄하지 않게 되고 따라서 생명 윤리는 심각한 위기를 맞을 것이다. 그리고 생명 현상이 신비롭다는 사실은 구태여 인간의 생명만 존엄하다고 주장할 수 없게 한다. 사람을 죽이는 것은 처벌하면서도 동물을 도살하는 것은 처벌하지 않는 것을 정당화하기가 어렵고, 따라서 단순히 개인 차원의 채식주의로 문제가 해결될 수는 없다.

  비교적 간단하고 상식적인 입장은, 모든 인간은 죽기를 싫어하기에 다른 사람을 죽게 해서는 안 된다는 주장이다. "내가 싫어하는 것을 다른 사람에게 적용해서는 안 된다"(己所不欲 勿施於人)는 공자의 가르침이나 "무엇이든지 남에게 대접을 받고자 하는 대로 너희도 남을 대접하라"(마 7:12) 등의 황금률을 적용하는 것이다. 사실 죽음을 두려워하고 회피하는 것은 감각을 가진 모든 생물체의 가장 강력한 본능적 욕구 가운데 하나다. 그리고 생명은 다른 모든 것을 향유할 수 있는 기본 조건이다. 생명은 잃어버리면 다시 찾을 수 없고, 인간이 가진 모든 기능, 가능성, 향유하는 모든 것이 다 사라진다. 그러므로 다른 무엇보다 생명은 귀중하고 따라서 존중해야 한다는 주장이다.

  그러나 이런 관점은 나름대로 설득력이 있지만, 논리적으로는 자연주의적 오류(naturalistic fallacy)를 범하고 있다. 예를 들어 모든 사람이 돈을 '좋아한다'는 사실에서 모든 사람은 돈을 '좋아해야 한다'는 결론을 내리는 것은 오류다. 모든 사람이 죽기를 '싫어한다'는 사실에서 모든 사람의 생명을 '존중해야 한다'는 결론을 내리는 것은, 바로 그런 오류를 범하는 것이다. 오늘날 자살하거나 안락사를 원하는 사람들이 적지 않은데, 이런 사람들이 실제로 죽었을 때 그들을 비난할 윤리적 정당성이 없어진다. 사람들이 죽기를 싫어하기에 살인하는 것이 나쁘다는 주장은 살인을 억제하기 위한 교육적 효과는 거둘 수 있을지 모르나 이론적으로 정당화하기는 어렵다.

인간 생명의 존엄성을 정당화하는 이론적 근거가 약하다는 것은 생명 윤리의 심각한 문제가 아닐 수 없다. 인간의 기본권과 더불어 생명 존중의 당위성의 가장 확실한 근거는 하나님의 명령이다. "살인하지 말라"(출 20:13). "다른 사람의 피를 흘리면 그 사람의 피도 흘릴 것이니 이는 하나님이 자기 형상대로 사람을 지으셨음이니라"(창 9:6). 이제까지 어떤 이론도 인간 생명의 존엄성과 인간의 기본권을 이 명령만큼 확실하게 정당화하지 못했다. 생명 윤리의 가장 확실하고 분명한 근거는 하나님이 자신의 형상대로 사람을 창조하셨고 생명의 주인은 하나님이므로 살인하지 말라는 하나님의 명령이다. 그러므로 모든 사람은 무조건 사람의 생명을 존중해야 하며 모든 방법을 동원하여 그 생명을 보존하려고 노력해야 한다. 특히 그리스도인들은 더욱 그러해야 하며 생명 경시를 조장하는 지금의 세속문화를 바꾸는 데 앞장서야 할 것이다.

인간 생명은
왜 존엄한가?

✓   풀을 뜯는 얼룩말이나 누 무리를 사자 같은 포식자들이 공격할 때 주로 잡아먹히는 짐승은 튼튼하고 살찐 놈이 아니다. 거의 예외 없이 어리거나 병들어 제대로 도망칠 수 없는 놈이 희생된다. 그런데 이상하게도 무리 가운데 크고 튼튼한 녀석들은 그 약한 짐승을 구하려 하지 않는다. 그 큰 무리가 한꺼번에 포식자에게 달려들면 사자 한두 마리쯤은 얼마든지 제압할 수 있는데도 하나같이 도망치기에만 바쁘다. 약한 것들이 제거되는 것이 종족 보존에 도움이 된다는 우생학적 본능 때문일 것이다. 같은 종에 속한 다른 짐승을 잡아먹는 짐승도 없고 자살하는 짐승도 없다. 역시 종족 보존의 본능 때문일 것이다. 한때 레밍(lemming)이란 쥐가 집단적으로 자살한다는 설이 있었으나 사실이 아닌 것으로 드러났다고 한다.

다른 포식자들을 다 제압해 버린 인류는 짐승과 달리 그런 종족 보존의 자연적 본능을 갖고 있지 않다. 약한 사람을 죽도록 방치하지도 않거니와 같은 종족, 즉 다른 사람을 죽이지 않는 본능도 없다. 그리고 짐승이 하지 않는 자살은 오히려 많이 한다. 그래서 인류의 존속과 개인의 생명 보존은 자연적 본능이 아니라 인위적인 당위(當爲)에 의해 보장될 수밖에 없게 되었다. 실제로 모든 사회는 종교, 전통, 풍속, 도덕, 법률 등을 통해 살인을 금하고 자살을 만류하며 약자를 보호한다. 인간 생명의 보존은 '본능'이 아니라 인간의 인위적인 '책임'에 맡겨진 것이다.

그런데 자연적 본능은 확실하고 예외가 없지만, 문화는 인위적이므로 예외가 많고 확실하지도 않다. 그리고 문화가 발달할수록 자연적인 요소가 개입될 여지는 그만큼 줄어들기에 인간 생명의 보존뿐만 아니라 파괴까지도 그만큼 더 인위적이 된다.

그동안 인류는 생명의 보존을 위해 뛰어난 의술과 약을 개발했고, 생명의 안전을 위해 온갖 장치와 제도를 만들었다. 댐을 막아 홍수와 가뭄을 막고 비행기와 자동차 등 교통수단과 도구들을 더욱 안전하게 제조하며, 태풍과 지진 등 자연재난을 예측하는 기술도 개발했다. 그래서 자연보다 사람이 사람의 생명을 보호하는 데 훨씬 뛰어난 것같이 보인다.

그러나 실제로는 그렇지 않다. 인명 보호에는 인간이 오히려 자연보다 열등하다. 최근 일어난 재해 중 가장 큰 자연재해는 2004년 인도양에서 일어난 쓰나미였는데 그때 23만여 명이 희생되었다. 그러나 6·25전쟁으로 생명을 잃은 사람은 300만 명이 넘고, 나치 정권에 의해 재판도 거치지 않고 죽임을 당한 유대인이 600만 명이나 된다. 지금도 테러는 계속되고, 살상무기는 더 파괴적이 되며, 빈부격차는 심화되고, 환경오염은 악화되며, 교통사고를 비롯한 각종 사고는 늘어나고, 살인과 자살은 줄어들지 않는다. 최근에는 낙태나 안락사까지 허용되고 있어 매일 무수한 인명이 희생되고 있다.

생명에 대한 자연의 위협에 대처하는 인간의 시도는 오히려 자연보다 더 심각한 위협을 만들어 내고 있다.

사람의 생명을 위협하는 물리적 힘이 커진 것보다 훨씬 심각한 위협은 바로 인명 경시 풍조다. 과거에는 모든 사회에서 사람의 생명을 끊는 것은 금기 중의 금기였다. 종교는 살인을 금하고, 모든 사회에서 살인은 가장 끔찍한 범죄였다. 법적인 처벌보다 초자연적인 보응을 더 두려워했고, 사회적 제재도 매우 엄했다. 아직도 많은 사회에서 그런 전통이 어느 정도는 남아 있다.

그런데 자연과학이 발달하고 종교가 세속화되고 전통이 약해지면서 인간 생명에 대한 신비감이 사라지고, 살인에 대한 초자연적인 보응의 두려움도 약해지고 있다. 이제는 법적 처벌 외에는 생명을 보호할 이유가 거의 없어지고 있다. 하나님, 이성, 본질, 실체 등 실증할 수 없는 어떤 것도 인정하지 않는 오늘의 학문은 생명의 존엄성을 이론적으로 증명할 능력을 완전히 상실해 버렸다. 생명은 도대체 왜 소중한 것이며 사람의 생명은 왜 짐승의 생명과 다른지 아무도 설득력 있게 설명해 줄 수 없게 되었다.

최근 일어나고 있는 동물 생명 보호 운동은 오히려 인간 생명의 존엄성이 상대화되고 있음을 역설적으로 암시한다. 1948년 국제연합이 〈보편인권선언〉을 발표해 인권존중을 보장하려 한 것처럼 오늘날 인류가 인간 생명을 보호하기 위해 할 수 있는 것은 기껏해야 "인간 생명은 존엄해!" 하고 '선언'하는 것이다. 생명 존중 선언, 헌장 등이 도처에서 제정되고 있다. 그러나 그런 것이 과연 얼마나 효과적인 힘을 발휘할지는 의문이다.

  이런 상황에서 "사람은 하나님의 형상으로 지음을 받았다", "사람의 생명은 하나님의 소유이므로 자신을 포함한 아무도 손을 댈 수 없다"는 성경의 가르침은 인간 생명 존중을 위해 확고한 근거를 제시한다. 사르트르(J. Sartre)는 "인간이 주인이 되기 위해서는 하나님이 없어야 한다"고 주장했지만, 사실은 하나님이 계셔야 인간 생명의 존엄성과 기본 인권이 존중될 수 있다. 인류의 보존을 위해서라도 그리스도인은 성경 원칙의 소중함을 알고 그에 충실하게 행동해야 할 것이다.

인권 존중,
기독교의 유산

✓   북한에 대해서 그리스도인들이 어떤 태도를 보여야 할 것인가에 대해 의견 차이가 크다. 나는 적어도 두 가지의 근본 입장을 동시에 취해야 하지 않을까 생각한다. 굶주리는 북한 주민들이 무조건 먹을 수 있게 해야 한다는 것과 주민에 대한 북한 정권의 인권 탄압을 강력하게 비판하고 인권 상황 개선을 위해서 모든 수단을 동원해야 한다는 것이다. 상반되는 것같이 보이지만, 생존도 기본 인권이라면 이 입장은 모두 북한 주민의 인권 보장에 초점을 두고 있다 할 수 있다.

동서를 막론하고 고대에는 인권 개념이 존재하지 않았다. 인간에게 이성이 있기에 짐승과 구별된다고(animal rationale-Aristoteles) 믿었던 그리스 시대에도 노예, 여자, 외국인들에게는 자유시민과 동등한 권리를 인정하지 않았다. 삼강오륜(三綱五倫)이 있기에 인간만이 가장 고귀하다(天地之間萬物之衆 唯人最貴-童蒙先習)고 가르친 유교 국가들에서도 모든 사람이 동등하게 존중되지 않았다. 조선 성종(成宗) 때만 해도 사람 하나의 값이 말 한 필 값보다 쌌다고 한다.

사실 모든 인간에게 동등한 기본 인권이 있다는 사실을 증명하고 설득하기는 쉽지 않다. 인간에게만 이성이 있기에, 기본 인권은 자명하기에, 인간만이 고통을 느낄 수 있기에, 내가 남의 인권을 무시하면 남도 나의 인권을 무시할 수 있기에, 자신의 권리를 보호하기 위해 사회계약을 맺었기에 등 그동안 여러 근거들이 제시되었으나 그 어느 것도 다른 사람, 특히 약자의 인권을 확실하게 존중하도록 사람들을 설득하기에는 부족했다. 모두 이론적으로 약점이 있다.

인권 존중을 정당화하는 데 가장 많이 이용된 주장은, 인권 개념이 자연권(natural rights)이란 것이다. 흔히 천부인권(天賦人權)이라고 부르는 것으로, 모든 인간에게 불가침의 권리가 자연적으로 주어져 있다는 것이다. 비록 모든 사람이 바로 인식하고 인정하는 것은 아니라도 한 번 인식하면 그에 동의할 수밖에 없다는 생각이 함축되어 있다. 1948년 국제연합(UN)이 제정해 발표한 〈세계인권선언〉(Universal Declaration of Human Rights)에 당시 소련 연방에 속한 공산 국가들과 사우디아라비아가 반대했지만, 지금은 몇몇 이슬람 국가들을 제외하고는 거의 모든 나라가 지지하고 있다. 이런 것을 보면 기본 인권이 자연권이란 주장이 증명된 것같이 보이기도 한다. 비록 실제로 존중하지는 않더라도 그런 권리가 존재해야 한다는 것을 대부분이 인정하는 것 같다.

그러나 과연 인권이 자연권인지, 자연권 같은 것이 존재하는지에 대해서 비판이 없지 않다. 현대 윤리학계에 가장 큰 영향력을 행사하는 철학자이자 대학교수인 매킨타이어(A. MacIntyre)는 모든 사람에게 자명한 인권이란 존재하지 않을 뿐 아니라 이 세상에 자명한 것은 아무것도 없다고 강조한다. 철저한 공동체주의자인 그는 인권이란 것도 공동체의 전통에 불과한 것으로 본다.

매킨타이어는 기본 인권 사상은 유대교와 기독교의 가르침이 세속화된 것에 불과하다고 주장한다. 하나님 대신 자연을 권위로 내세운 것이란 생각이다. 1982년 이란의 유엔 대사 사이드 라자디-코라사니(Said Rajadie-Khorassani)도 국제연합의 〈보편인권선언〉은 '유대-기독교적 전통의 세속적 이해'(a secular understanding of the Judeo-Christian tradition)에 기반한 것이므로 이슬람의 법에 어긋나고 무슬림들에게 적용될 수 없다고 비판했다. 인권 사상이 본래 성경에서 비롯되었음을 인정한 것이다.

역사적으로 인권 사상이 서양에서 처음 태동했고 모든 인간이 동등한 기본권을 갖고 있다는 생각은 종교개혁과 문예부흥 때 처음 등장했다. 인권 사상이 처음으로 가장 구체적으로 표현된 것은 독일의 농민전쟁과 관계해 1525년 스바비아(Swabia) 농민들이 요구한 12개 조항이었다. 그 조항의 제3조에 보면 그리스도는 양치기이든 고위층이든 차별을 두지 않고 모두 하나님의 고귀한 피로 구속했기에 농부들을 악한이라고 부르는 것은 개탄할 일이라고 했다. 또 제4조에는 우리의 주인이신 하나님이 사람을 창조하셨을 때 모든 인간에게 짐승과 공중의 새, 물속의 고기들을 지배할 능력을 주셨기에 평민들은 짐승이나 새를 사냥하거나 고기를 잡을 권리가 없다고 하는 것은 성경의 가르침에 맞지 않는다고 주장했다. 하나님께서 모든 사람에게 동등한 권리를 주셨고 그리스도께서 계급의 구별 없이 모든 사람을 구속하셨기에 모든 사람은 기본 권리를 가지고 있다는 생각이 함축되어 있다.

　사실 초대교회와 사도시대에도 노예제도가 있었지만 예수님이나 사도들이 강하게 비판하지 않았고, 종교개혁 이전까지는 기독교에서도 인권 개념이 나타나지 않았다. 그러나 인권 존중의 씨앗은 사람만이 하나님의 형상으로 지음을 받았다는 말씀(창 1:26, 9:6)과 유대인이나 헬라인이나 종이나 자유자나 남자나 여자나 그리스도 안에서 하나이며 한 성령으로 세례를 받아 한 몸이 되었다는 가르침(고전 12:13; 갈 3:28)에 이미 심겨져 있고, 바울이 노예였던 오네시모를 형제라 부른 것(골 4:9; 몬 1:16)에서 이미 싹이 트기 시작했다. 노예제도 폐지의 기수였던 윌버포스(W. Wilberforce)가 독실한 기독교 신자였다는 것은 우연의 일치가 아니었다. 인권 존중은 하나님의 명령이고 그것이 그 타당성과 당위성의 유일한 근거다.

　모든 인간은 동등하게 불가침의 권리를 가지고 있다는 원칙은 기독교가 인류에 끼친 가장 소중한 공헌 가운데 하나다. 만약 그 사상이 없었더라면 오늘날 얼마나 많은 사회 약자들이 얼마나 많은 서러움과 고통을 당하고 있겠는가? 그리스도인들은 이 위대한 유산을 소중하고 자랑스럽게 생각하고, 누구보다 앞장서서 이 이념을 우리의 삶에서 구체적으로 실천하고 사회에 정착시킬 책임이 있다.

동성애는
하나의 가시

✅   성경을 절대적인 하나님의 말씀으로 받아들이는 그리스도인들이 오늘의 세계에서 당면한 가장 난처한 문제 중 하나가 동성애가 아닌가 한다. 구약 성경뿐만 아니라 신약 성경도 분명히 동성애를 큰 죄악으로 보고 있다. 거기다가 비그리스도인들 상당수도 동성애는 미풍양속에 어긋나며 자연스럽지 못하고, 순수하고 정상적인 사랑이 아니고, 동성애자가 늘어나면 우리가 지금까지 알고 있는 것과는 다른 형태의 가정이 생겨날 것이라 하여 반대한다. 그러나 다른 한편 대부분의 선진국에서는 동성애자들을 비도덕적으로 보지 않을 뿐 아니라 마땅히 보호해야 할 소수자로 보고, 그들을 차별대우하는 것은 장애인의 인권을 무시하는 것 못지않게 정의에 어긋나고 시대착오적이라고 비난한다.

거기다가 문제를 더욱 복잡하게 하는 것은 기독교 안에서도 동성애를 인정하는 교단과 신학자들이 있고 동성 간의 결혼을 허용할 뿐 아니라 동성 결혼식을 주례하며 심지어 동성 간 결혼한 사람들이 성직을 갖는 것도 허용하는 교단이 있다는 사실이다. 마치 살인을 정죄하고 금지하듯 기독교 교파나 신학자들이 모두 동성애를 반대한다면 그나마 입장 설정이 쉬울 텐데 그렇지 않으니 동성애를 반대하는 사람들의 처신이 더욱 난감해지는 것이다.

동성애를 인정할 것인가 반대할 것인가는 주로 동성애가 선천적인가 후천적인가 하는 것에 달려 있다고 생각한다. 만약 동성애가 선천적이라면 그런 경향을 가진 사람들을 비판할 수 없다. 자신의 책임이 아닌 일로 비난 받는 것은 억울하다. 칸트가 주장했듯 모든 당위(當爲, Sollen) 혹은 책임은 가능성(Können)을 전제한다. 김 씨가 날지 못한다 하여 그를 비난할 수는 없다. 비록 동성애가 자연스럽지 못하고 비정상적이라 하더라도 선천적인 원인에 의한 것이라면 아무도 그것을 비난하거나 비판할 수 없다. 그것은 여자를 차별대우하는 것 못지않은 잘못일 것이다.

동성애를 반대하는 입장은 동성애가 후천적이란 전제에 근거한다. 비정상적인 양육, 좋지 못한 영향, 잘못된 문화, 건전하지 못한 상상 등 비유전적인 원인 때문에 생겨나는 성향이라고 보는 것이다. 마치 도박에 중독이 된 것같이 자신도 제어할 수 없는 비정상적인 충동에 사로잡힌 사람들로 취급하는 것이다. 도박 중독자는 자신을 제어할 수 없지만 그렇게 된 것에 대해서는 자신이 책임을 져야 한다. 동성애도 그와 비슷하다는 것이다.

그런데 문제는 아직도 이 문제가 확실하게 해결되지 않았다는 것이다. 심리학자들도 의견이 분분하다. 사회에 따라서 동성애자의 수가 다른 것을 보면 사회문화적 요소가 작용하는 것이 사실인 것 같다. 동성애를 자연에 어긋나는 것으로 취급한 과거에는 동서를 막론하고 동성애자가 없었거나 거의 없었다는 사실, 영국 같은 나라는 청소년들을 성별로 따로 수용하는 기숙사가 많기에 다른 나라들보다 동성애자가 많다는 사실 등을 고려하면 동성애가 상당할 정도로 후천적이란 주장이 맞는 것 같다. 그러나 동성애는 생물학적인 현상이라고 주장하는 전문가들도 상당수에 이르기 때문에 비전문가들은 혼란스러울 수밖에 없다.

그런데 만약 동성애가 선천적이란 것이 확실하다면 교회는 어떻게 이에 대처할 것인가? 동성애를 죄악시하는 성경을 비과학적이고 케케묵은 편견으로 가득 차 있다고 무시해 버릴 수 있겠는가? 그렇게 하면 성경의 다른 가르침도 권위를 상당할 정도로 상실하게 될 것이고, 복음의 기본 요소들도 상대화되고 말 것이다. 그렇게 되면 교회가 심각한 위기에 직면할 수 있다.

또 하나의 대안은 여자는 기도나 예언을 할 때 반드시 머리에 무엇을 써야 한다는 고린도전서 11장의 지적처럼 성경의 동성애 금지도 그 시대의 특수한 상황을 반영하는 것으로 취급하는 것이다. 그 시대에는 금지했지만, 오늘날은 허용해도 괜찮다고 해석하는 것이다. 그러나 그런 해석은 별로 자연스럽지 못하다. 오늘날 여자들이 중요한 행사에 반드시 머리에 무엇을 써야 한다는 주장은 찾아보기 힘들지만, 동성애를 반대하는 사람들은 아직도 많다. 그러므로 그 두 가지를 비슷한 것으로 취급하는 것은 자연스럽지 않다.

그보다 조금 덜 부자연스런 해결은 동성애를 바울 사도가 가졌던 '육체의 가시'(고후 12:7)와 비슷한 것으로 취급하는 것이다. 바울의 가시가 무엇이었는지 분명하지는 않지만 적어도 그것은 고통스러운 것이었고 바울이 원하지 않았던 것임은 분명하다. 바울은 그 것을 제거해 달라고 기도했지만, 하나님은 그의 기도에 응답하시지 않고, 바울은 일생 그 가시를 육체에 지닌 채 살아야 했다.

만약 동성애가 선천적이고 그리스도인이 그런 성향을 가지고 태어났다면 그는 그 충동이 요구하는 대로 동성과 결혼하거나 성관계를 가질 것이 아니라 바울이 육체의 가시를 그대로 품고 고통을 참은 것처럼 그런 성향을 억제하며 살아야 한다. 그리고 주위의 다른 그리스도인들은 그런 동성애자들을 정죄하거나 비정상적인 사람들로 차별대우할 것이 아니라 오히려 고통스러운 육체의 '가시'를 참고 견디는 사람으로 동정하고 이해하며 위로해야 한다. 만약 동성애가 선천적이라면 성경의 권위를 믿는 그리스도인들에게 주어진 대안은 이것밖에 없지 않을까 한다. 그리고 동성애의 원인이 확실하게 밝혀지지 않은 지금에라도 그리스도인들은 동성애자들을 정죄하고 멀리하기보다는 그들의 고통에 동정하는 태도를 보여야 하지 않을까 한다.

동성애 반대도
과유불급

✔︎   트럼프 미국 대통령은 어느 관점에서 보아도 기독교적이라 하기는 어렵다. 모든 사람의 기본권과 모든 민족의 평등은 기독교가 인류 사회에 도입한 가장 중요한 이상 가운데 하나였는데 트럼프는 그런 이상에 정면으로 역행하고 있다. 다른 나라야 망하든 말든 미국만 잘 살면 된다는 입장이다. 강국의 국수주의는 인류의 재앙이다. 약한 사람을 보호하는 것이 성경이 요구하는 정의인데, 트럼프는 난민 같이 불쌍한 사람은 안중에도 없고 가난한 사람들의 치료를 위해 오바마 전 대통령이 애써 마련한 의료보험 제도(Obama care)를 열심히 허물고 있다. 성경은 거짓말을 마귀의 전유물로 정죄하는데 트럼프는 대통령이 되기 위해 거짓말을 주저하지 않았다. 지난 해 '올해의 단어'(word of year)가 '탈진실'(post-truth)로 정해진 배경에는 거짓말을 통한 트럼프의 당선이 중요하게 작용했다. 건국 초기부터 미국이 내세웠던 인류 보편적 가치들을 트럼프는 하나씩 허물고 있어 전 세계가 미국에 가지고 있던 신뢰와 존경심을 떨어트리고 있다. 국내외 지성인들의 비판과 조롱이 커지고 있고 미국인들의 지지도 바닥으로 떨어져서 탄핵조차 거론되고 있다. 개인적으로도 이혼한 경력이 있고 예배에 참석한다는 소식은 전혀 없다. 미국

의 기독교 매체들은 그가 그리스도인임을 인정하지 않는다.

그런데 지난 대통령 선거 때 미국 복음주의 기독교인의 80퍼센트가 트럼프를 지지했다 한다. 물론 백인이 대부분이었을 것이다. 간발의 차이로 당선했기 때문에 복음주의자들의 그런 지지가 없었다면 그는 대통령이 되지 못했을 것이다. 그런데 뉴욕 타임스의 칼럼들에 의하면 복음주의자들이 트럼프를 지지한 이유 가운데 가장 중요한 것이 클린턴 민주당 후보가 G.L.B.T., 즉 남자동성애자, 여자동성애자, 양성애자, 성 전환자들의 권리를 옹호했기 때문이라 한다. 즉 성소수자에 대한 복음주의자들의 역겨워 함이 트럼프를 대통령으로 만든 것이다. 그런데 복음주의자들 덕으로 당선한 그가 지금 가장 기본적인 기독교적 가치를 대대적으로 파괴하고 있는 것이다. 과거 유럽의 교회들이 식민지주의를 옹호함으로 도덕적 권위를 상실하여 서양 지식인들과 젊은 세대들이 교회를 떠난 것과 비슷하게 이번에 복음주의자들이 달성한 작은 목적 때문에 미국인들, 특히 지성인들이 기독교에 대해서 부정적인 이미지를 갖게 될 것이 분명하다. 전형적인 과유불급(過猶不及)이라 하겠다.

최근 우리나라에도 성소수자들에 대해서 보수적인 기독교인들의 비판과 항거가 거세게 일고 있다. 특히 사회 일각에서 헌법 제36조 1항, "혼인과 가족생활은 개인의 존엄과 양성의 평등을 기초로 성립되고…"에서 '양성의 평등'을 '성 평등'으로 고치자는 움직임이 있어 위기감이 더욱 커졌다. 성경이 동성 성관계를 분명하게 정죄하므로 한국 기독교인들이 세계 최초의 그런 헌법 개정을 반대하는 것은 당연하다.

그러나 그런 반대에도 올바른 평가와 정확한 전략이 필요하다. 우선 낙타는 통과시키고 하루살이는 걸러내는 잘못을 범하지 말아야 한다. 성경은 동성애를 반대하지만 그보다 더 정죄하는 것은 거짓말과 우상숭배다. 그런데 지금 한국 교회는 번연히 드러나는 거짓과 탐심(우상숭배, 골 3:5)을 경계하고 비판하는 데는 상대적으로 미온적이다. 교회 돈을 횡령해서 유죄판결을 받은 목사가 설교를 계속해도, 대형교회의 목회세습이 일어나는데도, 논문과 설교의 표절이 발각되었는데도 별로 심각하게 생각하지 않는다. 그러면서도 동성애는 마치 기독교의 사활이 거기에 걸린 것처럼 맹렬하게 비판하고 나선다. 한때 술, 담배를 하면 그리스도인이 아니라고 생각한 것처럼 지금은 동성애를 찬동하면 기독교의 적으로 취급하는 분위기가 조성되고 있다.

그리고 동성애와 동성애자도 분명히 구별해야 한다. 동성애를 반대한다 해서 동성애자를 비난할 수는 없다. 그것은 사기와 사기꾼을 구별하는 것과는 전혀 다르다. 사기꾼은 자기가 결정해서 거짓을 저지르지만 동성애자가 모두 스스로 동성애를 택한 것은 아니다. 보수 교단 목사의 대학생 아들이 자신이 느끼는 동성애적 경향 때문에 심한 고민에 빠지기도 한다. 그런 사람을 정죄해서는 안 된다. 아직도 동성애가 선천적인지 후천적인지에 대해서 모두가 동의하는 결론이 나지 않았다. 스스로 택해서 잘못된 짓을 하는 사람들보다 동성애자들을 더 심각하게 반성경적이라고 보는 것은 전혀 공정하지 않다.

솔직하게 말하자면 동성애에 대한 미국 복음주의자들이나 한국 보수교인들의 전쟁은 승산이 별로 없다. 이미 전세는 기울어졌다. 여성 안수와 같이 될 개연성이 크다. 그동안 여성 안수를 반대하여 그것을 허용한 교단을 탈퇴한 목사와 교단이 적지 않았다. 그런데 몇 달 전 네덜란드에서 가장 보수적인 개혁교단 총회에서 여성 안수를 허용하기로 결정했다. 그 교단과 자매관계에 있는 한국의 고신교단에서도 여성 안수를 고려할 때가 됐다는 소리가 나오기 시작한다. 충격을 받을 분들이 적지 않겠지만 올 것이 온 것이다. 어떤 분들에게는 펄펄 뛰면서 분노할 소리겠지만 동성애도 그렇게 될 것 같다.

그러나 기독교가 그런 사소한 것에 목 멜 이유는 없다. 동성애 반대보다 훨씬 더 중요한 것들이 매우 많기 때문이다. 예수님은 바리새인들이 그렇게 중시했던 십일조를 하루살이에, 그들이 무시했던 정의와 긍휼은 낙타에 비유했다(마 23:23~24). 둘 다 지킬 수 있으면 좋겠지만 하나를 택해야 한다면 당연히 낙타를 택해야 한다. 적어도 하루살이 지키느라 낙타를 포기하는 어리석음은 범하지 말아야 하는 것이다.

한국 교회가 초기처럼 예수님이 낙타에 비유했던 '정의와 긍휼'에 힘을 기울였다면 그 때 누렸던 도덕적 권위를 계속 유지할 수 있었을 것이고 하루살이 같은 동성애와의 싸움에도 쉽게 이길 수 있었을 것이다. 건국 후 상당기간 개신교만 군목을 보냈는데도 다른 종교나 사회 누구도 이의를 제기하지 않았다. 그만큼 기독교가 국민의 신뢰와 존경을 받았기 때문이다. 지금은 도덕적 권위를 상실해서 기독교가 아무리 옳은 주장을 해도 "너나 잘하세요!" 야유만 받게 되었다.

지금이라도 낙타와 하루살이를 구분하고 낙타에 집중해야 하루살이도 구할 수 있다. 정직하고 공정해서 정의를 실천하며 하나님과 믿음을 돈, 명예, 권력 같은 하급가치를 얻는 수단으로 착각하는 우상숭배를 중단하고 하나님이 주신 복을 약한 자에 대한 긍휼에 사용하면 영적 전투에서 결코 패배하지 않을 것이다.

학문을 제자리에 놓기

✅ '학문의 봉사'란 표현은 얼핏 보면 별로 특이하지 않지만 좀 더 따져 보면 그렇게 간단하지만은 않다.

학문은 단순한 지식이 아니라 체계화된 지식이며 전업 학자들의 고유 영역이다. 학문은 그 전통이 처음 시작되었던 고대 그리스 시대로부터 최근까지 어떤 실용적인 목적을 위한 것이 아니라, 진리 그 자체를 위한 것으로 인식되어 왔다. 뉴턴의 역학, 아인슈타인의 상대성 원리, 칸트의 이성 비판, 비트겐슈타인의 언어 게임 등은 어떤 경제적 이익이나 정치적 권력 등과는 전혀 무관하게 연구되고 발견되었다. 이해에 관심 없는 관조(disinterested contemplation) 혹은 순수한 지적 호기심(thaumazein; wonder)에서 발견하고 제시된 이론이나 '사실'(facts)일 뿐 어떤 특정한 관점이나 이념에 근거한 것도 아니고 어떤 실용적인 '가치'(values)를 목적으로 한 것도 아니라는 것이다. 그래서 학문적 진리는 객관적이고 중립적이며 보편적으로 수용될 수밖에 없다고 보았다. 물이 0도에서 얼고 100도에서 끓는다는 사실은 기독교인이나 불교인에게 모두 동일하고, 보수와 진보에 차이가 있을 수 없다.

학문에 대한 이런 전통적인 태도는 대학에 실용적인 학과목이 도입된 후에도 어느 정도 유지되어 왔다. 최근까지도 아는 것 자체를 위한 '순수 학문' 혹은 '과학'(science)과 그것을 실용적으로 적용하는 '응용 학문' 혹은 '기술'(technology)은 엄격하게 구별되었고, 전자는 인문대나 자연대에서, 후자는 경영대나 공대에서 교육되고 연구되었다. 일반적으로 '봉사'란 특정한 목적을 이루는 데 돕는 것을 뜻하기 때문에 '학문'이 '봉사'한다는 말은 그렇게 자연스럽거나 당연하게 들리지 않는다. 특히 '순수 학문'은 '봉사'와는 전혀 무관한 것 같이 보인다.

그런데 최근에 이런 관점에 변화가 일어나고 있다. 순수 학문과 응용 학문, 과학과 기술의 구별이 희미해져서 이제는 '과학기술'이란 말이 이상하게 들리지 않게 되었다. 물론 수학과 이론물리학, 철학 등 순수 학문 분야는 아직도 중요하게 취급되고 있다. 그러나 학문이란 단순히 진리 자체를 위한 것이란 생각은 조금씩 약해지고 있다. 진리 그 자체를 위한 진리 추구보다는 당장 실용적이지 않아 보이지만 언젠가는 매우 유용하게 이용될 수 있다는 생각에 무게가 실리고 있다. 실제로 우리 일상생활에 필수적인 기술 상당수는 기초과학 연구가 없었더라면 전혀 불가능했을 것이다. 그래서 과거 순수 학문분야의 성취에만 수여되었던 노벨상도 요즘은 점점 더 실용적 가치를 고려하는 것 같다.

물론 학문의 이런 '타락'에 대해서 반항이 없지 않았다. 20세기 전반부에는 이런 변화를 '이성의 도구화'로 규정하고 학문의 규범적이고 비판적 기능이 상실되었다고 개탄하는 사상가들이 있었고

(Horkheimer, Adorno 등 Frankfurt학파), 그들의 지적에 일리가 없는 것이 아니다. 사실 지금은 학문이 실용적인 목적만을 위해서 추구되고 있고 특히 돈의 논리에 휘둘리고 있다. 돈이 없거나 돈벌이가 되지 않으면 학문 연구가 이뤄질 수 없는 상황이다. 물론 단순한 연구는 이미 다 이뤄져 버려서 이제는 큰 비용을 요구하는 분야만 남아 있는 것도 하나의 이유일 것이다.

성경적 관점에서는 어떤 진리나 사실도 그 자체로 절대적일 수 없고 어떤 이론도 그 자체로 엄격하게 객관적이고 중립적일 수 없다. 학문적 진리는 그 자체로 가치가 있고 객관적이란 관점 그 자체에도 이미 종교적인 요소가 들어 있다. "아는 것이 곧 힘"이란 베이컨(F. Bacon)의 주장이나 "안다는 것은 예측하기 위함이다"라고 한 콩트(A. Comte)의 지적은 지식의 능력에 대해서 일종의 종교적 신뢰가 작용하고 있음을 엿볼 수 있다. 콘퍼드(F. M. Cornford)의 책 제목 《종교로부터 철학으로》(*From Religion to Philosophy*)가 그런 요소를 보여 주고 있다.

성경적 입장은 어떤 사실이나 진리도 오직 하나님의 영광과 사람의 진정한 행복에 도움이 될 때만 가치 있다는 것이다. 뉴턴의 발견이나 아인슈타인의 이론이 가치가 있다면, 그것은 그 자체로 옳아서가 아니라 하나님의 지혜와 능력을 나타냈기 때문이고, 칸트의 철학이 가치가 있다면 그것은 사람이 스스로를 좀 더 정확하게 알고 올바로 행동하는 데 도움이 되기 때문이다. 그런 점에서 학문의 실용적인 면을 중시하는 경향은 그 자체로 성경적 관점에 어긋나지 않는다. 그러나 그 실용적인 목적을 오늘날처럼 주로 경제적 이익에 두는 것은 결코 성경적이라 할 수 없다.

기독교 학문은 올바른 목적을 위하여 추구되어야 한다. 직접 혹은 간접으로 하나님의 영광을 드러내고 사람들이 진정한 행복을 누리는 데 도움이 되어야 가치가 있다. 물론 '기독교 학문'은 아직도 확고한 자리를 얻어 놓은 것은 아니다. 칸트가 '철학'(Philosophie)이란 존재하지 않고 다만 '철학 함'(philosophieren)만 있을 뿐이라고 말한 것과 같이 '기독교 학문'도 존재하는 것이 아니라 '기독교적으로 학문하기'만 가능하다고 할 수 있다.

기독교적으로 하는 학문이 공헌할 수 있는 것 중 하나는 '학문'이 이제까지 누려 왔고 지금도 누리고 있는 모든 거짓 권위를 폭로하고 지금 추구되는 잘못된 목적을 비판하는 것이다. 창조 교리가 자연에서 신적인 요소를 제거했고, 출애굽 사건이 국가가 누려 왔던 신적인 권위를 허문 것처럼, 기독교적 학문 활동도 학문적 지식은 모든 가치와 이념을 초월하고 객관적이고 보편적이며 인류가 당면한 모든 문제를 해결할 수 있다는 환상을 제거하고 그 능력에 적절한 위치를 제시할 수 있어야 할 것이다. 동시에 학문이 경제적 이익에 봉사하는 경향에 대해서도 심각하게 경계해야 할 것이다. 학문이란 우리가 어떻게 살고 어떻게 평가해야 할까를 제시해 주는 주인이 아니라 사람이 선택하고 결정한 목적을 위하여 유용하게 이용하는 심부름꾼임을 밝혀 주는 것도 필요하다. 즉 학문을 제자리에 놓는 것이다. 이런 봉사는 오직 참된 절대자를 알고 섬기는 그리스도인 학자들만이 수행할 수 있고 또한 수행해야 하는 임무가 아닐 수 없다. 지식의 우상과 돈의 우상을 같이 제거해야 학문의 참 위상을 알 수 있는 것이다.

자연을 신성시했을 때는 자연과학이 발달될 수 없었다. 종교개혁 이후 자연은 그 자체로 신성한 것이 아니라 하나님의 피조물이란 성경적 세계관이 형성되었기 때문에 실험을 감행할 수 있었고 오늘과 같은 자연과학이 발달될 수 있었다. 마찬가지로 이제는 신격화되어 있는 학문을 비신격화하는 동시에 경제적 이익을 위한 도구로 전락하는 것을 막아야 학문이 건전하게 발달될 수 있지 않을까 한다. 오늘의 교회와 사회를 위하여 기독 학자들이 할 수 있는 봉사 중에 이보다 더 중요한 것은 없지 않나 한다.

비판하려면 알아야 한다. 기독 학자들은 자신들의 전공 분야에 대한 지식도 충분히 갖추어야 하고 새로운 것도 생각해 낼 수 있어야 하지만, 무엇보다도 학문의 성격과 위치를 올바르게 알아야 한다. 그래서 학문을 하나의 '게임'으로 취급하라고 권한다. 학문이 '게임'인 이유는 그것이 죽고 사는 문제가 아닐 뿐 아니라 장기나 바둑처럼 사람들이 약속해서 만든 규칙에 따라 이뤄지기 때문이다. 학문을 하나의 '관념의 유희'(play with ideas)로 취급할 때 학자는 더 창조적이 될 수 있지 않을까 한다.

공부해서
남 주자

✔︎   한동대학교 설립을 이끌고 초대 총장직을 역임한 김영길 박사는 "공부하여 남 주자!"란 구호로 유명하다. 지금은 자주 들리지 않지만 한 때는 한국의 부모, 교사, 친척 어른들이 아이들에게 열심히 공부하라고 독려할 때 입버릇처럼 한 말이 "공부해서 남 주나?"였다. 김 총장은 그것을 정면으로 뒤집은 것이다.

공부하는 사람들 대부분, 특히 한국 학생들은 모두 자신을 위하여 공부한다. 그런데 돈은 벌어도 도둑, 사기꾼 등 남이 가져갈 수 있고 명예와 권력도 남에게 빼앗길 수 있다. 그러나 공부해서 얻은 지식은 아무도 훔치거나 빼앗아 갈 수 없다. 그러므로 이 세상에 가장 안전하고 확실하게 '내 것'이 될 수 있는 것이 바로 지식이고 지식을 얻는 공부야말로 가장 효과적으로 이기적인 것이다. 지식기반 사회인 오늘날에는 더더욱 그러하다. 지식과 기술이 있으면 돈, 명예, 권력 같은 것도 따라올 것이기 때문이다. 사실 이렇게 지식기반 사회가 이룩될 수 있었던 것 그 자체도 바로 사람들이 이기적인 욕망에서 열심히 지식을 습득하고 개발했기 때문이다.

과거에는 천연자원, 영토, 인구, 기후 등 자연조건이 사회의 부와 힘을 생산해 주는 자원이었다. 그러나 오늘날엔 인적자원이 모든 것을 결정한다. 한국의 눈부신 발전은 인적자원이 풍부하기 때문이라 한다. 인적자원도 과거에는 육체노동이 대부분이었지만 오늘날에는 지식과 기술이 핵심이다. 그런데 지식과 기술은 교육을 통해서 형성될 수밖에 없다. 한국에 우수한 인적자원이 많은 것은 한국인의 교육열이 높기 때문이다. 그런데 교육열이 높은 가장 중요한 원인은 교육의 열매는 '남 주지 않고' 내가 독점하기가 가장 좋기 때문이다.

물론 '나의' 이익을 위해서 열심히 공부해도 그 부스러기는 떨어지기 마련이다. 네덜란드 의사 만더비어(B. Mandeville)가 말한 것처럼 '사적인 악이 공적인 이익'(private vices, public benefits)을 가져오는 것을 부인하기 어렵다. 모두 자기의 이익을 위하여 열심히 노력한 결과 그 부스러기로 사회 전체가 풍요롭게 되고 발전하는 것이다. 한국의 경우는 그 가장 전형적인 예라 할 수 있다.

이런 질서가 사회를 물질적으로 풍요롭게 하고 삶을 편리하게 하며 여유 시간을 허용하여 예술을 즐기고 취미생활을 할 수 있도록 해 준 것은 사실이다. 그러나 발전과 풍요가 과연 모든 사람들을 진정으로 행복하게 하고 삶을 정말 의미 있게 만들어 주는가? 물론 굶주림, 질병, 혹독한 추위와 더위로부터 해방되는 것이 고통을 줄이고 행복을 증진시키는 것은 부인할 수 없다. 아직도 인류의 10분 1 정도는 그런 절대빈곤에 시달리고 있으므로 발전은 계속되어야 한다. 그러나 절대빈곤에서 해방된 10분의 9에게도 계속되는 발전이 행복을 그만큼 더 증진하고 삶의 의미를 더 풍부하게 하는가?

'인적자원'이란 말을 철학자 칸트가 들었으면 노발대발했을 것이다. 그는 그의 유명한 《정언명령》(定言命令)에서 사람을 항상 목적으로만 삼아야지 결코 다른 무엇을 위한 수단으로 사용하면 안 된다고 주장했다. 그런데 '자원'이란 말은 경제적인 가치를 생산하기 위한 자료 혹은 동력이므로 인적자원이란 사람을 경제적 가치의 생산 원료 혹은 도구로 취급한다는 것을 함축한다. 인간이 존엄한 최후의 목적이 아니라 그저 하나의 생산하는 인간(homo faber), 경제적 인간(homo economicus)에 불과한 존재로 격하된 것이다.

"공부해서 남 주나?"의 정신으로 열심히 공부해서 잘 살게 된 한국인은 과연 행복해졌는가? 미국의 퓨 연구소(Pew Research Center)와 OECD의 조사에 의하면 한국의 행복지수는 한국보다 훨씬 더 가난한 부탄, 필리핀, 인도네시아보다 낮다. '남 안 주기' 위하여 그 어느 나라 학생들보다 더 열심히 공부한 결과 경쟁심과 상대적 박탈감을 키워서 한국인 대부분이 불행해지고 만 것이다.

최근 하버드 대학, 밴쿠버의 브리티시컬럼비아 대학(UBC), 미국의 국립건강연구소(NIH), 케이스 웨스턴 리저브 대학(Case Western Reserve) 등은 소득의 크기보다 그 소득을 어떻게 쓰는가가 행복감의 정도에 더 큰 영향을 미친다는 사실을 실험을 통해 발견했다. 예를 들어 하버드와 UBC의 2016년 공동연구에서 일반 시민 46명에게 5불 혹은 20불이 든 돈 봉투를 무작위로 나누어 준 다음 참가자 절반에게는 그 돈을 자신들을 위해, 나머지 절반에게는 남을 위해서 쓰도록 한 결과 금액의 크기와 무관하게 남을 위해 쓴 사람의 행복감이 자신을 위해서 쓴 사람들의 행복감보다 높아졌음을 발견했다 한다. 일반적으로 투명성과 기부지수가 높은 나라일수록 행복지수가 높은 것도 비슷한 상관관계를 말해준다.

스웨덴 신학자 니그렌(A. Nygren)에 의하면 에로스는 '자기중심적 사랑'(ego-centric love) 혹은 '욕망의 사랑'(love of desire)이다. "공부해서 남 주나?"의 논리는 '에로스의 질서'를 생산했다. 신학자 네일(S. Neil)은 성경이 가르치는 아가페를 '사람의 의지가 타인의 영원한 행복(well-being)을 꾸준하게 추구하는 것'이라 정의했다. 아가페는 '나의 행복'이 아니라 '타인의 행복'에 그 목적이 있다. 바로 "공부해서 남 주자!"의 논리다. 에로스 사랑이 지배하는 자연인의 감정은 그런 것을 허용하지 않는다. 그러므로 아가페를 위해서는 '의지'가 동원되어야 하고, 의지가 작동하려면 명령이 주어져야 한다. 사람을 그대로 두면 에로스에 의하여 행동하므로 성경은 아가페를 '명령'하는 것이다.

성경이 사랑하라고 명령하는 타인(이웃)은 '모든 사람'이지만 특히 고아, 과부, 이방인, 가난한 자, 병든 자, 소외된 자 등 '약한 사람'들이다. 약한 이웃을 돕는 것은 '정의'를 만족시키는 것이다. 오늘날에는 대부분의 경우 어떤 사람이 약하게 되는 것은 선천적인 원인이나 자신의 잘못이 아니라 인간관계의 불의(injustice) 때문이다. 그러므로 불의의 피해자를 돕는 것은 정의를 회복하는 것이다. 성경의 정의는 '약한 자에 대한 하나님의 끈질긴 편애'를 실천에 옮기는 것이다. 그래서 기독교 철학자인 예일대 월터스톨프(N.

Wolterstorff) 교수는 성경이 말하는 아가페와 정의는 서로 모순되지 않는다고 주장한다. 공부해서 줄 '남'은 바로 약한 이웃이다. 그리고 '남 주기 위한 공부'는 사랑일 뿐 아니라 정의의 실현이다.

그런데 최근 연구는 아가페는 결코 자신을 불행하게 하지 않을 뿐 아니라 오히려 더 행복하게 한다는 것을 보여주었다. "공부해서 남 주나?"의 논리보다 "공부해서 남 주자!"의 논리가 사람을 진정으로 행복하게 하며 삶을 의미 있게 한다. 그리고 무엇보다 하나님을 기쁘시게 한다. 기독교 교육의 핵심이 바로 여기에 있다.

순수하고 정직한
아름다움

네덜란드 유학 때 기독교 미술사학자 한스 로크마커(Hans Rookmaaker) 교수의 강의를 청강한 일이 있다. 하루는 어떤 화가가 그린 예수님의 초상화를 슬라이드로 비추어 주면서 "이건 춘화(pornography)야!"라고 그가 외쳤다. 학생들은 모두 충격을 받았다. 로크마커 교수는 2차 대전에 네덜란드 해군 장교로 참전했다가 포로가 되어 독일의 한 포로수용소에서 같이 잡혀 온 화란의 기독교 철학자 메커스(J. P. A. Mekkes)를 만나 예수를 믿게 되었고, 자신의 부인을 통해 쉐퍼 박사를 만나 네덜란드 라브리(L'Abri)를 설립하고 운영했다. 전도와 구제에 남다른 열정을 보인 신실한 그리스도인으로서 카이퍼와 도여베르트의 개혁주의에 충실했다. 그는 재즈 음악에도 조예가 깊어 그에 대한 책을 썼고, 서양 근대 미술에 일가견을 가진 미술사학자로 잘 알려져 있다. 그런 그리스도인이 예수님을 그린 그림을 춘화라 했으니 충격적일 수밖에 없었다.

유명한 그림들을 무수히 보았지만, 나는 그림을 보는 안목이 없어 그 그림이 왜 춘화란 악평을 받아야 하는지 이해하지 못했다. 40여 년이 지난 지금 그 그림이 어떠했는지는 기억이 나지 않는다. 하지만 로크마커가 프랑스의 가톨릭 화가 루오(G. H. Rouault)야 말로 진정한 기독교 화가라 한 것을 고려하면, 그가 의도한 것이 무엇이었는지 조금은 짐작할 수 있을 것 같다. 20세기에서 가장 열정적인 기독교 화가로 알려진 루오는 그림의 소재로 성경적인 것이 많지만 다른 소재의 그림에서도 누구든지 순수성과 진실성을 느낄 수 있고 경건한 마음이 생겨난다. 로크마커가 춘화라고 악평한 그 그림에는 그런 순수성과 진정한 영적 깊이가 없었던 것 같다.

그런데 아름다움은 지적으로 아는 것이 아니라 감성으로 느끼는 것이다. 그렇다면 예술과 진실이 무슨 관계가 있는가? 오스카 와일드(Oscar Wilde)는 모든 예술이 다 거짓이라 했고, 백남준도 예술은 사기라고 했다. 그런데 그림이 어떻게 진지하며 순수할 수 있는가?

객관적 사실에 충실한 것이 예술의 목적이 아닌 것은 분명하다. 그러나 예술은 감정에 충실해야 하고 느낀 것을 정직하게 표현해야 한다. 물론 감정 그 자체가 아름답고 고상해야 좋은 예술 작품이 나올 수 있겠지만, 감정이 아무리 훌륭해도 그것이 정직하게 나타나지 않고 과장되거나 인기에 영합하는 방식으로 표현되면 훌륭한 예술 작품이라 할 수 없다.

백남준이나 와일드가 예술을 거짓이라 했을 때 그것은 그들의 예술적 감정이 순수하지 않거나 그들 자신의 작품이 그들의 감정에 정직하지 않다는 것을 뜻한 것은 아니다. 예술가가 자신의 예술적 감각에 철저히 충실한 작품을 창조해도 감상하는 사람이 작가와 꼭 같은 느낌을 받거나 같은 해석을 내리지 않을 수도 있다. 그렇다고 하여 그런 감상이나 해석이 잘못되었다고 할 수는 없다. 예술 작품은 잘못 감상할 권리가 있다는 말도 있다.

예술가의 손을 떠난 작품은 작품 그 자체로 독립적인 의미와 위치를 갖게 되고, 그에 대해서 느끼는 아름다움과 해석은 사람마다 다를 수 있다. 이런 현상을 '귀에 걸면 귀걸이, 코에 걸면 코걸이' 혹은 사기라고 표현할 수 있을지 모르지만 그렇다고 하여 그 작가나 감상자가 사기꾼이 되는 것은 아니다. 문자적인 사기는 돈을 벌기 위해 자기가 느낀 것을 과장하거나 자신의 예술적 감각과 무관하게 인기에 영합하거나 돈 있는 사람의 구미에 맞게 예술 작품을 만드는 것이다.

예배나 기도회에서 대표 기도를 하는 사람들 중에 가끔 가성으로 기도하는 이들이 있다. 평소에 내던 목소리와는 전혀 다른 음성과 리듬으로 감정을 과장해서 격하게 표현하거나 미사여구를 동원해 웅변적으로 기도한다. 이런 기도는 하나님 앞에 엎드려서 벌벌 떨면서 드리는 기도가 아니라 사람들 들으라고 하는 기도며, 진심에서 우러나오는 것이 아니라 억지로 만들어 내는 기도다. 여간 지겹지 않다. 만약 어떤 사람이 그런 식으로 나에게 마음에 없는 말을 듣기 좋으라고 한다면 나는 아마 역겨워서 그가 무슨 말을 하든지 귀를 막아 버리고 말 것이다. 우리의 속마음을 살피시는 하나님은 오죽하시겠는가. 예술가의 작품도 이와 비슷하지 않나 한다.

기독교 예술가들은 누구보다 더 순수하고 정직해야 한다. 예술적 감수성이 뛰어나고 고상하면, 그리고 그것을 누구든지 같이 느낄 수 있도록 잘 표현하면 더욱 좋겠지만, 그렇지 못하더라도 적어도 그들의 느낌을 솔직하게 전달하는 것이 중요하다. 아무리 예수님, 십자가, 교회가 많이 등장하더라도 거기에 순수함과 진지함이 결여되면 춘화가 될 수 있고, 소재가 성경과 무관해도 작가의 마음이 진실하고 경건하면 루오의 그림처럼 보는 사람들에게 거룩하고 숭고한 감흥을 불러일으킬 수 있다.

그리스도인 문필가나 음악인도 마찬가지다. 마음은 하나님께 향해 있지도 않으면서 그가 부르는 노래의 가사만 성경적이면 그게 복음성가가 되겠으며, 그런 노래가 듣는 사람의 마음을 하나님께 향하도록 할 수 있겠는가? 사람 들으라고 부르는 성가는 사람 들으라고 하는 기도와 마찬가지로 하나님께 역겨울 것이다. 그렇게 아름답지 않더라도 순수한 감정과 정직한 표현이 기독교 예술의 특징이 되어야 할 것이다.

그리스도인과 전쟁

✅ 한반도에 전운이 감돌고 있다. 북한이 미사일과 핵실험으로 도발을 계속하고 있고 미국이 강력한 첨단무기로 시위를 하고 있다. 김정은과 트럼프는 서로를 없애버리겠다며 '가장 강력한' 언어로 서로를 위협하고 있어 '설마'에 익숙해진 한국인들조차 속으로는 은근히 떨고 있으며 당사자가 아닌 외국인과 해외 교민들이 훨씬 더 크게 걱정하고 있다.

물론 전쟁은 결코 일어나서는 안 된다. 그러나 만약 일어난다면 그리스도인은 그에 동참해야 할까? 아니면 여호와의 증인들처럼 무기 사용을 거부해야 할까?

초대교회는 단연히 거부 쪽이었다. 어떤 이유로도 폭력행사에 가담해서는 안 된다고 믿었고 그 때문에 박해도 받았다. 교부 오리겐(Origen)은 "그리스도인은 군인으로 나갈 수 없다" 했고 터툴리아누스(Tertullianus)는 "그리스도인은 검 없이만 전쟁을 수행할 수 있다. 주님께서 검을 폐지하셨기 때문이다" 했다. 알렉산드리아의 클레멘트(Clement of Alexandria)도 "검을 든 자는 그것을 내려놓아야 한다. 만약 믿는 자가 군인이 된다면 교회는 그를 거부해야 한다. 그가 하나님을 조롱했기 때문이다" 했다. 로마의 군인은 모두 황제에게 충성을 맹세해야 했고 황제를 신으로 추앙해야 한 것도 군인이 되는 것을 거부한 중요한 이유 가운데 하나였다.

그러나 콘스탄티누스 대제가 기독교를 공인한 뒤에는 교회의 입장이 달라졌다. 불가피한 전쟁도 있고 심지어 의로운 전쟁도 있음을 인정하기 시작했다. 거기서 '의로운 전쟁이론'(jus bellum iustum)이 생겨났다. 이미 주전 1세기의 로마 철학자 키케로(Cicero)가 처음으로 의로운 전쟁 이론을 제시한 것으로 알려졌고, 기독교에는 아우구스티누스(Augustinus)가 기독교적 의로운 전쟁 이론을 제시했고 토마스(Thomas Aquinas)가 그것을 보완했다. 몇 가지 변형들이 있지만 대체로 그리스도인이 전쟁에 참여할 근거는 ❶ 심각한 공적 악을 제거하기 위한 것 같이 이유가 정당한 것(right cause), ❷ 한쪽의 악이 상당하게 큰 것이 확실한 것(comparative justice), ❸ 합법적인 권력을 가진 국가에 의해서 시작되는 경우(competent authority), ❹ 오직 불의하게 가해진 고통을 줄이기 위한 것, 즉 의도가 정당하며(right intention), ❺ 성공할 가능성이 크고(probability of success), ❻ 모든 평화적인 수단이 다 효과가 없으며(last resort), ❼ 전쟁을 통해서 얻을 수 있는 효과가 전쟁으로 잃을 것보다 월등하게 초과하는 경우(proportionality)라 하고 있다.

여기서 눈에 띄는 것은 오늘 우리가 당연하게 생각하고 키케로도 강조한 국익우선, 즉 자신이 속한 국가의 수호에 대한 조항이 전혀 없다는 것이다. 기독교는 온 세상의 하나님을 섬기므로 결코 국수주의적이 될 수 없다는 사실이 전쟁이론에서도 반영된 것이다. 비록 국권을 확보하기 위한 것이라도 정의롭지 못한 전쟁에는 그리스도인은 전쟁에 참여할 수 없음을 함축하고 있다. 나치 정권을 비판하고 심지어 히틀러 암살음모에까지 가담한 본훼퍼(D. Bonhoeffer) 목사는 그런 원칙에 가장 확실하게 충실했다 할 수 있다.

그러나 어떤 대안도 전쟁보다는 낫다는 평화주의(pacifism) 입장은 아직도 강하게 남아 있다. 형제교회(Church of Brethren), 메노나이트, 퀘이커(Quakers) 교단과 이단으로 취급받는 여호와의 증인 등이 집총거부를 하고 있고, 개인적으로는 킹 목사(Martin-Luther King), 톨스토이 등이 기독교적 입장에서 평화주의를 옹호했다.

이런 평화주의는 매우 비현실적인 것 같이 보인다. 바로 우리 발등에 떨어지고 있는 상황만 보더라도 평화주의는 비현실성을 넘어서 무책임하기까지 하다 할 수 있다. 북한군이 서울에 남침해서 무수한 사람을 죽이더라도 그리스도인은 집총을 거부하고 가만히 앉아서 기도만 하고 있어야 하겠는가? 우리 가족과 이웃이 불의한 세력에 의하여 죽임을 당하도록 방치하는 것은 "내가 아우를 지키는 자이니까?" 한 가인의 무책임과 무엇이 다른가?

그런데도 불구하고 평화주의에 일리가 있다는 사실도 무시할 수 없다. 의로운 전쟁 조건들은 그 자체로 합리적이고 성경적이라고까지 말할 수 있다. 그러나 구체적인 상황을 이해하고 해석하는 데는 얼마든지 차이가 있을 수 있으므로 나치 독일의 경우와 같이 극단적인 경우를 제외하고는 의로운 전쟁이론 같은 일반적인 원칙은 현실적으로는 별 도움이 되지 못한다. 모두 자신들의 행위를 정당화할 수 있도록 상황과 원칙을 이해하고 해석할 것이기 때문이다. 먼저 공격을 해 놓고도 방어를 위해 불가피한 '선제공격'이라고 주장하는 것이 바로 그런 것이다. 그래서 "모든 전쟁은 방어적이다"란 비아냥이 생겨난 것이다. 거기다가 국제상황이 과거 어느 때보다 더 복잡해졌고 국가가 독점할 수밖에 없는 정보기관이 얼마든지 핵심 정보를 조작할 수 있기 때문에 의로운 전쟁 원칙 같은 것은 완전히 무의미해질 수 있다.

특히 성공가능성의 조건과 전쟁으로 잃는 것보다는 얻는 것이 많아야 한다는 원칙은 핵전쟁에는 전혀 소용이 없다. 양쪽의 피해가 너무 크고 어느 쪽도 얻는 것이 없어지기 때문이다. 바로 이 때문에 핵을 가진 강대국들 간에는 전쟁이 일어나지 않고 있고 바로 그 때문에 북한이 모든 것을 다 희생하면서도 기어코 핵무기를 가지려 하는 것이 아닌가 한다.

그러나 지금의 상황에서 한국의 그리스도인들이 관심을 기울이고 존중해야 할 원칙은 모든 평화적 수단이 다 효과가 없을 때만(last resort) 전쟁을 할 수 있다는 조항이다. 결코 섣부른 판단이나 감정적인 미움으로 전쟁 분위기를 조장해서는 안 되며, 심지어 '전쟁을 막기 위한 최후의 전쟁'이란 주장까지도 경계해야 한다. 전쟁을 막기 위해 가능한 모든 노력을 다 기울이고, 북한 정권 내부에 변화가 일어나기를 위하여 기도하고 기다려야 하지 않을까 한다. 하나님의 자녀들은 무엇보다 '화평케' 해야 하고 그 노력을 개인 간의 평화에만 국한할 이유가 없다.

통일의
기독교적 명분

✓ 트럼프 대통령 취임과 한국의 대통령 선거로 한반도 정세에 어떤 성격의 것이든 변화가 일어날 것이 확실하다. 비록 개연성은 크지 않지만 한반도 통일도 한 번 기대해 볼 수 있지 않을까 한다. 그동안 온갖 갈등과 긴장에도 불구하고 남북한 주민들이 한마음으로 같이 부를 수 있는 노래는 "우리의 소원은 통일!"이었다. 이 꿈이 이뤄지면 얼마나 좋겠는가? 언어, 풍속, 역사가 같은 한 민족이었고 한 나라였던 우리가 우리의 의지와는 달리 갈라졌기 때문에 다시 하나가 되어야 한다는 것은 당연하다.

통일은 경제적으로도 대박일 것임이 분명하다. 양쪽이 지금 쓰고 있는 세계 최고 수준의 군사비용을 경제, 교육, 복지, 문화, 학문 등의 분야에 투자한다면 엄청난 이익을 볼 것이며 멋진 선진국이 될 수 있다. '규모의 경제' 관점에서도 남북한 인구와 영토가 합쳐지면 시장이 훨씬 더 커질 것이고 지금처럼 해외무역에 목을 매지 않아도 될 것이다. 북한의 지하자원을 헐값에 중국에 팔지 않아도 되고, 철도망을 시베리아 횡단철도에 연결함으로 유럽 수출비용을 줄일 수 있고, 러시아의 자원을 훨씬 싸게 수입할 수 있을 것이다. 그리고 개성공단의 경험에서 볼 수 있듯 남한의 선진 기술과 자본, 북한의 우수한 인력과 풍부한 자원을 잘 결합한다면 국제 경쟁력은 지금과는 비교할 수 없을 정도로 강해질 것이다. 통일이 되면 지금처럼 안보를 걱정하지 않아도 될 것이다. 소수민족 문제로 골몰하는 중국은 우리나라까지 넘보지는 않을 것이고, 일본도 독도 문제로 괴롭히겠지만 안보문제까지 일으키지는 않을 것이다. 아무도 안보를 정치에 이용할 수가 없게 되고 선거 때마다 안보가 논란거리로 등장하지 않을 것이다.

통일만 이뤄지면 미국, 중국, 일본, 러시아 등 주변 강대국들과의 외교관계도 훨씬 유리하게 될 것이다. 사드, 핵우산, 미군주둔 등의 문제도 없어질 것이고 일본에 대해서도 좀 더 의젓할 수 있을 것이다. 남북한의 재능이 합쳐지면 예술, 연예, 스포츠 등 문화 활동도 훨씬 더 활발해질 것이며 K-POP 등 이미 확산되고 있는 한류가 더 큰 힘을 얻을 것이다.

이런 이익들은 다른 나라에 아무런 해도 끼치지 않으면서 얻을 수 있으므로 그리스도인들이라고 해서 바라지 않아야 할 이유가 없다. 더 훌륭하고 강한 나라가 되어서 그 힘으로 약한 나라들을 도울 수 있다면 그리스도인은 열심히 통일을 위하여 기도하고 노력해야 할 것이다.

그러나 이 모든 이익은 역시 모두 세속적이고 다분히 우리 중심적이다. 구태여 그리스도인이 아니라도 한국인이라면 모두 바라는 것들이다. 그런 것을 위하여 기도하고 노력하는 것을 나쁘다 할 수는 없지만 그리스도인이 그런 이익을 위하여 적극적으로 헌신할 만큼 가치 있다고는 할 수 없다. 우리가 통일을 위하여 열심히 기도하고 노력하기 위해서는 그보다는 좀 더 중요한 명분이 있어야 할 것이다.

많은 그리스도인은 북한 선교를 통일의 중요한 명분으로 간주한다. 막대한 경비를 들여 언어와 문화가 전혀 다른 먼 나라에도 선교하는데 바로 지척에 있는 동포가 세계에서 가장 전도가 안 된 상황에 처해 있는 것이 실로 역설적이고 안타깝다. 더군다나 과거에는 북한이 남한보다 훨씬 더 복음화되어 있었다. 적어도 지금의 상황에서는 통일 이외에 다른 어떤 방법으로도 북한 동포들에게 복음을 전할 기회와 가능성은 없어 보인다. 그러므로 북한 동포 한 사람이라도 더 구원하려면 하루빨리 통일되어야 한다.

그러나 이와 못지않게 더 중요한 것은 북한 주민들이 겪고 있는 고통과 인권유린을 이제는 종식시켜야 한다는 것이다. 북한 주민 대부분은 굶주리고, 각종 질병에 시달리며, 자유를 잃는 등 인권을 유린당하고 있다. 인간의 생명을 보호하고 존엄성을 지키며 기본 권리를 보장하는 것은 기독교가 이 세상에서 수행해야 할 가장 중요한 임무 가운데 하나다. 그럼에도 우리 그리스도인들이 이를 모른 척하고, 신경 쓰지 않는다면 이는 우리가 져야 할 책임을 방관하고 방치하는 것이다. 지금도 계속해서 수많은 주민이 부당하게 목숨을 잃고 인간이 감내하기 힘든 참혹한 고통을 당하고 있으므로 하루라도 빨리 이를 끝내는 것은 우리의 가장 시급한 과제다. 한국의 그리스도인은 경제, 정치, 외교, 문화 등 다른 분야의 이익은 포기할 수 있어도 이를 무시하면 안 된다.

만약 북한 정권이 지금이라도 개혁되고 개방되어서 스스로 북한 주민의 생명, 자유, 인권을 충분히 보호하고 보장한다면 남한의 그리스도인들은 구태여 통일을 추구할 명분이 없다. 그러나 지금의 북한 정권에는 그럴 가능성이 전혀 없고 통일이 유일한 대안이기 때문에 우리는 통일을 추구할 수밖에 없다. 남한의 주민들 상당수는 경제를 비롯한 여러 상황이 통일을 맞을 준비가 되어 있지 않기 때문에 서둘러서는 안 된다고 주장한다. 일리 있는 주장이다. 그러나 그것은 북한 주민의 고통을 충분히 고려하지 않는 관점이다. 지금 이 순간에도 북한에는 억울하게 엄청난 고통을 당하는 주민이 있다는 사실을 생각하면 어떤 이유라도 통일을 늦추어서는 안 된다.

독일은 기대하지 않았는데도 갑자기 통일이 이뤄졌다. 그런데 거기에는 서독 교회의 공헌이 매우 컸다 한다. 서독 정부의 도움도 있었지만 서독 교회는 꾸준하게 동독을 도왔다. 심지어 동독으로 보낸 원조 상당 부분을 독재자가 불법으로 갈취한다는 사실을 알면서도 도왔다. 남한 교회도 그런 사랑과 지혜가 필요하다. 한국 교회도 거기서 배울 것이 많다. 사람은 무조건 먹어야 산다. 어떤 수단을 쓰더라도 우리는 북한 동포들이 먹을 수 있고 기본적인 건강을 유지할 수 있도록 도와야 한다. 사람의 생명과 권리보다 더 중요한 것은 없다. 그리고 그리스도인들은 일반 시민들보다 탈북민을 돕는데 더 큰 열심을 보일 임무가 있다. 그들을 방치해 놓고 북한 동포들의 기아와 인권을 걱정하는 것은 모순이 아닐 수 없다.

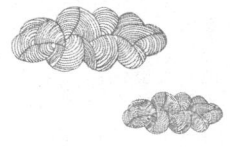

감정 그 자체가 아름답고 고상해야
좋은 예술 작품이 나올 수 있겠지만,
감정이 아무리 훌륭해도 그것이 정직하게
나타나지 않고 과장되거나 인기에 영합하는 방식으로
표현되면 훌륭한 예술 작품이라 할 수 없다.

05

급변하는 시대

4차 산업혁명, 경계하며 지켜보자

✅ 루터의 종교개혁은 구텐베르크의 인쇄기가 없었다면 성공하지 못했을 것이란 주장이 있다. 면죄부의 오류를 지적한 루터의 95개 조항은 당시에 막 개발된 인쇄술 때문에 빠른 시일 안에 전국으로 확산되고, 천주교의 권위를 추락시키고 개혁의 추진력을 얻는 데 결정적인 역할을 했다. 그 후 루터가 독일어로 번역한 성경도 인쇄술이 없었다면 그처럼 많이 제작되고 빨리 확산될 수 없었을 것이다. 인쇄술 때문에 종교개혁이 일어났다고 할 수는 없었지만 인쇄술이 없었더라면 종교개혁이 성공하지 못했을 것이란 주장에는 일리가 있다.

물론 단순히 그 때문에 개혁교회가 새로운 기술에 호의적이었다고 볼 수는 없다. 그러나 당시 모든 지적 활동의 자유를 제한했던 가톨릭교회의 권위가 무너진 것이 과학과 과학기술을 포함한 모든 학문과 사상의 자유를 신장하는 데 크게 공헌한 것은 사실이다. 오늘의 자연과학과 과학기술은 종교개혁 덕에 이만큼 발전할 수 있었다. 그리고 '모든 직업은 하나님의 소명(Beruf)'이란 루터의 주장과 노동은 하나님을 기쁘시게 한다는 칼뱅의 가르침, 그리고 칼뱅이 빌린 돈에 대해서 이자를 허용한 것은 상업 발전에 적지 않은 공헌을 했다. 거기다가 칼뱅은 절제를 강조하여 자본의 축적을 가능하게 했다. 제네바 시에서 보석 매매를 금지하여 보석공들이 시계 제작으로 직업을 바꾼 것이 오늘날 스위스 시계산업의 기틀을 마련했다. 어쨌든 종교개혁이 과학기술과 산업 발전에 엄청나게 큰 공헌을 한 것은 아무도 부인할 수 없다.

요즘 4차 산업혁명이 일어나고 있다. '소프트파워를 통한 공장과 제품의 지능화'가 그 특징이라고 한다. 1차 산업혁명은 증기기관의 발명, 2차 산업혁명은 전기 발명, 3차 산업혁명은 컴퓨터 발명으로 일어났는데, 4차 산업혁명은 인공지능 개발로 가능해졌다 한다. 모두 새로 개발된 기술 때문에 산업의 형태에 근본적인 변혁이 일어나는 것이다.

독일 철학자 게일런(A. Gehlen)은 원시 사회의 마술(magic)은 오늘의 과학기술(technology)에 해당된다고 했다. 마술이란 제물을 바치고, 춤을 추고, 주문을 읊고, 노래를 부르는 등 인위적인 수단으로 인간을 위협하고 압도하는 자연 혹은 초자연적 힘을 제어하고, 나아가 그 힘을 인간의 삶에 유익하도록 유도하려는 시도였다. 홍수, 태풍, 지진, 전염병 같은 것이 일어나지 않도록 빌고, 풍년이 들고, 가축이 새끼를 많이 낳도록 기원한 것이다. 마찬가지로 과학기술도 인위적인 방법으로 자연의 힘을 제어하여 사람에게 해를 끼치지 못하도록 하거나 삶을 더욱 안전하고 편리하게 하는 데 이용하는 수단이다. 따라서 마술이든 과학기술이든 모든 기술은 '힘'을 통제하고 얻기 위한 수단이다.

짐승과 달리 사람은 자연에 대처하고 자연의 힘을 이용하기 위하여 도구를 사용할 줄 아는 능력을 가진 '제조하는 인간'(homo faber)이다. 요즘은 짐승들도 도구를 사용할 수 있다는 사실이 드러나고 있다. 작은 새가 뾰족한 돌로 타조 알을 깨기도 하고 원숭이가 막대기를 이용하여 바나나를 따기도 한다. 그러나 도구를 움직이게 하는 힘 자체를 제조하는 기술은 짐승에게 없으며 옛날 사람에게도 없었다. 풍차, 돛단배, 물레방아도 어느 정도 스스로 움직이지만 그것을 움직이게 하는 힘은 자연에 주어진 그대로이지 인공적으로 조작된 것이 아니었고, 따라서 산업에 혁명적인 변화를 가져오지 못했다. 그런데 증기기관을 움직이게 하는 증기와 전동기를 움직이게 하는 전기는 자연에 주어진 것이 아니라 사람이 기술로 만들어 낸 것이다. 이제는 물리적 힘이 아니라 물리적 힘을 이용하는 지능 자체를 인위적으로 만들어 내는 기술이 생겨나서 4차 산업혁명이 논의되고 있는 것이다. 구글의 커즈와일(R. Kurzweil)은 2014년에 기술이 '특이점'(singularity)에 도달하여 컴퓨터 프로그램을 만드는 프로그램이 만들어져서 컴퓨터 자체가 인간과 무관하게 스스로를 개량하게 된다고 말했다. 그렇게 되면 기계는 사람의 통제를 벗어나고 말 것이다. 개인의 모든 지능을 데이터로 만들어 컴퓨터에 저장하면 육체가 없는 지능도 가능하다는 주장은 기술을 통한 영생을 꿈꾸게 한다. 상상하기도 싫은 시나리오다. 컴퓨터학 권위자인 지런터(David Gelernter) 예일대 교수가 그건 말도 안 된다(nonsense)고 주장해서 좀 위로가 된다.

1차 산업혁명부터는 과학기술이 과거처럼 주로 자연의 변덕을 극복하고 삶을 편리하게 하기 위해서라기보다는 더 많은 돈을 벌기 위해서 개발되기 시작했다. 만약 돈벌이에 도움이 되지 않았다면 과학기술은 오늘날처럼 발전하지 않았을 것이다. 이제는 의약을 포함해서 거의 모든 기술이 상업적 목적으로 개발되고 있다. 돈이 모든 발전의 원동력으로 작용하는 것이다.

액튼이 지적한 것처럼 "모든 힘은 부패할 경향을 가지고 있고 절대적인 힘은 절대적으로 부패한다." 그것은 칼뱅의 '인간의 전적 부패' 교리와 일맥상통한다. 그것은 개신교의 핵심 교리이고 인류 역사를 통하여 확실한 사실로 증명되었다. 거기에는 과학기술도 예외가 될 수 없다. 과학기술은 엄청난 물리적 힘을 인간에게 안겨 주었고 그 힘은 인류를 물질적으로 풍요롭고 편리하게 만들었지만 죽을 죄를 짓지 않은 무수한 생명을 앗아갔고 무수한 사람에게 잔인한 고통을 안겨 주었다. 전 인류 역사를 통틀어 핵폭탄 하나만큼 많은 생명을 앗아간 자연 재난은 많지 않았다. 그러므로 우리는 과학기술의 발전을 마냥 좋아하고 축하할 수만은 없다. 1차 산업혁명 때의 러다이트(Luddite) 운동처럼 새로운 발전을 모두 반대할 필요는 없지만 심각하게 경계할 필요는 충분하다. 과거 어느 때보다 더 커진 기술의 힘은 과거 어떤 것보다 큰 파괴력을 행사할 수 있기 때문이다. "가능하면 이뤄진다"(If anything can, it will)는 속담을 무시하는 것은 어리석다.

특히 요즘 일어나고 있다는 4차 산업혁명은 이전의 변화와는 근본적으로 다르다. 인간의 육체를 대신하는 기술이 아니라 지능을 대신하는 것이기 때문이다. 인간이 지능으로 자연을 정복할 만큼 강해졌다면, 그 지능조차 보조하고 심지어 대체까지 할 수 있는 기술은 실로 가공할 힘을 행사할 수 있고 예측할 수 없는 결과를 가져올 수 있다. 그 무서운 힘이 반드시 건설적이고 결코 파괴적이지 않게 사용한다는 것을 어떻게 보장하겠는가? 자동화가 사람의 통제를 벗어나는 것을 허용해야 할 것인가? 4차(四次)가 사차(死次)가 될 수도 있다.

 종교개혁이 이런 발전의 중요한 단초를 제공했다면 그 개혁의 전통을 이어받은 오늘의 개신교인들은 그 발전의 결과에 대해서 다른 사람들보다 훨씬 더 큰 책임감을 가져야 하지 않을까 한다. 발전을 마냥 축하하기만 해서도 안 될 것이고 그 열매를 즐기는 데 급급해서도 안 될 것이다. 그런 발전이 꼭 필요한지, 누구에게 필요한지 따져 봐야 하고 그것이 가져올 결과에 대해서 심각하게 고려해 봐야 한다. 경계의 눈으로 그 추이를 지켜보면서 잘못된 방향으로 흐르거나 잘못된 목적에 이용되지 않도록 감시하고 경고해야 할 것이다.

사이버 공간과
신독(愼獨)

✓　　인터넷이 처음 보급되었을 때 우리는 앞으로 의사소통이 더 원활해지고 건전한 여론이 형성될 것이라 낙관했다. 가끔 부정확하거나 잘못된 의견이 사이버 공간에 제시되더라도 다른 사람들이 그것을 수정하고 비판할 것이므로 가장 정확하고 공정한 의견이 다수의 인정을 받아 정착될 것이라고 기대한 것이다. 위키피디아(Wikipedia)가 상당한 인기와 신임을 받는 것을 보면 그 논리가 옳은 것같이 보인다. 그러나 위키피디아는 주로 학술적인 이론과 사실을 중심으로 운영되므로 일반적인 여론 형성의 전형이 될 수 없다. 인터넷이 일반화되고 온갖 의견들이 우후죽순처럼 사이버 공간에 올라오자 처음의 기대는 대부분 무너졌다. 인터넷 여론은 방송과 신문보다 더 불신을 받게 되어 건전한 여론은 기대했던 만큼 형성되지 못하고 있다.

　특히 우리의 댓글 문화는 심각한 수준이다. 편향된 생각들과 정제되지 않은 감정이 거침없이 노출되고 심지어 차마 입에 담지 못할 욕설까지 그대로 올라온다. 편견을 양산해 혼란을 일으키고 개인의 인격을 모독해 심지어 사람들을 자살에 이르게까지 한다. 다른 나라의 사이버 공간에서 우리나라의 댓글같이 저급하고 감정적인 말들이 거침없이 게시된다는 말을 들어보지 못했다. 심지어 기독교 온라인 공간에도 그런 댓글이 없지 않고, 다른 이용자들도 그런 것에 별로 놀라지 않는다. 당연한 것으로 생각할 만큼 너무 흔하기 때문일 것이다. 믿을 수 없는 정보와 감정만 상하게 하는 댓글은 사이버 공간에 제시되는 모든 정보의 권위를 추락시키고 인터넷 여론은 조만간 무용지물이 되지 않을까 한다.

왜 이렇게까지 되었을까? 간단한 질문을 하나 해 보면 그 이유를 쉽게 알 수 있다. 즉 심한 욕설과 야비한 내용의 댓글을 올린 사람에게 자신을 잘 아는 사람들이 모인 오프라인 공간에서도 그런 말을 할 수 있는지 물어보는 것이다. 물론 그렇게 할 사람이 전혀 없지는 않겠지만 아마 대부분은 아는 사람들 앞에서는 악성 댓글 내용을 그대로 내뱉지는 않을 것이다. 사이버 공간의 여론이 무책임하고 저질인 것은, 그것들이 대부분 사적인 공간에서 익명으로 제시되기 때문이다. 비록 자기 이름을 밝힌다 하더라도 유명인이 아니고 자신을 아는 사람이 그 글을 읽을 확률이 낮으면 익명이나 다름없다.

모든 사회, 특히 한국 사회에는 체면과 위신, 눈치 같은 것이 사회질서를 유지하는 데 불가결하다. 비록 이중적이고 위선적인 요소가 없지 않지만, 체면이나 위신 같은 것을 완전히 무시하고 다른 사람의 눈치를 전혀 살피지 않은 채 사람들이 모두 자기 마음에 내키는 대로 말하고 행동한다면 사회는 난장판이 되고 말 것이다. 우리나라 사이버 공간이 이 모양이 된 것은, 거기서는 다른 사람의 눈치나 체면 같은 것을 무시해도 되기 때문일 것이다.

한 사람의 인격수양은 그 사람이 혼자 있을 때 어떻게 생각하고 행동하는가에 따라 결정된다 할 수 있다. 혼자 있을 때의 생각과 행동이 그 사람의 가장 정직하고 솔직한 모습이 아니겠는가? 동양 전통에는 홀로 있을 때 삼가야 한다는 의미의 '신독'(愼獨)이란 것이 있다. "홀로 서 있어도 자기 그림자에게 부끄러움이 없고, 홀로 잘 때도 자기 이불에게 부끄러움이 없다"(獨立不愧影 獨寢不愧衾)는 말에 잘 표현되어 있다. 그런데 과연 진정한 신독이 가능할까? 그것은 우리가 추구할 이상일 뿐 피와 살을 가진 보통 인간에게는 거의 불가능한 것이 아닌가 한다. 모든 인간은 죄인이란 사실이 진정한 신독을 어렵게 만든다. 우리가 법률의 제재가 없이도 어느 정도 정직하고 공정하게 행동하며 사회질서를 유지할 수 있는 것은 우리가 다른 인격체의 끊임없는 감시와 견제를 받기 때문이다. 사적인 공간에서 혼자서라도 올바로 판단하고 행동한다면 이 또한 다른 인격체들의 감시와 견제를 상상하고 전제하기 때문이다.

살아 계신 하나님을 믿는 그리스도인들은 홀로 있을 때도 하나님 면전에(Coram Deo) 서 있다. 그리스도인들에게는 엄격한 의미에서 사적인 공간이 없다. 그러므로 그리스도인들은 주위에 다른 사람이 없고 체면이나 위신을 고려하지 않아도 되는 경우라도 악한 생각을 하고 못된 행동을 할 수 없다. 참 그리스도인이라면 사이버 공간에서 무책임한 의견을 제시하거나 저질 댓글을 올릴 수 없다.

한국의 사이버 공간이 건전하지 못하게 된 것은 한국 문화의 무신론적 세계관과 무관하지 않다. 마음속의 경찰(police within)을 인정하지 않으면 물리적으로 혼자 있을 때 사적 공간이 철저하게 보장된다. 거기서는 진정한 신독이 이뤄지기 어렵고 무책임한 의견을 공적 공간에 제시하기가 쉽다. 한국의 그리스도인들은 이런 상황을 고려해서 사이버 공간을 지혜롭게 이용해야 한다.

정보의 홍수와
미숙한 인격

✓   기독교 고전 중에 가장 깊이 있고 영향력이 큰 것은 아우구스티누스의 《하나님의 도성》과 칼뱅의 《기독교 강요》라 할 수 있다. 《기독교 강요》는 칼뱅이 27세 때 쓴 책이다. 물론 여러 번 수정하고 보완했지만, 그 기본 골격과 사상은 초판에서 이미 완성되어 있었다. 그렇게 위대한 고전을 어떻게 27세의 청년이 쓸 수 있었을까? 그의 뛰어난 지적 능력 때문이란 말은 좋은 이유가 아니다. 칼뱅은 천재로 알려지지 않았을 뿐 아니라 그 정도의 지능을 가진 사람은 그때나 지금이나 무수하다. 그런데 온갖 책과 논문이 홍수를 이룬 오늘날에도 《기독교 강요》에 버금가는 역작을 내지 못하고, 더구나 30대 이전에 그런 무게 있는 책을 쓴다는 것은 상상할 수도 없는 일이다.

물론 칼뱅은 요즘 젊은이만큼 배워야 할 것, 알아야 할 것이 많지 않은 시대를 살았기에 시간을 아낄 수 있었다. 컴퓨터와 휴대전화, 자동차, 신문, 잡지 같은 것도 없었고, 배우와 가수, 운동선수는 중요하지 않았으며 다른 나라와 바다 속, 천체에 대해서는 비교적 무지하였다. 칼뱅은 너저분한 것들 대신 몇 가지 중요하고 기본적인 것에 시간과 관심을 집중할 수 있었다.

그러나 그보다 훨씬 더 중요한 이유는 그 시대에는 읽을 책이 적었다는 사실이다. 칼뱅(1509~1564)보다 거의 150년 후에 태어난 라이프니츠(G. W. Leibniz, 1646~1716)는 18세에 박사학위 논문을 제출했고 아버지 서재에 있는 책을 다 읽어 버렸다고 한다. 칼뱅이 읽을 수 있었던 책은 그보다 훨씬 적었다. 학문이 오늘날처럼 발달되지 않았고 학자나 필자도 많지 않았으며, 구텐베르크의 인쇄술은 아직 초기 단계였다. 출판 사업이 돈을 버는 시대도 아니었다. 만약 칼뱅이 지금 시대에 태어났다면 그는 결코 27세 때 《기독교 강요》 같은 책은 쓸 수 없었을 것이다. 라이프니츠도 물론 18세에 박사학위 논문을 제출할 수 없었을 것이다. 그 나이에는 해당 분야에 어떤 책이 출판되었고 특히 어느 책이 중요한지도 제대로 알 수 없다.

물론 자연현상이나 기술 분야에서는 정보의 양이 많으면 많을수록 그만큼 더 많이, 그리고 더 정확하게 이해할 수 있을 것이다. 그리고 사회 현상의 경우에도 정보의 양과 상황에 대한 이해가 어느 정도는 비례한다 할 수 있다. 그러나 자연현상의 경우만큼은 아닌 것 같다. 정치학을 알아야 정치를 잘하는 것도 아니고 경영학 전문가라고 해서 기업을 잘 운영하는 것도 아니다. 그런데 인간 현상과 관련해서는 많은 정보가 깊은 통찰과 이해에 별로 도움을 주지 않을 뿐 아니라 오히려 방해가 되기도 한다.

인간 이해와 관련해서 철학자 하이데거의 유명한 발언이 있다. "오늘날처럼 인간이 이렇게 많이, 그리고 다양하게 알려진 적은 없다. 오늘날처럼 인간에 대한 지식이 이렇게 강력하게, 그리고 매혹적으로 제시된 적도 없다. 오늘날처럼 그 지식을 이렇게 빨리, 그리고 이렇게 쉽게 얻을 수 있던 적도 없다. 그러나 인간에 대해서 오늘날처럼 무지한 때도 없으며 오늘날처럼 인간이 문젯거리가 된 적도 없다."

칸트는 철학의 기본 문제를 "나는 무엇을 알 수 있는가?", "나는 무엇을 해야 하는가?", "나는 무엇을 소망할 수 있는가?" 등 세 가지로 요약하고, 그 세 질문은 모두 궁극적으로 "인간은 무엇인가?"란 질문으로 귀결된다고 주장했다. 만약 하이데거의 말대로 인간에 대한 방대한 지식에도 불구하고 오늘날 우리가 인간에 대해서 과거 어느 때보다 무지하다면 지식과 도덕, 종교, 예술 등에 대한 우리의 이해가 과연 올바른가에 대해서 의심하지 않을 수 없다.

칼뱅의 《기독교 강요》를 읽으면 하이데거의 주장이 그렇게 틀리지 않다는 것을 알 수 있다. 칼뱅 이후 많은 신학자들과 설교자들, 기독교 문필가들이 얼마나 많은 책을 쓰고 논문을 발표했는가? 그리고 그들은 《기독교 강요》를 비롯해서 얼마나 많은 연구 결과를 참조할 수 있었는가? 그런데 왜 인간과 하나님, 죄, 사랑, 구원에 대해서 칼뱅을 능가하는 이해와 통찰이 나타나지 않는가? 그 많은 자료에도 불구하고 오늘날 교회의 설교는 왜 과거보다 더 피상적이고 감상적인가?

오늘날에 온갖 정보가 문자 그대로 곳곳에 널려 있고(ubiquitous) 너무 쉽게 손에 넣을 수 있게 되었다. 하이데거의 표현대로 수많은 지식을 "이렇게 빨리, 그리고 이렇게 쉽게 얻을 수 있던 적이 없다."

그런데 불행하게도 과거 어느 때보다 제대로 된 교육은 이뤄지지 않고 있다. 사고는 점점 더 빈곤해지고, 판단은 오히려 유치해지고, 행동은 더욱더 야만적이 되고 있다.

오늘날 정보는 얼마든지, 그리고 언제든지 얻을 수 있으므로 이제는 정보 습득에 시간과 정력을 너무 낭비하지 말고 정확하게 이해하고, 창조적으로 생각하며, 바르게 판단하고, 정의롭게 행동할 수 있는 성숙한 인격 형성에 교육의 관심을 모을 때가 아닌가 한다.

과학적 지식은
잠정적

✅　현대인에게 자연과학은 막강한 영향력을 행사하면서 모든 진리의 모형, 모든 발전의 모태, 모든 문제의 해결사란 인상을 심어 주고 있다.

이런 현대 과학에 대해 기독교도 일종의 열등감을 가지고 있다. 과학에 대해 오늘의 기독교는 크게 두 가지 반응을 보인다. ❶ 과학적 지식을 모든 객관적 지식의 표준으로 인정해 그 기준에 따라 성경의 권위를 상대화하거나 증명하려는 시도와 ❷ 과학적 지식과 성경의 가르침은 서로 전혀 다른 범주에 속하므로 상호 불간섭, 공존할 수 있다고 보는 입장이다.

성경의 권위를 상대화하는 입장은, 성경의 어떤 부분은 무지의 소치나 신화로 간주하게 되고 따라서 성경의 권위를 무시하게 된다. 성경의 권위를 증명하려는 입장은 성경의 가르침과 과학적 지식은 원칙적으로 과학적으로 오류가 없음을 전제하되, 양자 간에 나타나는 차이와 갈등은 성경이나 과학 지식 그 자체의 오류 때문이 아니라 현재 상태의 성경 해석이나 과학적 연구가 충분하지 못하기 때문으로 취급한다. 과학적 지식과 성경의 가르침이 상호 불간섭, 공존한다는 입장은 그리스도인이면서 과학자인 사람들 대부분이 취하는 것으로, 학문 활동과 신앙생활을 큰 갈등을 느끼지 않고 병행하게 한다. 그러나 그 어느 입장도 과학적 지식 그 자체의 권위는 부정하지 않는다.

그런데 현대 과학이 과연 그렇게 절대적인가?

우선 용어부터 분명히 정립하고 시작하자. 많은 사람이 과학을 곧 자연과학으로 이해한다. 그러나 '사회과학'이란 것도 있고, 후설(Edmund Husserl) 같은 철학자는 심지어 '엄밀한 과학으로서의 철학'이란 표현도 사용했다. '과학'은 그저 '이론적 지식'이란 의미로 이해될 수 있다. 고대 그리스 철학자들이 이성의 능력으로 깨달을 수 있는 지식(episteme)은 확실하고 믿을 수 있는 반면에 주로 경험에 근거한 상식(doxa)은 불확실하다고 생각했다. 주후 1세기에 전파된 '십자가의 도'가 그런 입장에서는 '어리석은' 것으로 치부될 수밖에 없었다.

엄밀하게 말하자면 오늘날 기독교가 불안한 관심을 갖는 것은 과학 일반이 아니라 자연과학이다. 물론 자연과학이 곧 과학이고, 모든 확실한 지식은 자연과학처럼 엄밀하거나 자연과학으로 환원될 수 있다는 관점이 없지 않다. 그러나 그런 유물론은 과학적으로 증명될 수 있는 것이 아니라 종교적 혹은 철학적 주장일 뿐이다.

자연과학은 '자연의 동일성'(uniformity of nature)을 전제한다. 모든 자연현상은 언제든지, 어디든지 동일한 성격을 가지고 있다는 것이다. 태초로부터, 어디서든지 물은 0도에 얼고 100도에 끓는다는 것이다. 그리고 그 전제는 이제까지 한 번도 반증되지 않았으므로 자명한 것으로 인정되고 있다. 그러나 그 전제가 반드시 타당하다는 보장은 없고, 그런 전제로는 정신현상과 사회 현상을 설명할 수 없다. 비트겐슈타인(L. Wittgenstein)이 주장한 것처럼 사랑, 고통, 죽음, 윤리, 의미 등 삶에서 가장 중요한 것들은 동일성을 갖고 있지 않고 따라서 자연과학의 범주 바깥에 있다.

전통적으로 '과학'이란 이름을 가지려면 적어도 두 가지 조건을 충족해야 한다. 하나는 논리적이어야 하고, 다른 하나는 실증될 수 있어야 한다. "물은 0도에서 언다. 그러므로 0도에서 어는 것은 다 물이다"는 발언은 비록 실험을 통해 사실로 드러났더라도 과학적 발언은 아니다. 논리 규칙에 어긋나기 때문이다. "모든 귀신은 뿔을 가지고 있다. 산신령도 귀신이다. 그러므로 산신령도 뿔을 가지고 있다"는 주장은 논리적으로는 옳지만 실증할 수 없으므로 과학적 발언이 될 수 없다.

그런데 그 두 조건도 지금은 자명한 것처럼 보이지만, 사실은 역사적 과정을 거치면서 형성해 놓은 학문 공동체의 약속일 뿐 그 자체로 영원불변한 것은 아니다. 고대 그리스 철학자들은 경험을 무시하고 논리적인 타당성에 큰 무게를 두었으나 종교개혁 이후로 실험이 과학적 지식에 필수적이 되었다. 앞으로 그 조건들은 얼마든지 바뀔 수 있다.

물리학자요 철학자였던 칼 포퍼(Karl Popper)는 모든 자연과학적 설명은 '가설연역적 방법'(hypthetico-deductive method)에 따라 이뤄진다고 주장했다. 여기저기서 그리고 서로 다른 시간에 온도가 0도일

때 물이 어는 현상을 보고 "모든 물은 0도에서 언다"는 결론을 내리는 귀납적 방법(inductive method)이 아니라, 과학자는 우연의 경험이나 창조적인 사고를 통해 먼저 "물은 0도에서 언다"고 가정하고, 그 가정을 반증(falsify)하기 위해 실험을 한다. 만약 그 가설이 실험을 통해 한 번이라도 반증되면, 즉 0도에서 물이 얼지 않은 경우가 한 번이라도 있으면, 그 가설은 폐기된다. 따라서 그 가정은 폐기될 때까지만 타당한(valid) 이론으로 인정된다. 그것은 어떤 이론도 영원히 폐기되지 않으리라는 보장은 없다는 것을 뜻한다. 그러므로 모든 과학적 진리는 잠정적으로만 타당하다. 그리스도인이 거기에 목을 맬 이유는 없다.

상대적인 과학,
절대적인 성경

✓   현대 인류 문화 형성에 가장 결정적인 영향력을 행사한 두 현상을 꼽으라면 기독교와 과학기술을 들 수 있다. 그런데 이 두 거대한 세력은 16세기부터 애증관계(愛憎關係)를 유지해 왔다. 기독교가 아니었다면 오늘의 과학기술은 불가능했을 것이다. 그런데 기독교에 가장 큰 위협을 가한 것은 현대 과학과 과학기술이다.

종교개혁은 자연이 살아 있고 신적이란 전통적인 유기적 세계관(organismic world view)을 자연은 하나님의 피조물이며 인간이 조작할 수 있다는 기계적 세계관(mechanistic world view)으로 바꿔 놓았다. 그래서 과학자들은 자연을 상대로 두려움 없이 실험할 수 있었고, 그 덕으로 오늘의 자연과학이 가능하게 되었다는 것이 호이카스(R. Hooykaas)를 비롯한 대부분의 과학 사학자들의 주장이다. 오늘날 심각해진 환경오염에 대한 책임은 기독교가 져야 한다고 주장하는 화이트(Lynn White Jr.)도 현대 과학의 발전이 기독교 때문이란 것을 전제하고 있다.

그러나 역사상 그 무엇도 현대 과학만큼 기독교에 위협적인 것은 없었다. 1802년 프랑스 물리학자 라플라스(P. Laplace)가 우주의 체계에 관한 자신의 저서를 나폴레옹에게 바쳤을 때 나폴레옹이 그

책에는 우주의 창조자에 대한 언급이 없다는 사실을 지적하자 그는 "폐하, 저는 그런 가설이 필요하지 않습니다(Sire, Je n'avais pas besoin de cette hypothése-là.)"라고 대답했다. 이후 이 발언은 기독교에 대한 과학의 입장을 가장 잘 대변하는 것으로 유명하게 되었다.

최근 옥스퍼드 대학의 도킨스(R. Dawkins) 교수가 쓴 《만들어진 신》(김영사, 2007)도 그런 관점을 표현한다. 오늘날 다른 어느 종교나 사상보다 자연과학이 더 큰 대중의 신뢰를 받고 있고, 과학기술이 인간에게 전대미문의 힘을 제공하고 있는 상황에서 이런 공격은 기독교의 권위에 심각한 도전이 아닐 수 없다. 초대교회가 당대 철학으로부터 받았던 것보다 훨씬 더 무서운 공격을 오늘의 기독교가 받고 있다.

이에 대해서 기독교는 심각하게 대처할 수밖에 없었다. 대표적인 대응은 과학적 지식의 권위를 인정하고 과학의 설명과 어긋나는 성경의 내용을 신화나 상징으로 재해석해 버리는 것이다. 자유주의 신학이 주로 이런 입장을 취했고 그 때문에 교회는 치명상을 입었다. 자연과학의 권위를 인정한다는 점에서 창조과학운동도 다르지 않다. 다만 자유주의 신학과는 달리 과학적으로 당장 설명될 수 없는 성경의 내용도 얼마든지 과학적으로 증명할 수 있다는 입장을 고수한다. 이렇게 과학을 이용해 성경을 옹호하려는 시도는 성경의 진위를 결정하는 기준이 과학임을 인정한다는 것을 함축한다.

성경의 권위를 끝까지 지키려는 상당수의 그리스도인은 성경은 과학 문서가 아니므로 성경이 과학적인지 아닌지를 문제 삼을 이유가 없다는 입장을 취한다. 성경의 권위와 과학의 권위 양자를 다 존중하면서 '신앙 따로, 과학 따로'의 편리한 해결책이라 할 수 있다. 대부분의 한국 그리스도인들과 그리스도인 과학자들이 이런 입장을 취하는 것으로 본다.

이런 관점에는 물론 일리가 있다. 성경의 핵심적인 개념인 '사랑', '구원', '죄', '회개' 같은 것은 과학적 연구의 대상도 아니고 과학이 논의할 능력도 없다. '아름다움', '슬픔', '존엄성' 등도 마찬가지다. 물론 현대 과학은 모든 현상을 물리적인 것으로 설명하려는 환원주의(reductionism)와 부분적인 설명을 전체로 확대하려는 연장(延長, extrapolation)의 유혹을 받고 있고, 실제로 그런 유혹에 넘어간 '과학자'들이 없지 않다. 스키너(F. Skinner)처럼 자유니 존엄성이니 하는 것은 모두 허구라고 주장하거나 심지어 도덕도 불가능하다고 주장하는 사람들이 있다. 심리적 현상을 생물학으로, 생물학적 현상을 화학적으로, 그리고 화학적 현상을 물리적으로 설명하려는 환원주의자들이 매우 많다. 이런 주장은 엄격하게 말하자면 실험으로 증명하는 과학이기보다는 논리적으로 추정하는 철학이라 해야 할 것이다.

그러나 "성경은 과학적인 문서가 아니다"라는 주장에는 성경을 어떤 특정한 범주에 한정하는 위험이 있다. 과학적 지식은 특정한 성격을 가진 것으로 한정할 수 있지만, 성경의 내용은 그렇게 제한할 수 없다. 성경에는 역사, 시, 심리적 현상 등 다양한 종류의 내용이 있고, 그 가운데는 자연과학이 문제 삼을 내용도 얼마든지 있다.

동정녀 탄생, 부활, 기적 같은 것이 과학적인 논의의 대상이 아니라고 주장하는 것은 무리다. 그러므로 성경 전부가 과학적 문서는 아니지만, 자연과학과는 어떤 갈등도 있을 수 없다는 주장은 피상적이고 너무 쉬운 해결이다.

 이런 갈등에 대해서는 아직도 만족할 만한 해소방법이 없다. 그래서 갈등이 생기면 ❶ 그 성경 구절을 우리가 올바로 이해했는지, ❷ 그것이 잘못이란 과학의 주장이 과연 절대적인지를 물어보아야 하고 ❸ 과학의 주장이 의심할 수 없이 참이라면 우리는 기다려야 한다. 우리의 성경 해석도 잘못된 것으로 판명될 수 있고 과학의 주장도 잘못으로 드러날 수 있기 때문이다. 어느 한쪽은 거짓이라는 성급한 결론은 위험하다.

기술 개발 모라토리엄이
필요하다

✔︎　　기술의 발달로 그 동안 죽을 사람이 살고 삶이 편리해졌으며 심지어 부패방지와 인권신장도 도움을 받았다. 비인간적인 육체노동이 많이 사라져서 노예가 필요 없어졌고 많은 아동들이 중노동으로부터 해방되고 여성들이 종일 부엌일에 매달리지 않게 되었다. 현대과학과 그것을 바탕으로 한 과학기술(technology)은 오늘의 세계를 이룩하는데 가장 크게 공헌한 것들 가운데 하나란 사실은 부인할 수 없다. 인간이 만물의 영장이 된 것은 기술을 개발하고 이용하는 능력(homo faber) 덕이었다.

　그러나 안타깝게도 좋은 것에는 부작용이 따르게 마련이다. 민주주의도 그렇고 사회복지도 그렇다. 과학기술도 예외가 아니다. 소소한 부작용이 아니라 사람을 위하여 개발된 기술이 사람의 가치를 떨어트리고 삶의 의미와 행복을 앗아가며 심지어는 인류를 파멸할 수도 있게 되었다.

　우선 현대 기술은 사람의 노동을 무용지물로 만들고 있다. 마르크스(Karl Marx)가 '노동이 곧 인간'이라 했듯 사람은 노동을 통하여 사람이 된다 해도 과언이 아니다. 이제까지는 기술이 노동의 힘든 부분을 경감시키고 좀 더 효율적으로 노동하는데 돕는 역할을 했다. 그러나 지금은 기술이 노동 자체를 대체하여 사람의 노동이 필요 없게 하고 있다. 실업자가 양산되는 것은 말할 것도 없다. 세계경제포럼(World Economic Forum) 보고서에 의하면 지금 진행되고 있는 4차 산업혁명에서는 일자리 210만 개가 새로 생겨나는 반면 기존 일자리 710만 개가 사라질 것이라 한다. 아시아에서만 실업자가 1억 명이 넘을 것이란 예측도 있다. 노동에서 해방되어 여가를 즐기고 예술 등 창조적인 활동과 스포츠 등에 시간을 보낼 수 있는 것이 얼마나 좋겠느냐 하지만 과연 그렇게 할 수 있는 사람이 몇 %가 되겠는가? 돈이 우상이 되어 버린 물질주의 문화에서 경제적 가치를 생산하지 못하는 절대 다수는 스스로를 쓸모없는 존재로 여기며 열등감, 무력감, 자괴감에 빠져 비참한 삶을 살 개연성이 매우 높다. 기술을 가진 소수가 나머지 절대 다수를 먹여 살리는 상황이 되었을 때 그렇게 얻어먹는 사람들이 과연 인간의 존엄성과 품위를 느낄 수 있고 서로를 소중한 존재로 존중할 수 있겠는가?

실업 못지않게 사람을 기죽게 하는 것은 인간의 통제를 벗어난 로봇이 사람보다 더 효율적으로 생산 활동을 수행하는 것이다. 얼마 전까지 모든 기계는 사람의 몸이 하는 활동을 좀 더 강하고 빨리 하는 것에 국한되었다. 자동차는 다리보다 빨리, 멀리 달리고, 기중기는 팔보다 더 무거운 것을 더 높이 들어올리며, 텔레비전은 눈보다 멀리 보도록 도왔다. 그래서 사람의 진화는 이제 생물적 차원에서가 아니라 기술을 통해서 기계로 이뤄진다는 흥미로운 이론도 제시되었다. 즉 자동차는 다리가 진화한 것이고 망원경은 눈이 진화한 것이란 주장이다. 그 이론에 따르면 컴퓨터는 두뇌가 진화한 것이라 할 수 있을 것이다.

그런데 두뇌의 '진화'가 큰 문제를 일으키고 있다. 자동차, 망원경, 텔레비전, 컴퓨터는 모두 사람의 두뇌를 통하여 창안되고 제조되었는데, 이제는 그런 것을 만드는 그 두뇌조차도 인공지능이란 것으로 대체되기에 이른 것이다. 이제는 사람이 정보를 직접 입력하지 않아도 기계가 센서를 통해서 스스로 정보를 입수하고 학습하게(machine learning) 된 것이다. 사람처럼 시간의 제약도 받지 않고 지치지도 않으며 게으름도 피우지 않는 기계는 쉬지 않고 학습할 수 있기 때문에 이미 여러 분야에서 인간의 지능을 능가하기 시작했다. IBM의 슈퍼컴퓨터 Watson은 질병 진단과 처방에서 의사보다 더 신뢰를 받기 시작했고, 미국의 한 보험회사에서는 사람과 대화하는 챗봇(chatbot)이 사람보다 훨씬 더 빨리 보험금 지불을 결정하고 시행한다. 조만간 질병의 진단과 처방, 법률 해석, 전략 수립 등 수많은 분야에서 인공지능이 사람보다 더 우수한 판단을 내릴 가능성은 얼마든지 있다. 이런 상황에서도 인간의 가치와 존엄성이 계속 존중될 수 있을까? 그리고 스스로 학습하는 인공지능은 사람의 통제를 벗어나기 때문에 아이 손에 들린 폭탄처럼 언제 터져서 인류를 파멸에 이르게 할지 모른다고 옥스퍼드대 보스트롬(Nick Bostrom) 교수가 경고했다.

많은 사람들이 이런 위험을 인식하고 있고 부정적인 현상들이 이미 일어나고 있는데도 불구하고 기술은 가속도로 발전하고 있다.

돈과 기술이 손을 잡았기 때문이다. 과거에도 기술이 경제적 이익과 무관하지는 않았지만 지금은 기술개발이 경제적 이익의 가장 중요한 수단이 되고 있다. 돈이 별로 들지 않아도 개발할 수 있는 기술은 벌써 바닥이 났다. 이제는 기술이 있어야 돈을 벌고 돈이 있어야 새 기술을 개발할 수 있게 되었다. 빈익빈부익부 현상이 한층 더 심각해진 것이다. 우리나라를 비롯해서 세계 거의 모든 나라에서 양극화가 확대되고 선진국과 후진국 간의 차이는 점점 더 벌어지고 있다.

빈부 격차는 기술 개발에만 국한된 것이 아니라 기술 이용에도 마찬가지다. 개발에 많은 돈을 들였기 때문에 사용도 비쌀 수밖에 없고, 따라서 가난한 사람과 후진국 국민은 새로운 기술의 혜택을 받을 수가 없다. 특히 첨단 의료기술의 경우는 매우 심각하다. 과거에는 암에 걸리면 부자나 빈자나 다 죽을 수밖에 없었다. 그러나 지금은 암에 걸려도 부자는 살고 가난한 사람은 죽어야 하며, 선진국 국민은 살고 후진국 국민은 죽을 수밖에 없다. 그래서 첨단 기술은 부자에게는 축복이지만 빈자에게는 더 큰 상대적 박탈감을 주어 절망감과 분노를 일으킨다. 지금보다 훨씬 더 급진적인 부의 분배 정책이 시행되지 않는 한 새로운 기술개발은 많은 사람에게 축복이 아니라 저주로 작용할 것이다.

이렇게 심각한 부작용에도 불구하고 기술 개발은 계속되어야 할 것인가? 삶이 얼마나 편리해야 "이만 하면 충분하다" 할 것인가? 통신은 얼마나 더 빨라야 하며, 영상은 얼마나 더 선명해야 하는가?

그리고 무엇보다 더 심각한 것은 우리 몸은 무엇에다 쓸 것인가 하는 것이다. 성경은 사람은 일해야 한다고 했으며, 종교개혁자들은 부지런히 일하라고 가르쳤다. 그리고 우리 몸은 일하도록 만들어져 있다. 그런데 이제 노동 대부분을 기계가 수행하고 생각조차 기계가 더 잘한다면 사람이 할 수 있는 것은 무엇인가? 근본적인 반성이 필요하게 되었다.

  인류는 이제 자유방임적 기술 개발에 책임을 질 능력을 상실하고 있다. 유전공학의 어떤 분야는 윤리적인 이유로 연구개발이 법적으로 금지되고 있는데 이제는 그 범위가 확대될 때가 되었다. 인류에게 이익보다는 해악이 더 클 것으로 예견되는 기술은 연구개발을 통제해야 하지 않을까 한다. 기술 개발의 모라토리엄이 필요하게 되었다.

인간은
과학보다 크다

✅   인간 생명의 존엄성과 기본인권 사상은 유대-기독교의 유산이다. 하나님의 형상으로 지음 받았기 때문에 인간의 생명은 하나님의 것이고 인간의 기본 권리는 하나님이 주신 것으로 불가침이란 것이다. 이것은 세계 지성계가 인정하지 않을 수 없는 엄연한 역사적 사실이며 현대 인류에게 전승된 유산 가운데 가장 소중한 것이다. 이 사상이 없었다면 오늘날 인류가 이 정도의 삶의 수준과 생존을 유지할 수 있었을지 의문이다.

그런데 이 두 유산이 요즘 점점 더 위협을 받고 있다. 그 주범은 현대 자연과학에 근거한 과학주의적 사고다. 현대 자연과학이 종교개혁 덕으로 일어날 수 있었는데(R. Hooykaas, K. Jaspers) 기독교 덕으로 생겨난 자연과학이 기독교적 유산들을 위협하고 있는 것이다.

과학의 여러 분야들 가운데도 가장 큰 위협을 가하는 것은 생물학이다. 뉴턴 이후로는 물질적인 현상은 모두 인과론적으로 설명하게 되었지만 생명체에는 여전히 목적론적 설명이 유지되었다. 모든 생명체에게는 주어진 목적이 있고 생명 현상은 그 목적 달성을 전제로 해야 설명될 수 있다는 것이다. 여기에는 고유의 목적이 신에 의하여 주어졌다는 자연신학의 요소가 숨어 있다. 그러나 19세기 다윈의 진화론을 계기로 생명 현상조차도 물질적 현상으로 취급되기 시작하고 자연신학은 힘을 잃고 말았다. 과학의 본성인 환원주의 경향은 모든 자연 현상을 인과론으로 설명하는 물리주의(physicalism)를 낳았고, 생물학적 현상을 목적론으로 설명하는 시도는 점점 뒤로 밀리고 있다. 한때 부활할 것 같이 보이던 한의학이 요즘 다시 주춤하고 있는 것도 이런 경향을 반영하고 있다.

최근에는 유전공학이란 학문까지 나타나서 공학이 생물학에서도 나올 수 있음을 보여주고 있다. 이제는 식물, 짐승은 말할 것도 없고 인간의 인격조차 입맛대로 편집하게 되지 않을까 하고 우려하게 되었다. 그보다 더 심각한 문제는 생명체 자체가 제조되는 것이다. 이미 수년 전에 화학물질로 스스로 분열할 수 있는 박테리아를 만들었다는 보도도 있다. 이제까지 불신자들조차 '신의 영역'이라고 불렀던 것에 과학자가 진입하게 된 것이다.

최근 의료계에도 엄청난 변화가 일어나고 있다. IBM의 대형 컴퓨터 왓슨(Watson)은 인공지능을 이용하여 의사 못지않게, 오히려 의사보다 더 정확하게 질병을 진단하고 처방할 수 있다 한다. 이제까지 이뤄진 수많은 진단과 처방을 종합하고 취사선택해서 가장 좋은 것을 골라낼 뿐 아니라 그것에 근거해서 스스로 새로운 진단과 처방을 내린다고 한다. 역시 질병의 진단과 치료를 인과론적으로 수행하는 서양의학에 근거한 것이다. 앞으로 그런 진단과 치료가 큰 효과를 거두게 되면 물리학주의는 한층 더 큰 설득력을 갖게 될 것이다.

질병을 포함한 인간 몸의 모든 현상을 인과론적으로 설명할 때 심각하게 대두될 수밖에 없는 문제가 바로 정신현상의 성격이다. 전통적으로 몸과 마음은 근본적으로 다른 것으로 이해되어 왔고 따라서 그 둘 사이의 인과관계에 회의적이었다. 그런데도 과학의 환원주의 성향은 정신현상도 다름 아닌 물리적인 현상의 결과로 설명하려 한다. 신경물리학이 바로 그 열매라 할 수 있다. 우울증이 약물로 조정되고 환각제 복용이나 뇌수술이 의식 현상에 변화를 일으키는 것을 보면 그런 환원주의가 옳아 보인다.

정신현상에 대한 이런 이해가 인간과 인간 생명의 존엄성을 약화시키는 것은 이상하지 않다. 오랫동안 인류는 인간이 짐승과 다른 것은 인간에게만 영혼 혹은 이성이 있기 때문(animal rationale-Aristoteles), 혹은 인간만 상징을 이용할 수 있기 때문(animal symbolicum - E. Cassirer) 등 정신현상을 그 근거로 삼아왔다. 그런데 그 정신현상이 물질적 작용의 결과(effects)라면 인간을 별다르게 평가할 이유가 없게 되는 것이다.

1971년에 심리학자 스키너(B. F. Skinner)가 《자유와 존엄성을 넘어서》(Beyond Freedom and Dignity)란 책을 써서 논란을 일으켰다. 그는 마음이란 몸이나 환경의 자극에 의하여 결정되는 것으로 그 자체로 독립된 것이 아니며, 그의 책 제목이 시사하듯 인간에게 자유의지가 있다거나 인간이 존엄하다는 것은 그럴듯한 근거가 없다고 주장했다. 독창적이라 하기보다는 오늘날 진행되고 있는 생물학과 의학연구가 가진 경향의 좀 급진적 결론을 대변한 것이라 할 수 있다.

그 책에 대한 언어학자 촘스키(Noam Chomsky)의 비판은 그 책 자체보다 더 많이 알려졌다. 촘스키는 스키너의 급진적 행동주의는 과학적인 것 같지만 과학이론에서 가장 기본적인 '가설-연역 방법'(hypothetico-deductive method)을 무시하므로 과학적이라 할 수 없다 했다. 가설-연역 방법이란 과학적 이론은 어떤 현상을 설명하는 가설을 설정한 후 그 가설에서 연역적으로 추론된 상황이 실험을 통해서 실증되는 한에서만 타당하며, 그 가설은 다른 실험을 통해서 부정될 가능성이 있으므로 모든 이론은 잠정적으로만 옳다는 것을 함축하는 것으로 학계에서는 학문적 이론 형성에 기본적인 것으로 수용되고 있다. 스키너의 가설은 얼마든지 부정될 수 있고, 그의 행동주의는 과학의 한계를 넘은 하나의 이념이라 해야 할 것이다.

촘스키의 그 비판은 스키너에게 국한되지 않는다. 정신현상을 물질적인 것으로 환원하고 자유의지를 부정한 모든 이론에 다 적용할 수 있다. 몇 가지의 실험에 통과되었다 해서 그 이론이 반드시 타당한 것은 아니다. 그리고 우리의 일상경험은 그런 이론적 결론을 수용하지 않는다. 스키너도 아마 자신과 가족들을 물질적 조건에 지배되는 로봇으로 보지 않았을 것이다. 인간과 인간현상은 과학적 이론으로 설명되고 물질적인 것으로 환원될 만큼 그렇게 간단하지 않다.

그러나 이념으로 변질된 물리주의가 인간 생명의 존엄성과 인권을 계속 부정한다면 우리는 어느 것이 인류에게 더 중요한지 양자택일을 해야 할 것이다.

06 인류문명을 바꾼 종교개혁

종교개혁은
매체 사건이었다

✓ 종교개혁과 관계해서 오늘의 세계 기독교계와 특히 한국 교계에 많이 알려지지 않은 것이 하나 있는데 그것은 16세기 종교 개혁이 인류역사상 가장 중요한 '매체 사건'(media event)이었다는 사실이다. "인쇄술이 개발되지 않았더라면 종교개혁은 성공하지 못했을 것이고"(Ohne Buchdruck keine Reformation!), "종교개혁이 아니었다면 그런 매체 사건은 일어나지 않았을 것"(Ohne Reformation kein Medienereignis!)이란 말이 있을 정도로 종교개혁과 매체는 밀접하게 서로 도우며 성공하고 발전한 것이다.

루터가 비텐베르크 성 교회 정문에 게시한 95개 조항은 학자들에게 면죄부가 과연 정당한가를 토론하자고 제안한 주제인데, 라틴어판은 루터 친구가 비용을 대서 라이프치히와 뉘른베르크, 취리히에서 동시에 인쇄되었으며 곧 독일어로 번역되어 불과 2주 만에 거의 독일 전 지역에 보급되었고, 4주 만에 유럽 기독교계 거의 대부분에게 알려졌다 한다. 루터가 쓴 최초의 소책자(pamphlet), "면죄부와 은혜에 관한 설교"는 1518년 한 해 동안에만 14쇄, 약 1만 4,000부가 인쇄되어 보급되었다. 소책자 한 권이 병아리 한 마리 값이었는데 이는 '팔렸다' 하기보다는 '빼앗겼다'는 것이 옳다고 역사가들은 지적하고 있다. 그만큼 인기가 있었던 것이다. 1520년에서 1526년까지 독일어 사용 지역에서만 약 6,000권의 소책자가 보급되었는데 그 가운데 1,700권 정도가 루터가 쓴 10여 권의 저서였다. 종교개혁 초기 10년간 약 600만에서 700만이란 엄청난 수의 소책자가 인쇄되었고, 그 가운데 거의 4분의 1이 루터의 저작이었다. 물론 루터를 비판하는 교황측 소책자도 없지 않았다. 마쪼리니(Sylvester Mazzolini)란 사람은 교황무오설에 근거해서 "마르틴 루터의 건방진 조항을 반박하는 대화"란 소책자를 인쇄하고 루터를 '놋 대가리와 쇠코를 가진 문둥이'라고 욕했으나 별로 호응을 얻지 못했다.

가장 중요한 매체는 역시 성경이었다. 에라스무스가 편집한 헬라어 신약성경과 가톨릭교회가 정경으로 공인한 라틴어 불가타(Vulgata) 역을 근거로 해서 독일어로 번역한 신약성경은 1522년에 5,000부가 인쇄되었는데 상대적으로 비싼 가격에도 불구하고 3개월 만에 5,000권이 팔렸으며, 1534년에 출판된 독일어 성경전서는 그 후 12년간 루터가 사망할 때까지 10만 권이 팔렸다. 그 시대의 경제 상황을 고려하면 이는 놀라운 판매 실적이 아닐 수 없다.

그뿐만이 아니었다. 15쪽에서 최대 90쪽으로 이뤄진 팸플릿 외에도 한 장짜리 전단도 무수히 인쇄되었고, 글을 읽을 수 없는 사람들을 위해 목각 그림이 인쇄물의 내용을 시각적으로 전달할 수 있게 했다. 그중에는 마귀 셋이 무수한 신부들을 배설물로 만들어 내는 목각 풍자그림도 있었다. 심지어 노래도 많이 작사되어 당시 유행하던 곡에 붙여 보급되었는데 상당수가 교황과 천주교의 잘못을 조롱하는 내용이었다. 루터 자신도 1523년에 예배에 사용할 찬송가를 무려 24곡이나 작곡하였다.

그렇게 대대적으로 보급된 인쇄물의 내용이 단순히 독자들에게만 전달된 것이 아니라 독자들의 입을 통하여 다른 사람들에게도 알려졌기 때문에 파급효과는 대단했다. 가족, 친족, 친구들끼리 모여서 토론했으며 작센의 직조공장, 티롤의 빵집에서도 루터의 책을 큰 소리로 읽고 토론했다 한다. 1523년 울름 지역에서는 교회보다 술집에서 더 좋은 설교를 들을 수 있었고, 1524년에는 바젤 술집에서도 루터의 팸플릿을 바탕으로 설교를 들을 수 있었다.

이런 정도의 상황을 예사로운 사건으로 취급할 수가 없다. 그것은 하나의 거대한 물결이었고 하나의 '매체 사건'(media event)이라 불러도 손색이 없다. 인간적인 관점에서는 인쇄술이 개발되지 않았더라면 종교개혁은 이뤄지지 않았을 것이란 주장은 과장이 아니다.

물론 인쇄술만 개발되었다고 해서 종교개혁이 일어났을 수는 없다. 그 때의 가톨릭교회가 극도로 부패했고 루터 같은 개혁자가 호소력 있는 내용을 제시했기 때문에 인쇄술이 효과적으로 이용될 수 있었다. 교황 측에서도 루터를 비판하는 팸플릿을 만들었지만 효과를 거두지 못한 것을 보면 매체가 아무리 발달해도 내용이 설득력을 갖지 못하면 아무 소용이 없음을 알 수 있다.

그런데도 매체는 역시 중요하다. 캐나다의 미디어 이론가 맥루한(M. McLuhan)이 "매체가 곧 정보다"(The Medium is the Message)라고 주장할 정도로 매체는 중요하다. 기독교는 이슬람이 분류하는 것처럼 '책의 종교'이며 기독교가 자칭하는 것처럼 '말씀의 종교'다. 그런데 기독교가 실제로 '말씀의 종교'로 대두된 것은 종교개혁 때부터였다. 종교개혁으로 말미암아 미사와 성례가 아닌 설교가 예배의 중심이 되고 교황의 회칙(回勅, encyclical)이 아닌 성경이 절대 권위를 갖게 된 것이다. 교회뿐 아니라 서양 문화에 문자가 중심 매체가 된 것도 역시 종교개혁 덕이었다. 루터가 성경을 독일어로 번역하고 위클리프가 영어로 번역했기 때문에 평민이 성경을 읽을 수 있게 되었고, 성경을 읽을 수 있도록 루터와 칼뱅이 보편교육을 강조함으로 문자가 구전을 대신하여 정보 전달의 중심으로 자리 잡게 된 것이다. 종교개혁이 소리나 영상 매체가 아니라 문자 매체의 도움을 받은 것은 하나님의 특별하신 섭리임이 분명하다.

그때와 비교해서 오늘날엔 매체가 엄청나게 다양해졌고 누구든지 쉽게 이용할 수 있게 되었다. 정말 가치 있는 내용들만 인쇄되었던 옛날과는 달리 요즘은 말도 안 되는 쓰레기가 책으로 출판되고 개인이 집에서 방송을 할 수 있을 정도가 된 것이다. 질그릇에 보화가 담긴 경우보다는 금칠한 그릇에 쓰레기가 담긴 경우가 더 흔하다. 이제는 매체를 점검해 보아야 바른 메시지를 판별할 수 있게 되었다.

선지자는 히브리어로 '입술'이란 뜻을 가지고 있다. 하나님의 뜻을 전달하는 매체에 불과하다는 것이다. 그런데 선지자들 가운데도 거짓 선지자들이 적지 않았다. 입술은 입술인데 거짓을 내뱉는 입술이 된 것이다. 오늘의 교회와 설교자도 마찬가지다. 모두 하나님의 뜻을 나타내는 매체인 양 행세하지만 실제로는 양의 탈을 쓴 염소들이 상당수다. 알맹이가 없는 것은 말할 것도 없고 심지어 성경에 어긋난 내용들도 청산유수처럼 쏟아내고 온갖 첨단 매체들을 이용하여 광범위로 확산한다.

적절한 매체를 통해 참 메시지가 전달되고 확산되어 16세기 종교개혁이 성공했다면 오늘의 교회개혁은 거짓된 매체를 판별하여 제거하고 참된 매체를 세움으로 가능하게 되었다. 오늘의 교회 문제는 매체(media)가 크게 잘못되었다는 것이다. 예수님은 참된 매체의 판정 기준은 열매며(마 7:20), 열매는 바로 바른 행실이라 말씀하셨다(마 7:21). 이제는 16세기의 것과는 다른 종류의 '매체 사건'이 절실히 필요하다.

종교개혁을
기념할 자격

✓　기본 인권, 민주주의, 자연과학, 진보적 역사관 등 그 이후의 세계에 이룩한 공헌을 고려하면 16세기의 종교개혁은 인류에게 주신 하나님의 가장 고귀한 선물 중 하나였다고 할 수 있다. 감사하면서도 오늘의 세계 기독교가 과연 그 선물을 제대로 사용하고 있는지 반성해야 한다는 생각이 든다.

　종교개혁의 가장 중요한 업적은 성경의 권위를 회복한 것이다. 그 외의 모든 공헌은 성경의 가르침에 기초한 것이므로 그 열매라 할 수 있다. 그러므로 16세기 수준의 종교개혁은 반복될 필요가 없다. 다행하게도 한국 교회 대부분은 적어도 공식적으로는 성경을 하나님의 말씀으로 인정하고 전통적인 정통교리를 수호한다. 기본적인 원칙에는 대부분 동의하기 때문에 한국 교회의 개혁은 루터와 칼뱅의 개혁만큼 근본적이지는 않고, 그만큼 어렵지도 않다. 다만 말로만 인정하는 데 그치지 않고, 실제의 행동과 삶으로 성경의 권위를 인정하고, 그 가르침에 순종하는 문화를 형성하면 개혁될 수 있다. 그리고 설교자들은 성경의 가르침에 좀 더 충실하게 설교하려는 노력이 필요하다. 너무 많은 설교자가 성경 본문이 의도하는 것보다 자신이 생각하고 느끼고 경험한 것을 설교하고 있다.

그러나 지금 시급한 것은 그때의 천주교보다 결코 덜 부패했다 할 수 없는 오늘의 한국 교회의 부패를 제거하는 것이다. 종교개혁 이후 개신교 역사에서 교회를 세습하고, 교단과 교계의 장이 되기 위해 돈을 뿌리고, 목사끼리 칼부림을 하고, 세상도 용납하지 않는 부정을 저지르고도 목회를 계속할 수 있었던 교회는 한국 교회뿐이다.

범죄한 인간에게 이런 현상은 어쩌면 자연스럽다 할 수도 있다. 자연에도 시간이 지나면 질서가 흐트러지는 엔트로피(entropy) 법칙이 있고, 십대의 공부방도 그대로 두면 조금씩 지저분해진다. 세월이 500년이나 흘렀으니 교회도 더러워지는 것이 당연하다고 할 수도 있다. 그래서 "개혁 교회는 항상 개혁해야 한다"(Ecclesia reformata semper reformanda)는 주장이 제시되지 않았겠는가?

그러나 한국 교회의 타락은 시간의 흐름에만 탓할 수는 없다. 같은 개신교회인데도 우리만큼 썩지 않은 교회가 대부분이다. 성경 말씀에 충실해 꾸준히 경계하고 조금이라도 더러워지면 즉시즉시 청소해서 비교적 깨끗하게 남아 있을 수도 있다.

계시의 종교인 기독교가 타락하는 것은 주위 세상과 비슷해지는 것을 말한다. 인간의 생각과 다른 하나님의 뜻이 아니라 돈, 권력, 명예 같은 세속적 가치가 교회를 지배하면 타락한다. 이스라엘이 타락했을 때도 하나님의 율법보다는 주위 이방인들이 섬기는 우상을 섬겼고, 그런 일은 주로 이스라엘이 번영을 누릴 때 일어났다. 종교개혁 때 천주교도 사회의 지배 세력으로 온갖 특권을 다 누릴 때였다. 한국 교회가 가난하고 핍박받는 소수였을 때는 순수했으나 세상 사람들이 다 가지고 싶어 하는 돈, 권력, 영향력을 가진 지배세력이 되자 타락하게 된 것이다. 물량적으로 커지니까 정부와 기업이 목사들의 눈치를 보고, 선거 때가 되면 후보자와 그 가족이 교회에 출석하고, 기업인은 큰 교회에 다니는 것이 사업에 이익이 된다고 판단하게 되었다. 세속적인 성공이 영적 실패의 원인이 되고 만 것이다.

세속적인 가치를 대표하는 것은 역시 돈이었다. 1517년 할버스타드와 마그데부르크의 젊은 주교였던 알베르트는 공석이 된 마인츠 교구까지 차지해 추기경이 될 야심을 품었다. 그는 막대한 돈을 교황에게 바치고 그 자리를 차지했다. 그 때문에 진 빚을 갚기 위해 마침 바티칸 궁전을 짓느라 빚더미에 앉은 교황 레오 10세와 짜고 면죄부를 만들어 판매한 돈을 반반씩 나누기로 했다. 그 면죄부가 루터가 토론 제목으로 제시한 95개 조항의 중요한 내용이었고 종교개혁의 발단이 되었다.

16세기에 비해서 오늘에는 돈의 위력이 훨씬 더 커졌다. 돈에 대한 유혹도 그만큼 커졌다. 권력, 명예, 쾌락, 신분, 심지어 지식, 사랑 등 거의 모든 것을 돈으로 살 수 있다. 존재론적 유물론, 가치론적 물질주의, 정책으로서의 자본주의 등 오늘의 세상을 주도하는 사상의 핵심에 돈이 우뚝 서 있고, 오늘의 대표적인 우상으로 자리 잡고 있다. 그러므로 동물적 욕망과 연결된 하급가치인 돈이 종교에 개입하면 종교는 예외 없이 타락해 마술(魔術)로 변질된다. 특히 한국 교회에서 돈은 아합 시대 이스라엘에게 바알 신과 같은 위치에 있다.

독일의 사회학자 베버(Max Weber)는 그의 《프로테스탄티즘의 윤리와 자본주의 정신》(문예출판사, 2010)에서 종교개혁 때의 그리스도인들은 '세계내적 금욕'을 실천했다고 주장했다. 그는 노동은 하나님이 기뻐하시기에 열심히 일해 많은 부를 생산했으나, 그 소득으로 사치하지 않고 수도원이 아닌 시장 한가운데서 '금욕'을 실천함으로써 자본을 축적할 수 있었다고 설명했다. 영국의 개신교 지도자 웨슬리는 그렇게 축적한 재물을 가난한 사람에게 나눠 주라고 설교했다. 따라서 종교개혁자들의 생활 철학은 직업의 귀천을 가리지 않고 열심히 일해서 많은 소득을 올리면서도 사치하지 않고 검소하게 살면서 가난하고 약한 사람을 돕는 것이다.

오늘 한국 교회도 그런 생활방식을 채택하면 돈의 우상을 물리칠 수 있고 점점 심각해지는 빈부격차를 줄일 수 있으며 쾌락 중심의 문화를 비판하고 자연 파괴를 줄일 수 있을 것이다. 16세기 종교개혁과 견줄 수는 없지만, 한국 교회의 개혁도 교회뿐만 아니라 점점 각박해지고 있는 한국 사회와 타락하고 있는 현대문화를 치유하는 데 큰 공헌을 할 수 있을 것이다.

16세기의 종교개혁에 비하면 한국 교회의 개혁은 그렇게 어렵지 않다. 교리도, 기본 신조도 바꿀 필요가 없고, 교회 제도도 조금만 수정하면 된다. 다만 바울이 "우상숭배"(골 3:5)요 "일만 악의 뿌리"(딤전 6:10)라고 경고한 돈에 대한 탐심만 절제하면 된다. 그 절제는 우리 자신이 훌륭한 도덕군자가 되기 위한 것이 아니라 약한 이웃의 고통을 줄여 주는 사랑의 절제다. 이렇게 쉬운 개혁도 성취하지 못한다면 종교개혁 500주년을 기념할 자격이 없지 않겠는가?

종교개혁과
인간 교육

✓ 　　종교개혁이 인류역사에 공헌한 것이 한둘이 아니다. 민주주의, 기본 인권 사상, 자본주의, 현대 과학 등 현대 문명의 근간을 이루고 있는 것들이 대부분 직간접적으로 종교개혁에 그 뿌리를 두고 있다. 그들 못지않게 중요한 것이 또 하나 있는데 바로 현대 교육이다. 오늘날 전 세계 대부분의 나라가 시행하고 있고 너무나 당연하다고 생각하는 의무교육제도는 사실 종교개혁자들의 가르침에 의해 시작되었다.

　종교개혁 이전에는 오직 소수의 귀족만이 교육을 받았고, 주로 사제, 의사, 공직자 등 전문직 양성이 주목적이었다. 최근까지도 유럽에서 대학교(university)란 이름을 쓰려면 반드시 의학부, 법학부, 신학부가 있어야 했던 것도 그런 역사적 배경에서 비롯되었다. 그러나 칼뱅은 교육의 목적이 하나님을 알고 하나님께 영광을 돌리는 것이며, 그 내용은 성경과 하나님의 창조라고 가르쳤다. 그런 지식은 귀족이나 전문직 종사자들에게만 필요한 것이 아니라 모든 사람에게 필요한 것이다. 모든 사람이 구원을 받고 하나님을 알아 하나님께 영광을 돌려야 하므로, 모든 사람이 교육을 받아야 한다는 것이다. 그래서 칼뱅은 국가는 모든 시민이 의무적으로 교육을 받도록 강제력을 행사해야 한다고 주장했다.

루터의 생각도 비슷했다. 그는 모든 개인은 행함이 아니라 믿음을 통해서 구원을 받을 책임이 있으며 그런 구원의 지식은 성경을 읽고 공부함으로써 얻을 수 있다고 주장했다. 모든 사람이 구원을 받아야 한다면 모든 사람은 성경을 읽고 공부해야 한다. 그런 이유에서 루터도 모든 아동은 무상으로 의무교육을 받아야 한다고 선포했다. 그 이전 천주교에서는 성경을 라틴어로만 읽었고 라틴어를 아는 사제들만 성경을 읽고 해석할 권한이 있었다. 이에 반기를 든 루터는 성경을 독일어로 번역해서 누구든지 성경을 읽을 수 있도록 했다. 거기에 필수적으로 따르는 것이 보편적인 의무교육이었다. 1524년에 독일의 시장들과 시의원들에게 보낸 편지에서 루터는 교육이 가져다주는 영적, 경제적, 정치적 이익을 강조했고, 루터의 정신에 따라 멜란히톤(Phillip Melanchthon)과 부겐하겐(Johann Bugenhagen)은 라틴어가 아닌 독일어로 읽기, 쓰기, 수학과 종교 과목을 가르쳤다. 오늘의 독일어는 루터의 성경 번역과 보편교육의 강조가 계기가 되어 문명어로 격상되었다 해도 과언이 아니다.

천주교 예배에는 미사가 중심이었기 때문에 성경과 강론은 중요하지 않았다. 그러나 개혁교회 예배에는 성경을 중심으로 한 설교가 중요한 자리를 잡았고 자국어로 이뤄지는 설교는 교인들에게 엄청난 교육적 효과를 가져왔다. 오늘날에 대부분의 개신교 국가가 교육이나 문화 수준에서 대부분의 가톨릭 국가보다 앞서는 것은 우연이 아니다. 특히 사람의 삶이 자연환경이 아니라 사람이 인공적으로 형성한 문화 환경에서 이루어지는 오늘날, 그 문화 환경을 조성하고 발전시키는 동력을 생산하는 교육의 중요성은 더 강조할 필요가 없다. 세계 최빈국이었던 한국이 불과 60년 만에 절대빈곤에서 탈출하고 상당 수준의 민주화를 이룩한 것도 교육 때문이란 사실이 그것을 웅변적으로 증명해 주고 있다.

종교개혁 이전의 교육이 귀족 교육이며 전문인 양성을 위한 직업 교육이었다면 종교개혁은 하나님을 알고 성경을 배우는 인간 교육이었음을 알 수 있다. 그런데 오늘의 교육, 특히 한국의 교육은 점점 더 종교개혁 이전의 교육과 비슷한 모습으로 변질되고 있다. 하나님을 알고 이웃을 사랑하도록 가르치는 인간 교육이 아니라 좋은 직장을 얻고 더 많은 힘을 획득하기 위한 직업 교육이 되고 있다. 그리고 그런 교육도 돈 있는 소수만 받고 가난한 사람은 그런 기회를 얻지 못하는 귀족 교육이 되고 있다. "이제 개천에서는 용이 날 수 없게 되었다"든가 '은수저, 흙수저' 등의 비아냥이 바로 이렇게 타락하고 있는 한국 교육의 모습을 잘 대변해 주고 있다.

한국 교육의 바깥만 보고 극찬을 아끼지 않는 오바마 대통령과는 달리 한국에 오래 살았던 독일 태생 이참 씨는 한국이 많은 잠재력을 가지고 있으면서도 교육이 큰 문젯거리라고 지적했다. 지나치게 '우리끼리 경쟁'에 휩쓸려 있는 것과 '동방무례지국'으로 만드는 인성교육의 부재를 그 이유로 들었다. 정확하고 예리한 지적이다. 특히 사교육의 대부분을 차지하고 있는 선행학습은 타락한 한국 교육의 가장 전형적인 표현이다. 모르는 것을 배우고 새로운 것을 창조하기 위한 것이 아니라 앞으로 배울 것을 미리 배워 오직 시험에서 높은 점수를 받아 경쟁에서 이기고자 엄청난 액수의 돈과 시간을 낭비하는 것이다. 이렇게 비생산적인 사교육에 학부모는 막대한 돈을 바치고 학생들은 지쳐서 공부에 싫증만 내게 되고, 사교육을 받지 못하는 가난한 학생들은 낙오자가 된다. 이 일은 더 나아가 사회 계층을 형성하고 갈등을 조장하며 저출산의 재앙까지 몰고 온다.

안타깝게도 한국의 그리스도인들조차도 이런 소용돌이에 휩쓸려 있다. 그것이 종교개혁의 유산에 어긋날 뿐 아니라 자녀들과 한국 사회에도 해를 끼친다는 사실을 인식하지 못하고 있다. 종교개혁을 제대로 기념하려면, 교육이 직업을 얻고 경쟁해서 이길 힘을 기르기 위한 것이 아니라 하나님을 알고 영화롭게 하며 이웃을 섬기기 위한 것임을 인식해야 한다. 그 위대한 전통을 다시 살려 한국 교육을 정상적인 인간 교육으로 되돌리려고 노력해야 할 것이다.

종교개혁과 경제 정의

✔︎　클린턴 후보는 "역시 경제야!"(Stupid, it's economy)라는 슬로건을 걸고 선거운동을 하여 미국 대통령 선거에서 이겼다. 미국이나 한국이나 선거에는 역시 경제에 대한 장밋빛 청사진을 내걸어야 표를 얻을 수 있다. 지금 세상에서는 정치, 과학기술, 학문, 교육, 연예, 스포츠, 심지어 종교까지 경제의 지배를 받고 있다. 역사상 경제가 이렇게까지 중요한 때는 없었다.

　그런데 불행하게도 돈의 가치는 공유불가능(共有不可能, zero-sum)한 하급가치다. 돈은 경쟁을 유발하고 경쟁의 패자는 항상 약자다. 약자는 경쟁에 지고, 경쟁에 지기 때문에 약자가 된다. 그런데 경쟁에는 항상 부정의 유혹이 따른다. 정직하기로 유명했던 독일에도 폭스바겐 자동차가 소비자를 우롱하고 미국에서는 리먼브러더스 사건이 벌어졌다. 경쟁이 공정하지 못하면 약자의 고통은 그만큼 더 커진다. 경쟁을 완전히 제거할 수는 없지만 적어도 경쟁은 공정해야 한다. 그러므로 오늘에 가장 요구되는 것이 경제윤리며 경제 정의다. 요즘 제기되는 정의 논의는 보응의 정의(retributive justice)가 아니라 전적으로 분배의 정의(distributive justice)란 사실도 이런 요구를 반영한다.

최초로 정의를 이론적으로 다룬 아리스토텔레스는 정의(正義)를 '같은 경우는 같이 취급하고 다른 것은 다르게 취급하는 것'이라고 정의(定義)했다. 그런데 그는 귀족과 노예는 다르므로 다르게 취급해야 한다고 보았다. 그와는 달리 기독교는 모든 사람이 동일한 권리를 가지고 있으므로 모든 사람은 원칙적으로 평등하게 대해야 한다고 가르친다. 그러나 불행하게도 실재하는 인간 사회에서는 항상 빈부, 남녀, 귀천, 유·무식 등의 차이가 있기 마련인데 정의를 위한 기독교적 노력은 이 차이를 가능한 한 줄이고 제거하는 것이다. 성경은 아주 구체적인 방법을 제시하는데, 고아, 과부, 객(이방인), 가난한 자, 병든 자, 장애인, 소외된 자 등 약자를 보호하고 강자와의 격차를 줄이는 것이다.

불행하게도 그동안 자본주의는 빈부격차를 확대해 놓았고, 급격하게 발전하고 있는 과학기술은 이를 극대화하고 있다. 영국의 유서 깊은 구호단체 옥스팜(Oxfam) 대표는 지금 전 세계의 부 절반을 62명이 누리고 있으며 세계 인구의 1퍼센트가 전체 부의 99퍼센트를 소유하게 될 것이라고 경고했다. 빈부격차가 커지는 큰 이유 중 하나는 노동을 통해서 버는 돈보다 돈을 통해서 버는 돈의 액수가 더 커졌다는 사실이다. 무능하고 게을러도 돈만 있으면 부자가 될 수 있고, 따라서 부익부, 빈익빈 현상은 더욱 불가피하게 되었다.

그런데 독일의 사회학자 베버는 자본주의가 종교개혁, 특히 칼뱅주의에서 태동했다고 주장했다. 이에 대해 이견이 없지 않지만, 종교개혁 500주년을 지나는 오늘날의 개신교인들은 그 주장을 다시

한 번 따져 보아야 한다. 루터의 소명론(召命論)과 칼뱅의 예정론에 근거해서 신자들은 자신의 직업이 무엇이든 관계없이 하나님의 소명이고 그 직업에 성공하는 것이 곧 자신이 구원받도록 예정되었다는 증거라고 믿었다. 그래서 그들은 열심히 노동해서 많이 생산했으나 철저히 절제하여 부를 축적했다. 거기다가 칼뱅은 이자 받는 것을 허용했으므로 상업이 번창했고 돈이 돈을 버는 오늘의 상황에 단초를 마련했다고 볼 수 있다. 물론 직업에서의 성공을 곧 예정의 증거로 보았다는 베버의 주장에는 이의가 많다. 그러나 소명론, 근검절약, 이자 허용은 모두 역사적 사실이고, 칼뱅주의가 자본주의를 태동시켰다 할 수는 없어도 자본주의 발전에 크게 공헌한 것은 부인할 수 없다. 따라서 오늘의 개신교인들은 자본주의의 악에 대해서는 어느 정도 책임을 져야 한다.

그러나 칼뱅이 이자를 허용한 것에 대해서는 올바른 이해가 필요하다. 아리스토텔레스와 스콜라 철학에서 돈은 새로운 가치를 생산할 수 없다(sterile)고 보았고, 중세 교회는 꾸어 준 돈에 대해서 이자 받는 것을 원칙적으로 금지했다. 그런데 칼뱅은 상업이 활발해지기 시작한 그 시대에 돈을 빌려 사업을 해 빌린 돈보다 더 큰 돈을 만드는 경우가 엄연히 있는데도 돈은 아무것도 생산할 수 없다는 것은 사실이 아니라고 생각했다. 그리고 이스라엘 동족에게는 이자를 받지 말라는 구약의 명령은 신약시대에는 적용될 수 없다고 보았다.

그는 무조건 이자를 허용하지는 않았다. 인간의 전적 부패에 누구보다 민감했던 칼뱅은 이자 허용이 어떤 결과를 초래할지를 잘 알았다. 그래서 그는 이자를 허용하되 일곱 가지 조건을 충족시킬 것을 요구했다. 가난한 자에게 꾸어 주었을 때와 사업에서 이익을 남기지 못했을 때, 공익에 어긋날 때는 이자를 받아서는 안 되며, 국가에서 정해 놓은 이율을 초과할 수도 없고, 대금을 받는 것이 직업이 되어서도 안 된다고 했다. 이 조건을 모두 충족시키면 돈이 돈을 버는 오늘의 상황은 결코 일어날 수 없게 되어 있다. 사실 이자를 받지 않는 것을 원칙으로 하고 예외 조항을 둔 중세의 입장과 크게 다르지 않았다.

불행하게도 오늘의 세계는 경제에 관한 개혁자들의 가르침 중에 가난한 자를 배려하고 공익에 관심을 쏟으며, 돈이 돈을 벌지 못하도록 하고 대금 그 자체가 직업이 되지 못하게 한 것, 부지런히 일하고 사치를 금한 것 등 정의로운 경제활동에 대한 것은 거의 다 무시하고 다만 이자를 허용한 것만 잘 수행한다. 개혁자들의 가르침에 충실했더라면 오늘의 자본주의가 이렇게 위험해지지는 않았을 것이다.

현대 개신교는 현대 사회가 무시해 버린 개혁자들의 가르침을 회복해야 한다. 가난한 자를 돌보고 이익과 무관하게 열심히 일하며 무엇보다 더 절제해야 한다. 종교개혁자들은 '세계내적 금욕'을 실천했다는 베버의 주장을 되새길 필요가 있다. 모든 절제 가운데 가장 중요한 것은 돈 욕심을 절제하는 것이고, 이 욕망을 절제하지 않고는 현대 사회에서 윤리적이 되기가 매우 어렵다. 모든 윤리는 정의로 환원되며, 약자를 착취하지 않고 보호하는 것이 기독교 정의의 핵심이다. 이런 정의가 무시되면 자본주의는 약자뿐만 아니라 결과적으로 모든 사람을 불행하게 만드는 거대한 재앙이 되고 말 것이다.

독일 신학자 그룬드만(W. Grundmann)은 헬레니즘의 절제는 행위자 자신이 고상한 품격을 갖추는데 그 목적이 있다면, 성경의 절제는 이웃의 이익을 위한 것이라 했다. 모든 이웃에게 이익을 제공하지 못하더라도 이미 고통당하고 있는 연약한 이웃에게 고통을 더하는 악은 저지르지 않아야 한다. 개인적으로 공정하게 행동하고 사회 구조도 정의롭게 고쳐야 할 것이다.

종교개혁
시대의 예술

✓　16세기의 종교개혁은 민주주의, 인권, 보편교육, 복지, 현대 과학 등 현대 사회의 거의 모든 긍정적인 발전에 결정적인 공헌을 했다. 그러나 한 가지 아주 중요한 영역에는 그렇게 두드러진 역할을 한 것 같지 않아 보인다. 바로 예술 분야다. 회화, 조각, 음악, 연극, 무용, 시, 소설 그 어느 것도 종교개혁 때문에 가능했거나 발전했다는 주장은 별로 들리지 않는다. 미술은 종교개혁 때문에 오히려 후퇴한 것으로 보인다. 개혁자들은 중세 회화의 대부분을 차지했던 성화가 단순한 예술 작품이 아니라 종교적인 숭배의 대상으로 우상화될 위험이 있다고 판단하고 소품만 허용했다. 조각은 아예 금지했다. 중세의 성화 외에도 르네상스 화가들이 즐겨 그린 그리스 신화에 등장하는 신 혹은 인물들에 대해서도 거부감이 클 수밖에 없었다. 루터는 작곡을 할 정도로 음악을 좋아했으나 특별히 장려한 것 같지 않고 칼뱅의 개혁교회가 예배 때 부른 시편은 그 곡이 매우 단조하다. 예술은 아무래도 어느 정도의 경제적, 시간적인 여유나 사치와 연관되어 있기 때문에 근면과 금욕을 강조한 칼뱅의 가르침과 거리가 멀 수밖에 없었다. 칼뱅은 제네바 시에서 소방 문제까지 관여했지만 예술을 장려했다는 기록은 없다.

그러나 종교개혁이 예술가들의 창조적 욕구를 완전히 꺾어 버린 것은 아니다. 종교개혁의 영향을 받은 화가들은 성자나 신화 대신에 일반 서민들의 일상생활과 풍경에 눈을 돌렸다. 얼마 전에 우리나라에서도 전시된 브뤼헐(P. Bruegel)의 풍속화나 네덜란드의 판 라위스델(J. van Ruisdael)의 풍경화는 대표적이다. 루터를 존경했던 독일의 뒤러(A. Dürer)와 다음 세기에 활약했던 네덜란드의 렘브란트(Rembrandt van Rijn)는 종교개혁의 영향을 받은 신실한 화가였고, 바하(J. S. Bach)와 헨델(G. F. Händel)은 가장 뛰어난 개신교 작곡가였다. 물론 예술의 특성상 그들의 그림이나 음악에 종교개혁의 영향이 어떤 것인가를 꼭 찍어서 지적하는 것은 쉽지 않다. 그러나 감수성이 예민한 사람들은 그들의 작품에서 경건의 깊이를 느낀다고 한다.

종교개혁의 덕을 가장 크게 본 영역은 역시 문학이 아닌가 한다. 무엇보다도 위클리프(John Wycliffe), 후스(Jan Hus), 루터 등이 성경을 영어, 보헤미아어, 독일어 등 자국어로 번역한 것과 루터와 칼뱅이 누구나 성경을 읽을 수 있도록 보편교육을 강조한 것은 문학 발전에 결정적인 공헌을 했다. 마침 비슷한 시기에 발명된 구텐베르크의 인쇄술도 책의 보급과 독자의 확대에 큰 도움을 주었다. 중세와 르네상스 시대에도 뛰어난 시인, 소설가, 희곡 작가들이 없지 않았지만 그들의 독자는 라틴어를 읽을 수 있는 소수의 귀족들과 사제들에 국한되었다. 르네상스 시대에도 보카치오(G. Boccaccio) 같은 예외가 없지 않았지만 문맹이 다수인 상황에서는 대중 문학이 활발할 수가 없는 것이다. 그리고 신학자들 외의 문필가들이 그들의 작품에 성경의 내용보다는 고대 그리스 신화나 고전들을 더 많이 인용하거나 암시한 것은 당연하였다. 그러나 성경이 자국어로 번역되고 평신도들도 성경을 읽을 수 있게 되자 문학작품에 자연히 성경의 가르침과 성경에 나오는 인물과 사건들에 대한 언급이 자주 등장하게 되었다. 인간과 세상을 보는 눈에 관한 한 성경은 그리스 신화와는 비교될 수 없을 정도로 깊고 다양하므로 문학작품은 그만큼 더 깊어지고 풍성해질 수밖에 없었다.

그러나 문학뿐 아니라 모든 종류의 예술 발전에 종교개혁이 결정적으로 공헌한 것은 역시 개인의 자유가 신장된 것이었다. 창작 활동에는 자유가 절대적인 조건이고 그 자유는 개인의 것이라야 한다. 개인이 스스로 인정하는 것, 즉 자율적인 것에 어떤 외부의 강압, 정신적인 압력도 예술가의 창작활동에 방해가 된다. 그리고 예술적 창작은 외로운 작업이다. 오늘날처럼 거의 모든 활동이 공동으로 이뤄지는 상황에서도 예술 활동만은 팀워크로 이뤄지는 경우가 거의 없다. 지적인 것은 보편적이지만 감정은 개별적이다.

그런데 중세의 삶은 대부분 교회의 통제 하에 이뤄졌다. 신앙도 하나님과의 직접적인 관계가 아니라 눈에 보이는 제도적인 교회의 매개로 이루어져 간접적이었고 삶의 형식도 외부에서 주어진 규범에 의하여 엄격하게 통제되었다. 종교적 통제는 정치적 혹은 사회적 규제와 달리 정신적이므로 예술 창작에 요구되는 내적 자유가 심각하게 제한될 수밖에 없었다. 물론 중세에도 문화 활동이 전혀 정지된 것은 아니고, 동서양을 막론하고 깊은 종교적 헌신은 위대한 예술 작품을 남긴 것도 사실이다. 그러나 자유로운 문화 활동의 다양성은 상당할 정도로 제한되었기 때문에 종교개혁 이후에 예술을 포함한 여러 분야에 벌어진 변화와 비교해 보면 그 시대는 역시 예술적으로는 빈곤했다 할 수밖에 없다.

  종교개혁이 눈에 보이는 교회의 권위를 상대화하고 누구든지 성경을 읽고 해석할 수 있으며 개인이 교회나 사제의 매개 없이 하나님께 바로 기도하고 자신의 양심에 따른 판단과 행동에 대해서 하나님 앞에 직접 책임지는 것이 허용되었으므로 개인의 자유가 신장되고 개인주의가 강화되었다. 그런 자유가 종교개혁 이후에 예술을 포함한 거의 모든 분야의 엄청난 변화에 기본적인 토양을 제공했다는 사실은 부인하기 어렵다.

  물론 개인주의와 개인 자유의 신장이 오직 종교개혁 때문에만 가능했다고 할 수는 없다. 헤겔은 가족 중심적 공동사회로부터 독립된 개인이 다른 사람과 계약 관계를 맺으며 자신의 이익을 극대화하는 시민사회로 나아가는 것은 역사 발전의 필연적인 과정이란 역사철학을 제시했고 퇴니스(F. Tönnies)도 비슷한 이론을 내세웠다. 그러나 그것은 이론적 설명이고 가정일 뿐 개인주의와 개인의 자유를 실제로 가능하게 한 것은 종교개혁이었다. 혹시 그런 변화가 인간 사회 자체가 가지고 있는 특성에 의한 것이라 할지라도 종교개혁이 그 변화의 중요한 계기가 된 것은 부인하기 어렵다.

  이런 개인주의와 개인 자유의 신장이 그 자체로 반드시 긍정적이라 할 수는 없다. 기독교에도 많은 부정적인 결과를 가져왔다. 16세기 인문주의자 에라스무스(Erasmus)는 평소에 성경을 자국어로 번역해야 한다고 주장했지만 정작 루터가 성경을 독일어로 번역했을 때는 앞으로 교회가 사분오열(四分五裂)될 것이라고 걱정했다. 종교개혁이 신장한 자유와 개인주의가 부정적인 결과를 가져올 것을 내다본 것이다. 오늘날 우리는 지나치게 확장된 개인주의가 사회와 문화에 얼마나 심각한 문제를 야기하는가를 목격하고 걱정하고 있다. 그런데도 불구하고 예술의 창작활동에는 개인의 자유가 필수적임을 부인할 수 없다.

예술의 발전에 종교개혁이 중요하게 공헌했다 해서 오늘의 예술이 종교개혁의 정신에 충실한 것은 아니다. 중세 교회나 오늘의 한국 교회 못지않게 오늘의 예술계도 돈의 유혹에 빠져 들어가고 있다. 쇼펜하우어(A. Schopenhauer)는 예술만이 악의 세력인 의지가 낳는 욕망을 초월할 수 있다고 믿고 오직 예술을 통해서만 이 비관적인 세상에서 해방될 수 있다고 주장했다. 만약 그가 오늘에 살았다면 과연 그렇게 주장할 수 있을지 의문이다. 오늘의 교회 못지않게 오늘의 예술도 개혁이 필요한 것 같다.

종교개혁과
이웃 사랑

✓ 최근 미국에서 트럼프가 미국의 대통령으로 선출되고, 영국이 EU를 탈퇴해 전 세계를 놀라게 했다. 언론들은 그것이 실패한 백인들의 불만 때문이라고 분석한다. 그동안 세계를 지배했던 신자유주의와 지나치게 발달한 과학기술이 세계 도처에서 심각한 양극화를 불러왔다. 첨단기술을 활용할 수 있는 소수만 떼 부자가 되고 나머지 다수는 실직자로 전락한 것이다. 이제까지 거의 절대 선으로 간주되어 왔던 민주주의도 심각한 위기를 맞게 되었다.

다수의 소외 못지않게 기독교의 영향력이 약해진 것도 이번 현상에 크게 작용했을 것이다. 멕시코 이민자와 시리아 난민처럼 가난하고 약한 사람들에게 긍휼을 베풀어야 한다는 성경의 가르침은 무시되고 집단이기주의가 크게 강화된 것이다. 성경도 읽지 않고 설교도 듣지 않으니 예수님의 고귀한 사랑과 가치는 희미해지고 동물적인 소유욕과 쾌락주의만 크게 작용할 수밖에 없다. 그동안 비교적 신사적이고 정의로웠던 두 나라가 이제는 자신들의 조그마한 이익을 위해서 자존심도 다 버리고 2등 국가로 전락하는 초라한 모습을 보이고 말았다. 물론 난민에 대해서 세계에서 가장 인색한 우리나라와 이에 대해서 아무 감각도 없는 한국 교회로서는 그들 나라를 비판할 어떤 자격도 없는 것도 사실이다. 만약 우리나라에 미국이나 영국처럼 외국 노동자들과 난민들이 대거 몰려왔다면 아마 우리는 그보다 훨씬 더 극렬하게 국수주의적이 되었을 것이다. 그러나 어쨌든 미국과 영국에서 벌어지고 있는 지금의 상황은 인류 역사가 잘못된 방향으로 가고 있는 징조인 것 같아 걱정된다.

예수님은 선한 사마리아인 비유로 우리의 이웃이 누구인가를 분명하게 보여 주셨다. 이웃이란 우리가 잘 아는 주위 사람들이 아니라 우리의 도움을 필요로 하는 사람들이다. 강도 만난 사람은 레위인과 제사장에게 뿐만 아니라 그 사마리아인에게도 낯선 사람이었다. 그렇지만 그는 오직 그에게 긍휼을 베푼 사마리아인에게만 이웃이 되었다. 물론 성경이 '이웃'이란 말을 항상 그런 뜻으로 일관성 있게 사용한 것은 아니지만 예수님은 의도적으로 이웃에 대한 새로운 정의를 내리셨던 것 같다. 물론 우리는 모든 사람을 사랑해야 하지만 특별히 강도 만난 사람같이 우리의 도움을 매우 필요로 하는 사람들을 사랑하란 가르침이다. 이것이 바로 성경이 가르치는 정의며, 그런 점에서 '긍휼'과 '정의'는 서로 모순되지 않는다. '같은 것은 같이 취급하는 것'(to treat the like alike)이란 아리스토텔레스의 정의관에서는 사랑과 정의가 갈등을 일으킬 수 있다. 한 시간 일한 사람과 하루 종일 일한 사람에게 같은 임금을 주는 것은 상식적인 정의에는 어긋난다. 그러나 하루 종일 일한 사람은 넉넉하고 건강한 반면 한 시간 일한 사람이 가난해서 굶는다면 같은 액수의 임금을 지불하는 것은 성경적 정의에 어긋나지 않는다. 우리의 도움을 필요로 하는 연약한 이웃에 대한 사랑이 바로 정의라 할 수 있다.

종교 개혁자 칼뱅은 사유 재산도 옹호하고 이자도 허용하며 부의 축적을 하나님의 축복으로 간주함으로(이것은 칼뱅이 아니라 칼뱅의 일부 추종자들의 주장인 것으로 드러남) 자본주의를 싹트게 했다고 베버와 토니(R. H. Tawney)가 주장했다. 그러나 칼뱅의 사회사상을 연구한 비엘러(A. Bieler)는 칼뱅 사상을 '사회적 인간주의'라고, 트뢸치(E. Troeltsch)는 '기독교적 사회주의'라고 했다. 그 어느 주장도 칼뱅의 사상을 완전히 대변한 것 같지는 않다. 다만 분명한 것은 칼뱅이 경제적인 부를 그 자체로 가치 있는 것으로 취급하지 않았다는 사실이다. 그는 사도행전 11장 29절을 주석하면서 하나님께서 부자에게 재산을 허락하신 것은 '가난한 사람의 종'이 되게 하기 위함이고, 부자와 빈자가 같이 살게 하신 것은 그들이 같이 만나서 교제하며 부자는 주고 빈자는 받도록 하게 함이라 했다. 칼뱅이 사치를 극도로 배격하고 철저하게 절제를 강조한 것이나, 생활을 위해서 가난한 사람이 빌려 간 돈에 대해서는 이자를 받지 못하도록 한 것을 고려하면 그가 자신만의 쾌락을 위한 부, 부 자체를 위한 치부에 대해서 매우 비판적이었음을 충분히 알 수 있다. 부자가 되고 빈자가 되는 것이 개인의 책임이 아니라 다른 사람과 사회구조 때문이라면 빈자에 대한 부자의 책임은 과거 어느 때보다도 오늘날 그만큼 더 클 수밖에 없다.

세계 개신교인의 87퍼센트가 선진국과 중진국에 살고 있다. 개신교는 그만큼 경제, 정치, 문화 발전에 공헌한 것이다. 영국과 미국이 다른 나라들보다 더 큰 발전을 이룩한 것은 종교개혁의 덕일진대, 그들이 그 종교개혁 500주년을 맞으면서 자신들을 그 자리에 올려놓은 사닥다리를 걷어차기 시작했으니 안타까울 뿐이다.

성경이 가르치고 종교개혁이 되살린 중요한 가르침들은 직간접적으로 한국의 발전에도 기여했다. 만약 한국이 종교개혁 정신으로 발전한 나라들의 정치와 경제제도를 받아들이지 않았고 개신교를 수용하지 않았다면 우리가 오늘만큼 발전할 수 있었겠는가? 그 전통의 핵심에는 이웃 사랑이 있고 그것을 제거하면 종교개혁 정신은 빈 껍질만 남을 것이다.

한국과 한국 교회는 그 중요한 이웃 사랑을 북한 주민에게도 실천해야 한다. 우리의 도움을 가장 필요로 하는 사람이 바로 북한 주민들이기 때문이다. 한국의 그리스도인들이 통일을 위해서 기도하고 통일을 추구하는 것은 단순히 우리가 같은 민족이기 때문도 아니고 경제적인 대박을 터트리기 위함도 아니다. 바로 지척에서 억눌림과 굶주림으로 시달리는 북한 주민들이 기본 자유를 누리고 생존과 생활에 지장이 없을 정도로 먹고 입을 수 있게 되기 위함이라야 한다. 만약 북한이 개혁되어 주민들의 인권이 충분히 보장되고 굶주리거나 헐벗지 않을 만큼 넉넉해진다면 우리는 구태여 통일을 추구할 이유가 없고, 그런 결과가 보장되지 않은 통일은 추구할 가치도 없을 것이다.

"사람들을 구제하는 것이 최고의 법이라야 한다"라고 주장한 키케로(Cicero)의 말은 가끔 독재자들에 의하여 오용되지만 그 자체로 잘못된 주장은 아니다. 북한 주민들을 돕기 위해서는 역효과를 가져오지 않는 한 어떤 법, 이념, 제도도 무시하고 상대화할 수 있다. 인간의 생존과 정의는 어떤 이유로도 희생하고 포기할 수 없기 때문이다.

북한 주민뿐만 아니라 새터민과 외국 근로자들도 우리의 중요한 이웃들이다. 그들에게는 우리가 지금 바로 사랑을 실천할 수 있다. 이런 사람들에게 따뜻한 이웃 사랑을 실천하는 것은 종교개혁 500주년을 매우 뜻 있게 기념하는 중요한 방식이 될 것이다.

종교개혁과
학문의 발전

✓ 　　현대 과학이 종교개혁으로 가능했다는 주장은 상당한 지지를 받고 있다. 호이카스의 《근대과학의 출현과 종교》(정음사, 1988)는 매우 설득력 있게, 그리고 상세하게 그것을 제시하고 있고 야스퍼스(K. Jaspers) 같은 철학자도 같은 주장을 했다. 기독교에 비판적인 태도를 취한 역사학자 화이트(L. White Jr.)가 오늘날 심각해진 환경오염에 대해 기독교가 책임을 져야 한다고 주장한 것은 주목할 만하다. 환경오염이 현대 과학기술 때문이란 사실은 이미 잘 알려진 사실인데 화이트는 바로 기독교가 자연과학과 과학기술 발전을 가능하게 했다고 주장한다.

　호이카스가 상세히 보여 주듯 종교개혁을 통하여 중세까지 지배했던 유기적 세계관이 현대의 기계적 세계관으로 바뀌었고, 그것이 현대 자연과학의 출현을 가능하게 한 것이다. 온 우주는 하나님의 피조물이란 창세기의 분명한 가르침에도 불구하고 천주교는 16세기까지 모든 고대 문화에서 일반적이었던 유기적 세계관에 매여 있었다. 자연을 포함한 우주는 짐승이나 사람의 몸처럼 모든 부분이 모든 다른 부분과 연결되어 있는 살아 있는 유기체이며 따라서 그런 우주를 그 자체로 신성한 것으로 취급한 것이다. 그러므로 자연의 한 부분을 전체로부터 분리하거나 어떤 방식으로든지 건드리고 훼손하는 것을 두려워했다. 종교개혁 이전에는 의과대학에서 해부학 실험을 금했는데 그것은 사람의 시신을 신성시했기 때문이었다 한다. 과거 우리나라에서 산에 굴을 뚫거나 강에 다리를 놓는 것을 주저한 것, 집을 짓거나 분묘를 만들기 위하여 땅을 파헤칠 때는 반드시 평토제를 지낸 것도 바로 그런 유기적 자연관 때문이었다. 그러나 성경에 의하면 자연은 그 자체로 신성한 것이 아니라 하나님의 피조물에 불과하므로 얼마든지 연구하고 이용할 수 있는 것이다. 종교개혁을 통하여 성경의 권위가 회복됨으로, 기계적 세계관이 유기적 세계관을 대체할 수 있었다.

그러나 자연과학 외 다른 학문 분야들이 종교개혁 때문에 크게 발전했다는 관점은 그렇게 일반적이지 않다. 종교개혁보다는 오히려 그보다 먼저 시작된 문예 부흥에 더 큰 공로를 인정하고 있다. 심지어 종교개혁조차도 문예부흥 때문에 가능했다고 보는 견해도 있다. 중세교회의 사상적 지배에 항거했다는 점에서 양자 간에 유사성이 있음은 사실이다. 그러나 당시 서양의 지식인들 대부분은 기독교 신자들이었고 그들의 신앙은 세속화된 오늘과는 달리 삶과 생각에 상당히 큰 영향력을 행사하고 있었다. 따라서 대부분의 지식인들은 소수를 제외하고는 당시의 교회와 그 신학의 권위에 감히 도전할 용기를 갖지 못했다. 지동설과 관계된 갈릴레오 재판이나 학자들에게 공포의 대상이 되었던 교황청의 '금서 목록'(Index Librorum Prohibitorum) 같은 것은 학문 활동을 크게 위축시켰음이 분명하다.

그 금서 목록에는 스피노자와 칸트, 베이컨, 로크, 데카르트, 케플러, 파스칼뿐 아니라 심지어 사르트르의 작품도 들어 있었다.

그런데 칼뱅과 루터가 천주교의 오류를 이론적으로 파헤친 것은 교권에 억눌려 있던 학자들에게 상당한 용기와 자유를 허용했을 것이다. 루터와 칼뱅은 단순히 훌륭한 설교자나 선동가 정도가 아니었다. 당대 천주교의 어느 신학자 못지않게 상당한 학문적 훈련과 성취를 배경으로 한 학자들이었다. 루터가 95개 조항을 제목으로 공개토론을 제안했을 때 천주교 신학자 어느 누구도 도전하지 못한 것을 보면 루터의 지적 능력을 짐작할 수 있다. 루터의 설교와 소책자들, 칼뱅의 설교 및 《기독교 강요》는 당시 기독교 지성인들에게 상당한 이론적 설득력과 사상적 해방감을 주었을 것이다. 교회와 신학의 힘이 막강한 시대였기 때문에 지배적인 신학을 이론적으로 비판하지 못했더라면 종교개혁은 성공하지 못했을 것이다. 종교개혁이 가져온 자유는 잘못된 교권으로부터의 해방이었으며 동시에 잘못된 지적 압박으로부터의 해방이었다. 그런 해방의 연장선에서 계몽주의(Enlightenment)가 일어났다는 것은 역설적이기도 하다. 철학자 칸트는 계몽주의를 "감히 알아라!"(Aude sapere!)란 표어로 특징지웠는데, 학문에서는 어떤 절대적 권위와 금기도 인정하지 않겠다는 의미였다. 보기에 따라서는 종교개혁의 연장이며 지나친 확대라 할 수도 있다.

또 하나 학문 발전에 크게 공헌한 것은 루터의 '만인 제사장론'이었다. 중세에는 필로(Philo of Alexandria)가 제시한 '철학은 신학의 시녀'(Philosphia ancilla theologiae)란 관점이 수용되었다. 당시에 철학은 오늘의 모든 인문과 사회과학을 합친 것의 대명사였으므로 신학을 제외한 모든 다른 학문은 세속적이고 신학보다 한 차원 낮은 위치에서 신학을 위해서 봉사하는 위치에 있는 것으로 취급된 것이다. 그러나 루터의 만인 제사장 이론이나 칼뱅의 "모든 진리는 성령의 역사"란 주장은 신학 이외의 다른 학문도 신학의 도움 없이 하나님의 진리를 추구할 수 있고 직접적으로 하나님의 영광을 드러낼 수 있다는 입장을 가능하게 했다. 루터교인이었던 독일의 천문학자 케플러(J. Kepler)가 그의 지도교수 매스틀린(M. Maestlin)에게 보낸 편지에 "나는 신학자가 되기를 원했습니다. 그리고 오랫동안 그 때문에 불안했습니다. 그러나 지금 나의 노력을 통해 하나님이 어떻게 천문학을 통하여 영광을 거두시는지 보십시오"라고 썼다. 지금과 달리 그때는 종교의 영향력이 절대적이었다는 사실을 감안하면 케플러의 그런 생각은 혁명적이었다. 오늘날 우리가 기독교적 세계관에 입각해서 학문연구를 시도하는 것도 종교개혁의 유산임을 인식하고 감사할 수 있어야 할 것이다.

물론 학문의 발전이 모두 긍정적이었고 성경적 입장에서 모두 찬동할 만한 것은 아니다. 종교개혁의 도움으로 발전된 학문이 종교개혁의 정신을 배신한 경우가 한두 가지가 아니다. 그 뒤에 일어난 계몽주의는 철저히 인본주의적이었고 반 기독교적이었으며 현대 무신론의 못자리가 되었다. 거기에는 물론 종교개혁의 결정적인 도움으로 일어난 현대 자연 과학이 결정적인 역할을 했다. 마치 부모의 보살핌으로 자란 자식들이 부모로부터 독립했을 뿐 아니라 일부는 부모를 인정하지 않고 무시하며 심지어는 부모를 존경하고 따르는 소수를 조롱하는 형국이 되고 있는 것이다.

그러나 그렇게 오만해진 현대 학문이 영원히 위세를 유지하리라는 보장은 어디에도 없다. 쿤(Thomas Kuhn)이 제시한 것처럼 학문의 패러다임은 이제까지도 혁명적으로 바뀌었기 때문에 앞으로도 그럴 가능성은 항상 존재한다. 뉴턴의 물리학은 아리스토텔레스의 물리학과 근본적으로 다르다. 사회과학 이론들이 누리는 수명은 자연과학의 경우보다 훨씬 더 짧다. 그러므로 적어도 그리스도인 지성인들은 지금의 상황이 전부이며 항상 그러리라고 착각하고 시류에 영합하는 오류를 범하지 말아야 할 것이다.

종교개혁이 당시에 지배적이었던 중세의 지적 문화에 비판적인 계기를 마련했던 것처럼 오늘의 그리스도인 지식인들도 지금 세계를 지배하고 있는 물질주의적이고 상대주의적인 정신문화와 수많은 학문적 이론들에 항상 비판적인 거리를 두면서 상대화할 여유를 누려야 할 것이다. 그 휘황찬란한 불빛에 기죽지 말아야 한다는 것이다. 모든 인간의 학문은 궁극적으로 하나의 유희(game)에 불과하다. 십자가의 도는 이 세상이 추구하는 지혜와 이 세상이 자랑하는 능력에 대해서 항상 비판적이었고 그것이 오히려 새로운 것을 창조하는 계기와 여유를 제공할 수 있다. 그런 태도를 견지하는 것이 16세기 종교개혁의 유산을 제대로 이어가는 것이 아닌가 한다.

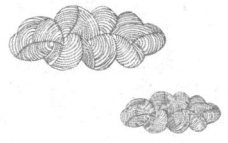

인쇄술이 개발되지 않았더라면
종교개혁은 성공하지 못했을 것이고
종교개혁이 아니었다면
그런 매체 사건은 일어나지 않았을 것이다.

07

정의로운 사회

약자와 윤리

✓ 이 세상에 고통만큼 심각한 것은 없다. 고통이 심각하다고 하기보다는 '심각'이란 말의 뜻이 고통의 경험을 통하여 인식된다 해야 할 것이다. 고통은 쾌락과 함께 인간의 가장 원초적인 경험이다. 다른 어떤 경험으로도 고통을 설명할 수 없다. 그러나 왜 인간은 고통을 당해야 하는지의 문제는 이 세상에서 해결될 것 같지 않다. 욥의 고통 해결 방식은 하나님의 뜻에 전적으로 맡기는 것이지 고통에 대한 문제의 대답은 아니다.

고통과 관계해서 인간이 우선해야 할 것은 그것을 예방하고, 줄이고 극복하는 것이다. 고통이란 현상 자체가 이미 그런 요구를 내포하고 있다. 그것은 모든 사람의 기본적인 의무며 당위(當爲)라 할 수 있다. 사실 인류 문화는 고통을 제거하는 과정과 그 결과의 축적이라 해도 과언이 아니다. 배가 고프지 않았더라면 농업이 없었을 것이고 아프지 않으면 의학과 의료기술은 생겨나지 않았을 것이다.

고통의 원인은 다양하지만 과거에는 주로 가뭄, 홍수, 폭풍, 맹수, 맹독, 질병 등 자연현상이 사람을 괴롭혔다. 그것들을 극복하기 위하여 인류는 기술, 과학, 과학기술을 개발했고, 상당할 정도로 성공했다.

그러나 오늘날에는 자연 대신 인간과 인간 사회가 인간을 아프게 한다. 그리고 인간이 가하는 고통은 자연이 가하는 고통보다 더 크고 더 잔인하다. 근대에서 가장 큰 자연재해는 1931년 중국에서 발생한 홍수로, 400만 명이 희생되었다. 그러나 2차 세계대전에서 독일 나치정권은 유대인 600만 명을 재판도 없이 살해했고, 1, 2차 세계대전에서 2,000만 명 이상이 희생되었다. 나치 군인들은 유대인 유아를 축구공으로 사용했다고 한다. 자연은 그렇게 잔인할 수가 없다.

인간이 가하는 고통은 거의 대부분 윤리적 성격을 띠고 있다. 즉 고통을 가하지 않을 수도 있는데도 가하고, 욕심 때문에 의도적으로 가한다. 개인의 악도 심각하지만 집단의 악은 훨씬 더 심하다. 미국 신학자 니버는 그의 책 《도덕적 인간과 비도덕적 사회》(대한기독교서회, 2003)에서 개인은 양심, 합리성, 체면, 위선 등의 도덕적 자원을 가지고 있기에 어느 정도 도덕적이 될 수 있으나 사회는 그런 능력이 없기 때문에 훨씬 더 비도덕적일 수 있음을 설득력 있게 제시했다. 즉 집단이기주의가 개인이기주의보다 훨씬 더 강하고 잔인할 수 있다.

그런데 인간이 주는 고통은 거의 대부분 강자가 약자에게 가하는 것이다. 구체적인 삶에서는 약자가 강자에게 고통을 줄 수도 있다. 그러나 그 때문에 강자가 치명적인 손상을 입는 경우는 드물고 거의 대부분 복수나 처벌을 받는다. 그리고 한 사회의 윤리나 법질서가 파괴되면 약자들이 주로, 그리고 먼저 그 피해자가 된다. 교통질서가 무너지면 탱크나 덤프트럭 기사는 마음대로 달릴 수 있으므로 오히려 덕을 본다. 다른 차들이 다 비켜 줄 수밖에 없기 때문이다. 그러나 보행자나 자전거, 손수레 등은 아예 길에 나갈 수도 없다. 부패도 마찬가지다. 사회가 부패하면 강한 사람은 뇌물 등으로 더 강해질 수 있으나 약자들은 생존의 위협을 받는다. 세계은행은 부패란 "배고픈 사람의 입에서 빵을 빼앗는 것"이라 했다. 사회계약설을 주장한 홉스는 약육강식('사람이 사람에게 늑대'– Homo homini lupus)을 막기 위해서 국가가 필요하다 했다. 국가의 기본 목적은 정의를 확립하는 것이고 정의의 핵심은 강자의 횡포로부터 약자를 보호하는 것이다. 모든 윤리는 정의로 환원되기 때문에 윤리의 궁극적 목적도 약자를 보호하는 것이다.

과거에는 주로 사람이 자신의 게으름이나 무능으로 약자가 되었지만 오늘날에는 대부분 사회적 원인에 의해서 약자가 생겨난다. 강자도 마찬가지다. 자신의 능력이나 부지런함도 작용하지만 사회의 제도와 시대적 상황 덕으로 강자가 되는 경우가 많다. 과거에는 양복 재단사가 돈을 벌었지만 지금은 도태되고, 싱거운 말 잘하는 사람은 과거에는 부자가 될 수 없었지만 지금은 개그맨이 되어 떼돈을 번다. 그러므로 약자의 고통에 대해서는 사회, 특히 강자가 책임지는 것이 당연하다.

일반적으로 정의는 공정성으로 이해된다. 그러나 성경은 좀 더 구체적이다. 하나님은 고아, 과부, 객(이스라엘 주민 사이에 끼어 사는 이방인)을 보호하라고 명령하시고, 예수님은 가난한 자, 병든 자, 소외

된 자들에게 특별한 관심을 기울이셨다. 고신대 전 총장 고 이근삼 박사는 기독교적 정의를 '약자에 대한 하나님의 끈질긴 편애'란 말로 표현하였다. 정치철학자 롤스(John Rawls)는 그의 《사회정의론》(서광사, 2001)에서 두 가지 정의의 원칙을 제시했는데 그중 하나인 '차등의 원칙'(difference principle)은 '최소 수혜자에게 최대이익이 돌아가게 하는 것'(the greatest benefits to the least advantaged)이다. 즉 약자 보호가 정의란 것이다.

에로스에 근거한 세속적 윤리는 행위자 자신이 얼마나 올바른 동기에 근거하여 덕 있게 행동하는가에 초점을 둔다. 그러나 아가페에 근거한 성경의 윤리는 행위자 자신이 아니라 이웃에게 해를 끼치지 않는가에 초점을 모은다. 십계명의 윤리적 계명이라 할 수 있는 4계명에서 10계명까지가 모두 이웃에게 해를 끼치지 말라는 것이다. 그리고 해를 끼치지 않아야 할 이웃은 우선적으로 약한 사람들이다. 그들이 비도덕적 행위의 제일 큰 피해자들이기 때문이다.

사람이 비윤리적으로 행동하는 것은 주로 자신의 욕심을 채우기 위해서다. 그러므로 "육체의 정욕"(벧전 2:11)을 제어하지 않고는 윤리적이 될 수 없다. 바울은 "탐심은 우상 숭배"(골 3:5; 엡 5:5 참고)라 했다. 우상숭배는 하나님이 가장 미워하시는 죄악이다. 그러므로 모든 사람, 특히 그리스도인은 탐심을 제어해야 한다. 독일 신학자 그룬드만은 헬레니즘이 강조한 절제는 자신의 인품을 고상하게 기르기 위함이고, 성경이 가르치는 절제는 이웃의 이익을 위한 것이라 했다. 이것은 아가페 사랑에 근거한 절제며 십자가의 도를 반영한 것이다.

    2017년에 일어난 최순실 사건은 한국 사회가 얼마나 부패했는지를 폭로했다. 그리스도인들이 앞장서서 부패를 막아서 약자들을 보호해야 하고 우리 자신들부터 절제해야 한다.

약자 보호가
정의

✓   대통령과 국가가 감당해야 할 일은 국방과 외교, 치안 외에도 경제, 복지, 교육, 문화 등 수없이 많고, 종교가 타락하면 종교에까지 간섭해야 한다. 그러나 그 모든 분야에 아무리 크게 성공하더라도 사회질서를 유지하지 못하면 국가는 자격을 잃을 뿐 아니라 다른 기능들조차도 제대로 수행할 수 없다. 질서 유지는 국가의 가장 중요한 업무이며 국가가 존재하는 기본 이유다. 국가의 권한을 정당화하기 위해 홉스(Thomas Hobbes)가 제시한 사회계약설에 의하면, 국가란 사람들이 자연 상태에 있을 때 일어날 수 있는 약육강식의 무질서를 막기 위해 자신들의 자유 일부를 양보하고 자신들을 통제하도록 만든 거대한 괴물(Leviathan)이다.

진정한 질서는 강력한 공권력만 행사하면 이룩되는 것이 아니다. 진정한 정의가 확립되어야 가능하다. 정의의 가장 원시적이고 기본적인 모습은 로마서 13장 4절이 지적하는 것처럼 "악을 행하는 자에게 보응하는 것"이다. 선에 대해 상을 주고 은혜를 갚는 것도 정의의 한 요소이지만, 그보다 더 기본적이고 중요한 것은 악에 대해 보응하고 복수하는 것이다.

모든 사람은 자신의 정당한 권리를 빼앗기면 억울해한다. 억울함의 기준이 시대와 문화에 따라 조금씩 다를 수는 있지만 억울함을 느끼는 것은 인간의 본능이고, 억울함을 당하면 보복하려 한다. 루소(J. J. Rousseau)의 제자 이타드(Itard)는 야생 소년 빅토르가 억울한 처벌에 대해 복수하려는 것을 보고 비로소 인간이 되었다고 기뻐했다고 한다. 억울한 처사가 없었다면 정의란 것이 문제가 되지 않았을 것이고, 정의의 개념조차도 없었을 것이다. 철학자 밀(J. S. Mill)이 지적한 것처럼 '정의롭지 못한 상황'(injustice)이 벌어지기 때문에 정의(justice)가 필요하고 정의에 대해서 인식하게 된다.

억울함은 단순히 다른 사람이 나에게 부당하게 해를 끼쳤을 때만 느끼는 것이 아니라 내가 마땅히 받아야 할 것을 분배 받지 못했을 때도 느낀다. 이것 역시 정당한 권리의 침해이며 억울함의 이유가 되는 것이다. 노동하고 임금을 받지 못했거나 공동의 부를 상대적으로 적게 분배 받았을 때도 우리는 억울해한다. 그래서 악에 대해서 복수하는 보응의 정의(retributive justice)뿐만 아니라 공정한 분배를 요구하는 분배의 정의(distributive justice)도 중요하고, 경제적인 가치가 중요해진 오늘날에는 전자보다 후자에 더 큰 관심이 쏟아지고 있다.

그런데 복수와 분배를 개인에게 맡기면 충분하게 공정하지 못한 결과가 생길 가능성이 크다. 보응 혹은 보상과 분배가 지나치게 적어서 억울함이 충분히 해소되지 않을 수도 있고, 아니면 지나치게 커서 또 다른 억울함이 생겨날 수 있다. 그래서 객관적인 기준이 있어야 하고 그 객관적인 기준에 따라서 공정한 보응과 분배를 수행할 힘을 가진 기관이 필요하다. 오늘날에는 국가가 법을 제정하고 그 법에 따라서 보응, 보상, 분배함으로 그 역할을 감당한다. 그리고 민주주의 국가에서는 국민이 그 법의 제정에 간접적이지만 참여함으로 그 법과 권위를 인정하고 그 결정에 순응한다. 운동경기에서 선수가 경기 규칙을 지키는 것은 그 경기에 참여할 때 그 경기의 규칙을 자발적으로 존중하기로 약속하는 것을 전제로 한다. 자신이 자발적으로 약속한 것이기에 그 약속에 매이는 것이 정의를 존중하는 것이다. 그러므로 우리나라와 같이 투표의 자유가 완전히 보장된 민주주의 국가에서 법을 어기는 것은 비도덕적이고 독재적이라 할 수 있다.

그런데 일반적으로 억울함을 당하는 것은 약자다. 억울함을 당한다는 사실 그 자체가 이미 그 사람이 약자란 사실을 함축한다. 교통질서는 탱크나 덤프트럭 같은 강자에게는 귀찮은 것이지만 보행자와 자전거, 소형 자동차 운전자 등 약자들의 안전보장을 위해서는 필수적인 것이다. 그러므로 교통질서가 무너지면 약자들이 가장 먼저 피해자가 된다. 그 외에도 보이스피싱, 저축은행 비리의 피해자들도 주로 가난하고 무지한 사람들이다. 정의란 약한 사람을 억울하게 한 사람에게 벌을 주어 보응하는 것이고 그렇게 함으로 그런 일이 반복되지 않게 하는 것이다. 따라서 정의란 약자를 보호하는 것이라 할 수 있다.

성경은 "정의가 무엇인가?" 와 같은 추상적인 질문을 하거나 정의가 무엇인지에 대해서 이론적인 정의를 내리지 않는다. 오히려 매우 구체적이고 실천적인 명령을 내린다. 구약에서는 "선행을 배우며 공의를 구하며 학대 받는 자를 도와주며 고아를 위하여 신원하며 과부를 위하여 변호"(사 1:17)할 것을, 신약에서는 "잔치를 베풀거든 차라리 가난한 자들과 몸 불편한 자들과 저는 자들과 맹인들을 청하라"(눅 14:13)고 명령한다. 즉 그 사회에서 가장 홀대 받고 보호 받지 못하는 약자들에게 관심을 기울이라는 것이다.

오늘날에는 사회질서, 나아가서 정당하게 제정된 법과 규칙을 지키는 것, 정직하고 공정하게 행동하는 것이 궁극적으로는 약자를 보호하는 것이며 정의를 실천하는 것이다. 약자를 보호하기 위한 각종 복지제도도 정의의 한 요소이므로 복지를 위한 납세와 자발적인 나눔도 정의에 공헌하는 것이다. 반대로 법과 규칙을 어기고 비도덕적으로 행동하는 것은 직접 혹은 간접으로 약자에게 해를 끼치는 것이므로 정의에 어긋난다.

공의의 하나님을 섬기는 그리스도인들은 정당한 법과 규칙을 지키고 정직하게 납세하며 도덕적으로 행동할 의무가 있다. 그것이 곧 약자를 보호하는 것이고 정의에 충실한 것이다.

비판적
정치 참여

✓ 종교와 정치는 인류 역사에서 가장 오래된 제도들이고, 그 둘은 매우 복잡한 관계를 맺으면서 공존해 왔다. 지금도 그 둘의 관계는 항상 중요한 문제로 대두되고 있다.

역사적 사건들 가운데서 16세기 종교개혁만큼 정치에 큰 영향을 끼친 사건도 드물다. 그 사건이 계기가 되어 30년 전쟁이 일어났고, 그 끝에 맺어진 웨스트팔리아(Westphalia) 평화조약(1648)으로 신성로마 제국이 종말을 고하고 민족 국가들이 일어났으며, 1655년에 맺어진 아우구스부르크(Augusburg) 평화조약에서는 정권이 종교를 결정하는(cuius regio, eius religio, '누구의 통치, 그의 종교') 원칙이 만들어져서 후에 유럽교회가 식민지 지배를 묵과하는 근거로 작용하기도 했다.

그 사건 못지않게 중요한 것은 개혁자들의 가르침이다. 중세의 천주교는 은혜와 자연 영역을 엄격하게 구분한 이원론적 세계관에 따라, 자연 영역에 속한 국가의 독자적인 권위를 인정하고 국가의 박해를 소극적으로 인내할 수밖에 없다고 가르쳤다. 반면에 당시의 일부 재세례파 급진주의자들은 국가의 권위를 일체 인정하지 않았다. 루터와 칼뱅은 그 중간 입장을 택했다 할 수 있다. 그들이 모형으로 채택한 것은 아우구스티누스의 '두 도성' 이론이었다. 당시의 교회가 믿었던 '기독교적 로마'(Roma Christiana), '영원한 로마'(Roma aeterna)란 망상을 비판하면서 아우구스티누스는 '하나님의 도성'과 땅의 도성 혹은 악마의 도성을 엄격하게 구분했고, 하나님의 백성은 땅에서는 '나그네'에 불과하다고 했다. 그러나 아우구스티누스는 극단적인 이원론을 따르지는 않았다. 하나님의 백성도 땅의 일에 참여해 '상대적인 선'을 이룩하려 노력해야 하고, 이 세상의 나라도 교회를 위하여 우상숭배를 막아야 한다고 주장했다.

이런 유산을 이어받아 루터와 칼뱅은 '두 왕국'(two kingdoms) 혹은 '두 영역'(two realms) 이론을 제시했다. 국가와 교회는 모두 하나님의 통치 아래에 있지만, 그 통치 방식은 서로 다를 수밖에 없다. 국가에는 신자와 불신자가 섞여 있고 교회는 오직 하나님의 백성만으로 구성되어 있으며, 교회가 국가의 영역에 간섭하지 말아야 하는 것과 마찬가지로 국가도 교회의 일에 간섭할 수 없다고 가르쳤다.

그러나 '두 왕국 이론'에 대한 두 개혁자의 관점에는 조금의 차이가 있었다. 루터는 교회가 국가의 영역에 전혀 간섭하지 말아야 한다고 생각했고 정치에는 비교적 무관심하고 수동적이었다. 그와는 다르게 칼뱅은 모든 영역에서 하나님의 절대 주권이 나타나야 하므로 국가도 하나님의 통치 아래에 있을 수밖에 없고, 따라서 국가가 완전히 중립적이고 독자적일 수 없다는 견해를 취했다. 따라서 그리스도인은 국가가 교회의 업무에 간섭하지 못하도록 막아야 할 뿐 아니라, 국가가 정의롭게 되도록 적극적으로 노력할 의무가 있음을 시사했다. 칼뱅 자신도 제네바 시의 행정에 적극적으로 개입함으로

써 자신의 그런 주장을 실천했다. 특히 그는 인간의 전적 부패를 심각하게 취급했으므로 통치자의 독재를 막기 위해서 민주주의를 선호했다. 아직도 왕권신수설이 일반적이었던 그 시대에 혁명적인 입장을 취했다 할 수 있다.

정치에 대한 수동적인 루터의 입장은 결국 나치 정권 같은 것이 일어나는 것을 가능하게 했다고 비판하는 사람들이 있다. 반면에 칼뱅의 다소 능동적인 입장은 한때 미국에서 유행했던 '사회복음'(social gospel) 운동의 배경으로 작용했다는 오해를 받기까지 했다. 즉 교회의 역할은 정치와 사회운동 등에 적극적으로 참여해 사회를 변혁하는 것이란 입장이다. 정치도 하나님의 주권 아래에 있으므로 그리스도인은 정치에도 적극적으로 참여해야 한다고 주장한 카이퍼의 소위 신칼뱅주의도 일종의 사회복음으로 매도되기도 했다.

그러나 비록 아우구스티누스나 루터보다 적극적인 것은 사실이지만 칼뱅도 두 왕국 이론에 동의했고 그의 입장을 따르더라도 그리스도인의 정치참여는 조심스러울 수밖에 없다. 국가나 정치의 목적은 악을 억제하는 것이지 사람과 세상을 구원하는 것이 아니다. 그것은 오직 하나님의 섭리와 그리스도의 통치로만 가능한 것이다. 다만 하나님의 백성으로서 그리스도인도 하나님의 주권 아래에 있는 국가와 정치에 전혀 무관심할 수는 없다.

칼뱅이 왕정보다는 귀족주의나 민주주의를 선호한 것은 민주주의가 왕정보다는 정치권력의 부패를 막는데 더 효과적이기 때문이고, 부패는 반드시 사회정의를 파괴해 약자들에게 고통을 가하기 때문이다. 민주주의 제도에서는 모든 시민이 원하든 원하지 않든 이미 정치에 참여하고 있다. 그러므로 정치가 잘못되어 부패가 만연한데도 아무 관여도 하지 않는 것은 곧 정의가 파괴되어 약한 시민이 억울함을 당하도록 내버려 두는 것이다.

정치에 참여하되 어떤 형식으로 정치에 참여할 것인가는 그 사회의 현실과 정치 수준에 따라 달라질 수밖에 없다. 북유럽 국가들처럼 정치가 성숙하고 질서가 잡힌 사회에서는 그리스도인들이 기독교 정당을 만들고 권력을 얻어서 올바른 정치를 할 의무가 있다. 독일이나 네덜란드 등의 나라에서는 기독교 정당이 조직되어 그 임무를 잘 감당하고 있다. 그러나 한국처럼 정치적 수준이 매우 낮은 나라에서는 비도덕이나 불법과 타협하지 않고는 권력을 얻을 가능성이 크지 않다. 따라서 이런 상황에서는 기독교 정당을 조직하고 기독교 이름으로 정치한다는 것은 곧 불의와 타협하는 것을 뜻하므로 하나님의 영광과 교회의 명예에 해만 끼칠 뿐이다. 거기다가 한국의 그리스도인들도 책임 있는 정치를 주도할 만한 능력과 성숙성을 갖추지 못하고 있다.

그러므로 한국 정치와 한국 기독교가 지금보다는 훨씬 더 성숙해지기 전에는 한국 그리스도인들의 정치참여는 투표에 적극적으로 참여하는 것과 비판적 시민운동에 참여하는 것에 국한될 수밖에 없다. 능동적으로 하나님의 나라와 그분의 정의를 추구하기보다는 정치권력의 부패로 악이 극심해지는 것을 조금이라도 억제하는 데 힘을 쏟는 것이다.

시민사회와 윤리

✅   2017년 초에 대통령 퇴진을 요구하는 시위와 퇴진을 반대하는 시위가 주말마다 벌어졌다. 다행하게도 그전보다 훨씬 더 평화롭고 질서 있게 이뤄졌다. 시위 경험이 워낙 많았으니 시행착오를 거치면서 좀 성숙해지지 않았나 한다. 바로 이렇게 일반 시민들이 공적인 일에 자발적으로 나서서 자신들의 의견을 표현하고 권력의 부패에 항의하는 문화 때문에 어떤 정치학자들은 한국이 민주주의에서 일본보다 앞섰다고 주장한다 한다. 일본은 아직도 시민사회라 할 수 없는데 비해서 한국은 아시아에서 가장 활발한 시민사회가 되어 있는 것은 부인하기 어렵다.

'시민사회'란 용어는 이미 주전 1세기 로마 철학자 키케로의 글에도 나타나고(societas civilis), 17세기 영국 철학자 로크의 책에도(civil society) 언급되어 있다. 19세기 독일 철학자인 헤겔은 시민사회를 역사 발전의 한 단계로서 유무상통의 가족중심 공동생활을 넘어 자신의 이익을 극대화하려는 개인들이 서로 계약을 맺어 이해관계를 조정하는 단계의 공동체 형태라 했다. 그가 기대한 이상적인 국가는 출현하지 않아 그의 역사철학은 인정되지 않았지만, 시민사회를 가족이나 국가와는 구별되는 공동체로 보았다는 점에서 오늘날의 이해와 일치한다.

현대 시민사회는 겔너(E. Gellner)가 지적한 것처럼 '국가를 제외한 사회의 모든 다른 부분'으로 이해되고, 특히 그것이 공적인 의미를 가지는 경우를 뜻한다. 좀 더 구체적으로는 지금의 한국처럼 수많은 시민운동단체(NGO)들이 자발적으로 조직되어 공적인 기능을 활발하게 수행하는 사회를 뜻한다. 일본을 아직도 시민사회라 하지 않는 것은 시민단체의 활동이 사회에 미치는 영향력이 미미한 반면 국가의 위상은 상대적으로 매우 크기 때문이다. 국가는 법률에 근거하여 공적 임무를 수행한다. 법과 권력은 선거란 형식적인 절차를 거쳐 이뤄진 것이므로 강제적 집행이 정당성을 갖고, 공적 임무를 담당하는 공무원들은 그 수행에 상응하는 공적 보상을 받는다. 그러나 시민단체들은 그런 형식적인 절차를 거치지 않았기 때문에 법적인 권한이 없고, 비록 공익을 위해서 시간, 돈, 노력을 제공하지만 자발적인 봉사이므로 공적 보상을 받지 못한다.

시민단체의 유일한 권위와 영향력은 시민들 다수의 호응과 신임이다. 시민운동을 위해서 필요한 재원도 원칙적으로는 동조하는 시민들의 자발적인 회비나 기부에 의하여 마련되어야 한다. 그러나 미국이나 한국 등 일부 국가들에서는 그들도 공적 임무를 수행하기 때문에 국가가 어느 정도의 재정적 지원을 하지만, 상당수 시민단체들은 그런 공적 지원을 거부하고 있다. 물론 복지 단체가 정부의 공적 복지 임무를 위임받아 수행하는 경우에는 그 비용을 정부가 제공해야 하고 그것은 당연하다. 그러나 그런 경우에도 일부 비용은 후원자들의 자발적인 기부로 충당되고 공무원보다는 자발적으로 조직된 민간 복지 단체 종사자들이 더 헌신적이기 때문에 더 효과적인 복지가 이뤄질 수 있다. 그러므로 건전한 시민단체가 많은 사회는 여러 가지 점에서 성숙하고 민주적이라 할 수 있다.

시민단체가 주로 관심을 기울이는 것은 정부, 정치인, 기업, 직능단체 등 상당한 권력과 영향력을 행사하는 기관과 단체들의 권한 남용이다. 특히 국가 기관과 정치인들은 막강한 권한을 갖고 있기 때문에 감시와 견제가 없으면 반드시 부패한다. 삼권분립이 이뤄졌는데도 박근혜 대통령이 그렇게 큰 비리에 휘말리게 된 것을 보면 권력 집중이 얼마나 위험한가를 잘 알 수 있다. 거기다가 현대 사회의 정부와 기업은 과거에 비해 그 조직과 운영이 매우 복잡해졌기 때문에 일상생활에 바쁜 시민 개개인이 그들의 권한 오남용을 쉽게 알 수가 없고 그것을 방지하거나 견제하는 것은 더더욱 불가능하다.

그러므로 어느 정도 전문적 지식을 가진 사람들이 조직체를 만들어 시민다수의 지지를 배경으로 감시와 견제 활동을 하는 것은 민주주의가 건전하게 유지되는 데 필수적이다. 그래서 어떤 학자는 시민사회의 역할을 '국가로 하여금 해야 할 일을 하도록 하고 하지 말아야 할 것을 못하게 하는 것'이라고 정리했다. 물론 언론과 사법부가 행정부의 권한 남용을 감시하고 처벌하지만, 그들도 상당한 권한과 영향력을 행사할 수 있으므로 부패할 수 있다. 부패할 권한이 없는 시민들은 부패할 가능성이 약한데다 권력 기관의 부패에 가장 큰 피해자가 되므로 그들이 나서는 것이 논리적이다.

형식적 위임 과정을 거치지 않았고 아무 법적 권한이 없는데도 공익을 위하여 활동할 수 있는 힘은 오직 시민들의 지지와 신임에서 나온다. 시민들의 지지와 신임이 없으면 스스로 공익을 위하여 꼭 필요하고 매우 중요한 활동을 한다고 아무리 주장해도 아무 효과도 거두지 못하고 자체 유지도 불가능하다. 그러므로 시민단체는 우선 국가기관의 권한 오남용을 발견하고 감시할 능력이 있어야 하고 국가가 마땅히 해야 하는데도 하지 않는 것을 개발하고 수행할 수 있어야 한다. 그러나 그에 못지않게 중요한 것은 충분한 도덕성을 갖추는 것이다. 철저히 투명하며 공정하고 순수해야 한다. 부정을 감시하고 권한 남용을 견제하기 위해서는 법적인 권한보다 더 강한 자체의 도덕적 권위가 있어야 하는 것이다.

한때 한국 시민단체들은 공명선거, 환경보호, 기업의 반사회적 행위 감시비판 등 여러 중요한 분야에서 언론이나 정당들이 이룩하지 못했던 성과를 거두었고 시민들의 호응을 얻어서 한국 사회의 중요한 세력으로 등장했다. 그런데 최근에는 많이 무력해졌다. 그것은 많은 시민단체들이 순수성과 공정성을 상실했기 때문이다. "모든 힘은 부패할 경향을 가지고 있고, 절대적인 힘은 절대적으로 부패한다"는 액튼(J. B. Acton)의 경고는 시민단체에도 적용되고 실증되었다. 공익을 위하여 많은 업적을 이룩하여 영향력이 커지자 그 성공이 실패의 원인으로 작용하게 된 것이다. 공익을 위한 활동보다는 자체의 존립과 위상에 더 많은 관심을 기울이고, 활동가 상당수가 정치계로 진출하여 시민운동은 정치계 입문을 위한 디딤돌이란 오해를 받게 되었다. 그리고 이념적으로 지나치게 편향되어서 중립성과 공정성을 상실함으로 보편적인 신임을 잃고 말았다. 민주주의의 건강한 발전을 위하여 꼭 필요한 시민운동이 이렇게 약해진 것은 실로 안타깝다 하지 않을 수 없다.

〈기독교윤리실천운동〉 등 복음주의 기독교 NGO들은 큰 도덕적 오류는 범하지 않았으나 시민운동에 대한 시민들의 불신 분위기에서 벗어나지 못하고 뚜렷한 정체성을 과시하는 데 별로 성공하지 못했다. 다만 〈사교육걱정없는세상〉은 시민단체의 소임을 활발하게 수행하여 큰 성과를 거두고 있고 〈좋은교사〉는 기독교 단체의 정체성도 분명하게 드러내며 잘 활동하고 있어 고무적이다. 앞으로는 그리스도인들이 시민사회의 주역으로 등장했으면 좋겠다.

정의의 요구가
만족되어야

✓   한국은 경제와 교육, 기술, 문화, 민주화 수준이 상당히 높은데도 국민의 행복지수는 매우 낮다. 자살률이 OECD 국가 중에서 가장 높고, 갈등지수는 두 번째로 높다. 세대와 이념, 지역, 노사, 여야가 분열되어 반목한다. 요즘은 가정도 깨어져서 이혼과 가출 문제가 심각하고 존속 살해도 빈번하다. 민족도 쪼개져 있다. 세계에서 유일하게 70년 가까이 분단국가로 남아 있다.

한국 교계도 비슷하다. 사랑과 화평의 종교인 기독교는 사회를 조화롭고 화평하게 만드는 데 공헌하지 못했을 뿐 아니라 자체의 평화와 연합도 이룩하지 못한다.

이렇게 갈기갈기 찢어진 민족과 사회, 가정, 교회를 어떻게 회복할 것인가? 잃어버린 건강을 회복하고 나빠진 경기를 회복하는 것은 상대적으로 쉽다. 그러나 깨어진 인간관계를 회복하기는 쉬워 보일지 몰라도 실제로는 어렵다. 계속 불행하게 사는 것을 보면 그 사실을 알 수 있다.

분열과 갈등은 죄 때문이다. 아담과 하와의 범죄는 하나님과 사람의 본래의 관계를 흩트려 버렸다. 사람은 마땅히 하나님께 순종하고 자연을 다스려야 하지만, 그들은 하나님 대신 뱀의 말을 믿고 순종했다. "하나님의 진리를 거짓 것으로 바꾸어 피조물을 조물주보다 더 경배하고 섬김"(롬 1:25)으로 근본적인 질서를 파괴한 것이다. 하나님과 사람, 자연과의 관계가 비정상적이 되면 사람과 사람 사이의 관계도 왜곡된다. 가인은 무고한 아벨을 죽이고 하나님의 보호를 믿지 못했다. 자신의 안전을 스스로 보장하려고 시도하다 갈등의 문화를 창조했다. 아담 부부의 범죄는 하나님과 인간, 인간과 자연, 그리고 인간과 인간의 정상적인 관계를 비정상적인 것으로 타락시켰다.

어느 것이 원인이고 어느 것이 결과인지 구분하기는 어렵지만, 정상적인 관계를 파괴하는 모든 죄에는 항상 교만과 욕망이 작용한다. 하나님의 말씀보다는 자기의 지혜와 판단이 더 옳고 정확하다는 교만과 다른 사람에게 해를 끼치면서까지 자신의 이익을 도모하려는 욕망이 모든 정상적인 관계를 파괴하는 것이다. 가해자와 피해자가 있게 마련이고, 대개 강자는 가해자가 되고 약자는 피해자가 된다. 공정하지 못한 과잉 이익과 그에 상응하는 억울함이 정의를 파괴하고 만다.

파괴된 관계가 회복되려면 정의의 요구가 만족되어야 한다. 가해자의 회개와 해악에 상응하는 처벌이 있어야 한다. "원수를 사랑하라"는 주님의 명령을 빙자하여 피해자의 무조건적 용서를 요구하는 것은 현실적이지 않거니와 바람직하지도 않다. 예수님께서는 우리에게 죄 지은 사람을 일흔 번씩 일곱 번이라도 용서하라고 말씀하셨지만(마 18:22) "내가 회개하노라"가 전제되어야 한다고 하셨다(눅

17:4). 회개하지 않아도 용서하는 것은 용서를 받는 사람에게도 해가 된다. 잘못을 깨닫지 못한 사람이 용서를 받으면 잘못을 고치지 않고 범죄를 반복해 이웃에게 또 해를 끼칠 것이다. 그런 용서가 관계 회복을 가져올 수 없다.

진정한 회개는 느낌이나 생각, 말만으로는 충분하지 않다. 자신이 가한 모든 손해를 배상하고 자신이 행한 잘못에 상응하는 처벌을 감수하려 해야 한다. 삭개오는 누구의 재물을 토색했으면 네 배나 갚겠다고 했다. 율법은 두 배를 갚으라고 명령했으나(출 22:4) 삭개오는 그 두 배를 배상하겠다는 것이다. 그런 회개가 전제되어야 용서받을 수 있고 가해자와 피해자의 진정한 관계 회복이 일어날 수 있다. 영화 〈밀양〉에 등장하는 살인범처럼 남에게 엄청난 고통을 가하고도 자기는 용서받았다고 착각하는 뻔뻔함으로는 올바른 관계 회복이 일어날 수 없다.

정의의 요구가 얼마나 심각하고 중요한가는 예수님의 십자가가 분명하게 가르친다. 하나님은 결코 우리 죄를 거저 용서하시지 않으신다. 반드시 대가를 요구하시고 그 대가로 예수님이 십자가의 고통을 당하게 하셨다. 두려운 요구며 무서운 대가였다. 우리가 진 빚은 "한 푼이라도 남김이 없이 갚지 아니하고서는 결코"(눅 12:59) 탕감 받지 못하는 것이다.

진정한 회개는 심히 어렵다. 다윗처럼 총명한 사람도 나단이 지적하기 전에는 우리아에게 가한 악행을 털끝만큼도 알지 못했다. 분열과 갈등으로 신음하는 한국 사회와 교회, 가정이 회복되지 못하는 것은 묵살과 **뻔뻔함**, 핑계, 변명, 정당화, 맞대응만 판을 칠 뿐 진정한 회개가 없고 정의의 요구가 만족되지 않기 때문이다. 우리의 교만과 탐욕이 우리의 눈을 겹겹이 가려 놓은 것이다. "안약을 사서 눈에 발라 보게 하라"(계 3:18).

로잔 언약과 사회적 책임

1974년, 스위스 로잔에서 열린 로잔 회의가 〈로잔 언약〉(Lauzanne Covenant)을 발표해 전 세계 복음주의자들에게 중요한 자극을 주었다. 성경의 권위, 전도의 특성, 세계 선교의 중요성과 긴급성, 기독교의 사회적 책임, 문화의 문제들, 영적 전쟁 등에 관한 복음주의의 입장을 제시한 것이다.

이들은 대부분의 복음주의자들이 이미 많은 관심을 쓰고 있던 사항들이었지만, 한 가지 예외가 언약 5장의 사회에 대한 기독교의 책임에 관한 언급이다. "우리는 하나님이 모든 사람의 창조주이시며 심판주임을 믿는다. 그러므로 우리는 인간 사회 어디서나 정의와 화해를 이루시고 인간을 모든 종류의 억압에서 구원하시는 하나님의 관심에 동참해야 한다. 우리가 그동안(억압받는 자에 대한 하나님의 관심을) 등한시한 것과 복음 전도와 사회참여를 상반되는 것으로 잘못 생각한 것을 회개한다."

이로써 로잔 언약은 사회적 책임에 관한 한 '복음주의'를 전통적인 '개혁주의'와 매우 가깝게 만들었다. 개혁주의가 가장 강조하는 것이 '하나님의 절대주권'인데, 하나님이 온 우주의 절대권자라면 그리스도인은 필연적으로 그분의 통치를 받는 사회에 대해서도 책임을 져야 하며 동시에 세계관에 관해서 관심을 가져야 한다.

 복음주의는 그동안 사회에 대한 책임을 소홀히 한 것이 사실이다. 영혼 구원에 전력을 기울이고 병든 사람, 강도 만난 사람들을 돌보라는 명령에는 어느 정도 순종했으나 사회정의에 관해서는 관심을 많이 두지 않았다. 성경은 사회에 대한 책임을 가르치지 않는다고 생각했고, 사회가 사람들에게 얼마나 중요한가에 대해서 충분히 인식하지 못했기 때문이다.

 사실 과거에는 사람의 행복과 불행이 주로 자연에 의해 결정되었을 뿐 사회는 그렇게 중요하지 않았다. 19세기까지는 동서양을 막론하고 오늘 우리가 이해하는 것 같은 '사회'를 인식하지 못했고, 우리나라에서는 1800년까지 '사회'란 단어조차도 없었다.

 그러나 과학과 과학기술이 발달하고 인간 공동체가 인위적으로 조직되고 운영되면서 사람의 삶은 점점 더 사람과 사회에 의해 결정되기 시작했다. 땅에서 저절로 솟아나는 샘물을 마시다가 수많은 사람의 손을 거쳐야 배달되는 수돗물을 마시게 되었다. 자연의 변덕과 위협에서 어느 정도 해방되어 삶은 많이 편리해졌지만, 이제는 자연의 자리에 들어선 사람과 사회가 인간의 삶을 위협하고 행복을 파괴하는 경우가 생긴 것이다.

 불행하게도 사람과 사회가 행사하는 힘과 그 혜택은 모든 사람에게 골고루 평등하게 주어지지 않았다. 물론 자연도 항상 모든 사람에게 공평하지는 않았다. 그러나 그 자리에 앉은 인간은 차별을 없애지 못했고, 때에 따라서는 차별을 확대하기도 했다. 옛날에는 중병에 걸리면 부자나 가난한 자나 다 죽었지만, 지금은 선진국 국민이나 돈 있는 사람은 살아남고 후진국 국민이나 가난한 사람은 죽을 수밖에 없게 되었다. 즉 누릴 수 있는 행복과 당해야 할 고통에서 차이가 더 벌어진 것이다.

과거에는 약자가 고통을 당해도 그것이 대부분 자연에 의한 것이었으므로 항의할 수도 없었고 항의해도 소용이 없었다. 그리고 그 자연의 힘은 비록 변덕스러울 때도 있었지만, 사람을 의도적으로 차별대우하지는 않았다. 따라서 고통과 불행을 모두 '운수소관'으로 수용하고 크게 억울해하지는 않았다.

그러나 지금은 상황이 크게 달라졌다. 인간이 당하는 고통의 4분의 3은 다른 사람과 사회에 의해 가해지고, 고통을 당하는 사람들은 대부분 약자다. 그리고 약자가 당하는 고통은 우연히 가해지는 것이 아니다. 강자들이 그에 상응하는 쾌락을 누리기 위한 것이다. 여기서 사회정의의 문제가 불거지는 것이다. 즉 인간과 인간 사이에, 특히 강자와 약자 사이에 불공정한 관계가 생기고 사회 평화가 깨어지는 것이다. 정의의 문제가 대두되고 억울한 일이 발생한 것이다. 오늘날 인류가 해결해야 할 가장 심각한 문제는 인간 간, 특히 사회적 강자와 약자 간의 불평등이다.

성경은 하나님의 살아 있는 말씀이기에 시대마다 그 시대가 필요한 메시지를 준다. 이렇게 사회가 중요해진 오늘날에도 성경이 우리에게 주는 메시지가 있다. 바로 고통을 가장 많이 받는 사람들을 효과적으로 돌보기 위해 하나님의 백성이 사회적 책임을 감당하라는 것이다. 로잔 언약은 바로 이 시대에 주는 성경의 메시지를 찾아낸 것이다.

밀(J. S. Mill)이 지적한 것처럼 정의에 대한 인식은 먼저 부정의(injustice)를 인식함으로 일어난다. 즉 부정의가 있기에 정의가 요구된다. 불행하게도 모든 시대에 억울함이 있고, 공의의 하나님을 섬기는 사람들은 그 억울함에 민감해야 한다. 구약시대에는 고아와 과부가 억울함을 많이 당했기에 그들의 신원을 무시한 관원들에 대해서 하나님이 진노하셨다. 예수님 시대에는 병든 사람, 가난한 사람, 세리처럼 사람들의 무시를 받은 사람들이 약자들이었기에 예수님께서 그들에게 특별한 관심을 쏟으셨다. 돈이 우상이 된 지금의 자본주의 사회에서는 가난한 사람들이 가장 힘들고 약한 사람들이다. 그러므로 교회는 이들의 아픔에 민감해야 하고 이들에게 고통을 가하는 제도를 고칠 책임이 있다. 우리 사회뿐 아니라 가난한 나라와 그 국민들을 위해서도 그렇게 해야 하고, 가난한 나라의 고통이 더 크므로 더 큰 책임감을 느끼는 것이 마땅하다. 요즘 아프리카나 남아시아의 가난한 나라들에서 한국의 기독교 구호단체들이 활발하게 활동하는 것은 그 임무를 잘 수행하는 것이라 할 수 있다.

예수님의 방식을 따르려면 교회와 그리스도인들이 먼저 가난해져야 한다. 낮아지고 검소해야 남을 더 잘 위로하고 도울 수 있으며, 정의로운 제도와 문화를 조성하는 데도 더 효과적일 수 있다. 최근 프란치스코 교황에 대해서 한국 국민이 크게 감동한 것은, 그가 높아지고 사치할 수 있는데도 낮아지고 검소했기 때문이고, 그

것이 단순히 보여 주기 위한 몸짓이 아니라 진심과 평소 삶에서 우러난 것이기 때문이다. 적어도 그런 점에서는 한국 교회가 그로부터 많이 배워야 한다. 지금의 한국 교회와 그리스도인들은 로잔 언약에 충실하기에는 지나치게 부요해진 것 같다.

의사와 구주

의술은 인술(仁術)이란 말이 있다. 소의(小醫)는 몸의 병을 고치고, 중의(中醫)는 마음의 병도 고치고 대의(大醫)는 세상의 병을 고친다는 말도 있다. 인간에게 이익을 주는 기술이 한둘이 아닌데 오직 의술에 대해서만 이런 찬사와 기대가 있는 것은 무엇 때문일까?

그것은 인간에게 질병과 고통이 차지하는 비중이 매우 크고, 그것에서 벗어나는 것은 다른 것과 비교할 수 없을 정도로 중요하기 때문일 것이다. 병이 나면 아프고 모든 인간은 예외 없이 아픈 것을 싫어한다. "사람이 쾌락을 추구하고 고통을 피한다는 것은 증명이 필요하지 않다. 우리는 그것을 바로 느낀다." 철학자 셸러(Max Scheler)가 파스칼의 말을 인용해 주장했다. 사람이 기쁨을 추구하고 고통을 피하는 것에는 다른 이유가 없다. 기쁨 추구와 고통 회피는 그 자체가 목적이지 다른 무엇을 위한 수단이 될 수 없다. 공리주의 철학자 벤담(J. Bentham)은 "자연은 인류를 고통과 쾌락이란 두 절대적인 주권의 통치하에 두었다. 그들만이 우리가 무엇을 해야 하는가를 지적하며 무엇을 할 것인가를 결정할 수 있다"고 말했다. 고통과 쾌락이 인간의 모든 행동을 결정한다는 주장이다. 과장된 표현 같지만, 설득력이 있다.

 물론 쾌락 추구와 고통 기피는 서로 연결되어 있다. 순교자 등의 특별한 예외를 제외하고는 고통을 제거하지 않고 즐거울 수 있는 사람은 없다. 얼른 생각하면 즐거움이 고통보다 더 중요하게 작용할 것 같지만, 실상은 고통 기피가 즐거움 추구보다 더 시급하다. 즐겁지 않아도 좋으니 부디 아프지만 않았으면 하는 것이 대부분의 소원일 것이다. 고통을 줄이거나 제거하는 것은 모든 사람에게 공통되는 급선무다.

 물론 고통은 육체적인 아픔에 국한되어 있지 않다. 사랑하는 사람을 잃거나 억울한 일을 당했을 때 당하는 고통이 육체의 아픔보다 더 심각할 수 있다. 그러나 고통의 원초적인 형태는 역시 육체의 아픔이고, 그 아픔이 계속되는 한 정상적인 삶을 영위하거나 삶의 질이 높을 수 없다. 육체의 아픔은 정상적인 삶을 힘들게 할 뿐 아니라 심지어 건전한 영적 활동도 어렵게 한다. 고통으로부터의 해방은 모든 정상적인 삶의 전제 조건이다.

 물론 몸은 자생력이 있으므로 환자가 잘 관리하면 병이 스스로 나을 수 있다는 주장도 있다. 그러나 인류의 역사는 그런 주장을 증명해 주지 않았고, 앞으로도 증명할 수 있을 것 같지 않다. 동서고금을 막론하고 어떤 형태로 치료 행위가 이뤄졌고 치료자, 즉 의사가 있었다. 예수님은 "건강한 자에게는 의원이 쓸 데 없고 병든 자에게라야 쓸 데 있느니라. 나는 의인을 부르러 온 것이 아니요 죄인을 부르러 왔노라"(막 2:17)라고 말씀하셨다. 환자에게는 의사가 필요하고 죄인에게는 예수님이 필요한 것이다.

철학자 키르케고르(S. Kierkegaard)는 그의 책 《철학적 조각들》(집문당, 1998)에서 교육자로서의 소크라테스와 구주로서의 예수님을 대조한다. 소크라테스는 사람은 이미 태어날 때 모든 것에 대한 이념(ideas)을 가지고 태어나기에 교육자가 해야 할 일은 새로운 지식을 제자에게 주입하는 것이 아니라 제자가 이미 가지고 있는 것을 깨닫게 하는 것이었다. 그의 교육방법을 산파술이라고 하는데, 산파는 산모가 아기를 낳도록 도와줄 뿐 아기를 만들어 넣어 주지 않는다. 그런데 구주이신 예수님에게는 제자가 자신을 스스로 구원할 수 있는 능력을 갖추고 있지 않다. 죄로 말미암아 영적으로 죽었기 때문에 자신의 힘으로 그 죽음에서 해방될 수 없을 뿐 아니라 죽었다는 사실 자체도 인식하지 못한다. 따라서 구주께서 죄인들에게 그들의 비참한 상황을 가르쳐 주고 그 상황에서 해방해 주어야 한다.

의사는 산파와는 다르다. 환자가 스스로 병에서 벗어나도록 돕는 것이 아니라 질병의 고통에서 해방해 주어야 한다. 사람들이 예수님을 의사에 비유하는 것도 그 때문이다. 죄는 하나님과의 관계를 비정상적으로 만들고, 그것은 나아가서 이웃과의 관계, 자연과의 관계를 비정상적으로 만든다. 죄에서 해방되어야 인간의 삶이 정상화된다. 마찬가지로 질병도 비정상적인 상태다. 치유해야 정상적인 삶을 영위할 수 있다.

그리스도의 구속이 영적인 비정상을 정상화하는 것처럼 의사의 치료는 육체적 비정상을 정상화하는 작업이다. 그것은 단순히 고통을 제거하는 것으로 끝나는 것이 아니라 정상적인 삶이 누릴 수 있는 수많은 것을 가능하게 해 준다. 물론 바울이 가졌던 '육체의 가시'처럼 육체의 질병이 영적으로 도움을 줄 수도 있다. 그러나 그런 것은 예외의 경우일 뿐 일반화하는 것은 지나치다. 바울도 디모데의 육체적인 건강에 관심을 가졌다. 육체의 아픔은 일단 제거되어야 한다.

물론 모든 기술은 인간의 삶에 이익을 준다. 그러나 의술은 다른 기술과 다르게 육체를 가진 인간이 땅 위에서 정상적인 삶을 유지하기 위해서 필수적이다. 그런 점에서 의사는 다른 기술자와 다르고, 달라야 한다. 요즘 의료인들이 그들의 기술을 단순히 돈을 벌기 위한 수단 정도로만 취급하는 경우가 너무 많아 매우 실망스럽고 안타깝다. 그것은 자신의 지위를 격하하고 그 중요한 치유 행위의 가치를 폭락시키는 것이다.

그리스도인 의료인들은 다르기를 바란다. 그들이 받은 달란트와 훈련은 엄청나게 큰 가치가 있으며 그들의 소명은 신성하리만큼 크다는 것을 절감했으면 좋겠다. 질병의 치유는 하나님 나라에서 핵심적인 자리를 차지한다.

경제민주주의,
왜 필요한가?

✔   경제민주주의는 이론적으로 복잡한 내용과 사회적으로 급진적인 변혁을 함축하고 있다. 핵심적인 것은 경제활동에서 중요한 결정권을 소수의 주주나 부자들이 아니라 근로자, 소비자, 생산자 등이 같이 행사하고 토지나 물 같은 기본 자원을 공동으로 소유하는 것이다. 이런 이론을 제시하는 학자들은 그렇게 해야만 생산과 소비의 불균형 때문에 생겨나는 가난과 실업, 기근 등의 문제가 해결될 수 있다고 주장한다.

이런 이론적인 주장의 타당성과 우리나라에서 민주화의 수준을 어느 정도로 할 것인가는 전문가들이 연구하고 논의할 문제다. 그러나 우리가 이해하는 경제민주화는 아마도 상식적인 수준의 것일 것이다. 경제활동의 중요한 결정이 좀 더 민주적으로 이뤄지고 경제의 힘이 지금보다는 덜 집중되어야 한다는 목소리가 커지고 있는 것이 사실이다. 특히 우리나라 경제는 지나칠 정도로 대기업에 의해 주도되고 있고 그 부작용이 조금씩 드러나고 있기에 경제민주화에 대한 요구가 확산되고 있다.

인간이 자연과 더불어 살았을 때 사람이 할 수 있는 것은 자연에 순응하는 것 외에는 별로 없었다. 그러나 국가가 형성되고 법률과

정책이 국민의 삶을 상당할 정도로 결정하는 상황에서는 정치적 민주주의가 일반 시민들에게 최선의 선택이었다. 민주주의 제도에서만 개인들은 권리와 자유를 보장 받고 자신들의 삶을 결정하는 중요한 결정에 참여할 수 있으며 존엄성을 유지할 수 있기 때문이다.

그런데 오늘날에는 정치적인 권력과 결정만이 국민의 삶을 좌우하는 것이 아니다. 그에 못지않게, 오히려 더 중요하게 작용하는 것이 경제의 힘과 경제적 결정이다. 과거에는 정치적 불평등과 자유의 박탈이 사회의 큰 문제였지만, 이제는 경제적 불평등이 사람들을 불행하게 만들고 있다. 과거에는 정치적 권력이 경제를 통제했지만, 요즘은 경제가 정치를 좌우하기 시작했다. 우리나라에서도 1960년대까지는 총리 부재 시 내무부 장관이 그 권한을 대행했지만, 지금은 경제관계 장관이 부총리가 된다. 돈이 정치적 권력이나 권리보다 더 중요해지고 있다. 이제는 정치적 민주화만으로는 개인의 권리와 존엄성이 충분히 보장될 수 없게 된 것이다.

그럼에도 자본주의 사회에서는 경제활동에 관한 모든 중요한 결정이 생산 수단을 가진 소수에 의해 이뤄지고 절대다수의 구성원들은 다만 소비자의 자격으로만 경제활동에 참여할 뿐이다. 소비자들은 자신들의 이익을 위해 능동적으로 결정에 참여하는 주체가 아니라 생산자의 이윤 추구에 수동적으로 이용되는 수단에 불과하다.

이것은 절대다수의 사회 구성원들이 자신들의 삶을 크게 좌우하는 경제활동을 결정하는 데 아무런 권한을 행사하지 못한다는 것을 의미한다. 경제적 민주주의가 생산과 소비의 불균형 문제를 해결할 수 있는지와 같은 전문적인 문제는 차치하더라도 개인의 진정한 자유와 권리의 보장을 위해서라도 어느 정도의 경제민주화는 필요하게 되었다. 이제 경제적 민주주의가 보장되지 않은 사회는 충분히 민주화가 되었다고 할 수 없게 되었다.

정치적 민주주의가 맺은 또 하나의 소중한 열매는 부패 방지다. 막강한 국가 권력이 분립, 분산되기에 부패가 방지되고 기본적인 정의가 유지될 수 있다. 헌법재판소 소장, 총리 후보들이 비리 의혹으로 낙마한 것은 민주주의가 부패 방지에 얼마나 큰 역할을 할 수 있는가를 잘 보여 준 사례다. 앞으로 고위 공직자 지망자는 어떤 불법이나 비리도 저지르지 않아야 할 것이므로 부패가 크게 줄어들 수밖에 없다. 지나치게 엄격하다는 비판도 있으나 국민에게 미치는 득실을 따지자면 더 엄격해져야 할 것이다.

돈의 힘도 소수에게 집중되면 권력 못지않게 반드시 부패하며 그 결과는 권력의 부패보다 약자들에게 더 큰 고통을 줄 수 있다. 경제적 힘도 가능한 분산되어야 하고, 계속되는 감시와 제재를 받아야 건전하게 행사될 수 있다. 생산 수단을 가진 소수가 모든 결정권을 독점하면 그런 힘을 갖지 못한 개인이나 기업은 억울함을 당할 수밖에 없다. 우리나라 중소기업들이 대기업의 횡포에 시달리는 것이 그 예다. 기업의 부패를 방지하는 법이나 소비자의 선택만으로는 기업의 부패를 충분히 방지할 수 없다. 몇 년 전 전 세계에 금융 위기를 몰고 온 월가의 부도덕은 법 제도가 비교적 잘 갖추어진 미국에서 자행되었다.

특히 우리나라는 부패가 상당히 심각하다. 한국의 투명성이 일본 수준만 되어도 우리 경제가 지금보다 매년 1.5퍼센트 더 성장할 수 있다고 한다. 부패가 경제성장에 큰 걸림돌이 되고 있다. 그뿐 아니라 부패는 노사관계를 악화하고 사회 갈등을 심각하게 한다. 뇌물 때문에 비자금을 만드는데 비자금을 만드는 기업의 경영이 투명할 수 없고, 이러한 회사를 근로자들이 신뢰할 리 없다. 우리의 노사관계가 이렇게 심각한 가장 큰 이유 중 하나가 사회와 기업에 만연한 부패이다. 이런 점에서도 경제민주화는 시급하다.

그러나 문제는 경제민주화가 어느 정도 가능할 것인가이다. 기득권 세력의 저항도 문제지만 효율성을 중심으로 하는 국제 경쟁에서 과연 민주화에 불가피하게 수반되는 경쟁력 약화를 우리가 용인할 수 있을까? 장기적인 안목에서 일시적인 후퇴를 감수하려면 돈의 가치를 상대화하고 정의와 인간의 존엄성을 더 존중할 수 있어야 한다. 이런 것에서 그리스도인들이 마땅히 앞장서야 하지 않겠는가? 기독교적 세계관은 경제민주화에 적극적일 수 있다.

지도자의
도덕성

   얼마 전 박근혜 씨가 대통령직에서 파면되었다.
 이제까지 열한 분의 대통령이 취임했으나 어느 한 분도 명예롭게 퇴진하지 못했다. 심지어 망명하거나 투옥된 사람, 자살한 분까지 있었다. 박근혜 씨도 재판을 받았다. 그런데도 대통령이 뭐길래 그 자리에 앉으려고 꽤 괜찮은 사람들이 그렇게 많이 온갖 재주를 다 부리는지 모르겠다. 지금의 헌법을 유지하는 한 다음 대통령도 명예롭지 못하게 물러날 수 있다.
 지도자의 중요성은 피지도자의 성숙성에 반비례한다. 스위스나 스웨덴 같은 나라는 수상이 누군지 모르는 국민이 많고 네덜란드에서는 수상보다 유명 축구선수가 더 많이 알려졌다. 지난 탄핵 심리 기간에 대통령 자리가 비었는데도 모든 것이 별 차질 없이 잘 굴러간 것을 보면 우리나라도 비교적 많이 성숙해진 것 같다. 아프리카의 여러 나라들, 중국, 북한 같은 후진국에는 지도자가 어떤 사람인가에 따라 모든 것이 달라진다.
 최근 지도자의 자질에 대해서 많은 책들이 쏟아져 나왔다. 좋은 비전을 제안하고, 상황 판단을 잘하며, 소통을 잘하고, 권위와 겸손을 잘 조화하는 등의 많은 조건들이 제시되고 있다. 물론 다 중요하다. 그러나 가장 중요한 것은 역시 도덕성이다. 지도자의 도덕성에는 책임성과 더불어 예의를 포함한 교양과 품위, 준법성도 포함된다. 예의와 도덕은 인간관계를 조절하는 데 요구되는 제도들로서 모두 '자발적으로', 그러나 '마땅히' 지켜야 하는 당위들이다. 도덕성은 주어진 지식, 판단력, 경험 등의 능력과는 전혀 다른 자질이다.

물론 지도자는 유능해야 한다. 무능 그 자체가 비도덕적이라 할 수 없지만 무능한 사람이 지도자가 되는 것은 비도덕적일 수 있다. 수많은 사람들에게 해를 끼치거나 충분히 얻을 수 있는 이익을 얻지 못하게 할 수 있기 때문이다. 박근혜 전 대통령은 개인적으로 비도덕적이지 않을 수 있다. 그러나 그가 대통령이었기 때문에 최순실에 대한 그의 오판은 정의를 파괴하고 사회에 막대한 손실을 입혔다.

교회 지도자도 마찬가지다. 그리스도인은 무능하다 하여 비판 받을 이유도, 부끄러워할 이유도 없다. 더군다나 구원과는 아무 관계가 없다. 그러나 무능하면 지도자는 되지 말아야 한다. 교회와 성도들에게 해를 끼치거나 유능한 지도자가 이익을 제공할 수 있는 기회를 박탈하기 때문이다. 영국의 경건한 설교자 스펄전(C. H. Spurgeon) 목사는 그가 책임자로 있던 신학교 지원생들 중에 다른 일에 모두 실패한 것을 보니 하나님이 자신을 목회로 이끄는 것 같다고 하는 사람은 결코 합격시키지 않았다고 한다. 그런 사람이 목회자가 되면 목회에도 실패할 것이기 때문이었다.

물론 유능하다고 해서 자동적으로 도덕적이 되는 것은 아니다.

능력과 도덕성은 상관관계가 없다. 다만 유능한 사람은 지도자가 될 가능성이 큰데, 지도자가 되어서 비도덕적으로 지도하면 무능한 지도자보다 더 큰 잘못을 저지를 수 있다. 도덕성이 약한 사람은 차라리 무능한 것이 바람직하다.

지도자는 피지도자보다 비도덕적으로 행동할 유혹을 더 많이 받는다. 지도자는 지도력을 행사하기 위해서 피지도자보다 더 많은 권한을 가져야 하고 그에 상응하는 혜택도 많이 받는다. 그런데 그런 권한과 혜택은 오직 지도력을 행사하기 위해서만 이용되어야 하는데 다른 목적을 위해서 사용할 유혹을 받는 것이다. 이를테면 공무를 위하여 제공되는 고급 승용차를 사적인 용무에 쓰고 싶은 것이다. 액튼 경(Lord Acton)이 지적한 것처럼 "모든 힘은 부패할 경향을 가지고 있고 절대적인 힘은 절대적으로 부패한다." 권한도 혜택도 없었다면 매우 정직할 사람이 그런 것을 가졌기 때문에 부정직하게 되는 것이다. 그래서 지도자는 피지도자들보다 훨씬 더 큰 절제와 금욕이 요구된다. 그런데 문제는 지도자가 되는 사람들이 대부분 야심이 많고 권력욕과 명예욕이 강하기 마련이고, 그 욕망은 공익을 위한 봉사보다는 그 권력의 향유와 사적인 이익에 향하기가 매우 쉽다는 것이다. '염불보다 잿밥'에 마음을 두는 것은 잿밥이 있기 때문이고 잿밥이 크고 맛이 있으면 염불은 그만큼 더 무시되고 만다.

지도자가 실패하는 또 하나의 이유는 지도자의 권한과 혜택을 이용해서 덕을 보려는 사람들이 생겨나기 때문이다. 대통령의 권한이 막강하기 때문에 최순실 같은 사람이 재벌을 협박할 수 있었다. 그런 사람일수록 온갖 수단을 다 동원해서 권력에게 아첨할 뿐 결코 권력자의 비리나 약점을 지적하지 않는다. 박 전 대통령을 둘러싼 청와대 참모들 가운데 그 어느 누구도 대통령의 잘못을 지적하거나 경고하지 않았다. 나라나 대통령의 이익보다는 자신의 보신과 이익이 훨씬 더 중요하기 때문이다. 지도자는 지도자란 사실 자체로도 충분히 보상을 받지만 그 지도자를 돕는 사람들은 그런 보람을 누릴 수 없기 때문에 돈, 지위 같은 하급 이익을 챙기는 것이다.

그러므로 지도자는 자신만 도덕적이 되는 것으로는 충분하지 않다. 지도자의 권한을 이용하여 자신들의 사적 이익을 챙기는 자들을 주위에서 제거할 수 있어야 안전하다. 박 전 대통령이 개인적으로는 부정한 돈을 한 푼도 받지 않았다 하더라도 최순실의 잘못에 대해서 책임을 져야 한다. 자신 때문에 국민들이 막대한 손해를 입었기 때문이다.

지도자가 비도덕적이면 그를 돕는 자들도 담대해져서 부정을 저지를 것이고 심지어는 지도자의 약점 폭로를 협박하여 큰 이익을 챙길 수 있다. 결국 공동체에는 정의가 사라지고 약육강식의 정글이 될 수밖에 없다. 그런 상황을 우리는 지금도 짐바브웨, 소말리아, 북한 같은 나라에서 얼마든지 찾아볼 수 있다. 물론 그런 것은 정도의 차이를 두고 기업, 기관, 종교단체 등에서도 비슷하게 일어날 수 있다.

지도자의 도덕성이 공동체에 미치는 영향이 너무 크고, 지도자에게 필수적인 권한을 남용할 유혹이 매우 크기 때문에 대부분의 공동체는 모든 것을 지도자 개인의 판단에만 맡기지 않는다. 특히 국가 지도자는 그 권한이 막강하기 때문에 아무리 양심적인 지도자라도 독재하게 되면 반드시 부패한다. 그래서 권력 분산, 감시, 제한, 처벌 등의 제도적 장치를 마련해 놓고 있다. 가장 효과적인 제도가 바로 민주주의다. 그러나 민주주의 제도가 시행되더라도 유권자들의 판단 능력이 부족하면 제대로 된 지도자를 뽑지 못해서 큰 손해를 입는다. 지난 번 탄핵을 거울삼아 앞으로는 반드시 도덕적이면서 유능한 대통령을 뽑아야 우리가 손해를 보지 않는다.

정의와 세계관

✓ 마이클 샌델 교수(Michael Sandel)의 저서 《정의란 무엇인가》(와이즈베리, 2014)가 출간된 지 1년 만에 100만 권이나 팔렸다. 재미있는 소설도 아니고 당장 생활에 필요한 실용서도 아니어서 그 사실이 더 놀랍다. 책이 워낙 쉽게 잘 쓰이기도 했지만, 그보다는 한국인들이 정의에 목말라 있기에 그런 게 아닌가 싶다.

그 책은 우리가 흔히 말하는 정의보다는 윤리 전반을 다루고 있다. 윤리란 정의의 문제라고 생각해서 책 제목을 그렇게 붙였을 것이다. 저자의 윤리이론에 전적으로 동의하진 않지만, 윤리 문제가 곧 정의 문제란 것에는 동의한다. 나는 오래전부터 '윤리는 직간접적으로 다른 사람에게 해가 되지 않도록 행동하는 것'으로 정의해왔다. 거짓말이 다 나쁜 것만은 아니다. 가령 의사가 환자의 이익을 위해 하는 거짓말은 비도덕적이라 할 수 없다. 다른 사람을 잘못된 길로 이끌어 그 사람에게 해를 끼치는 거짓말이 비도덕적인 거짓말이다. 따라서 타인을 억울하게 했다면, 이는 정의에 어긋난 것이다. 그러므로 모든 비도덕적 행위는 불의(injust)하다.

예외가 없는 건 아니지만 억울함을 당하는 사람 대부분은 약자다. 일반적으로 강자는 억울할 일을 겪지 않거나 혹 당한다 해도 치명적인 손해를 보지 않는다. "부자는 망해도 3년 먹을 것이 있다"는 속담처럼 말이다. 그러나 가난한 사람이 망하면 바로 그때부터 굶는다. 그러므로 정의는 모든 사람에게 필요하지만, 특히 약한 사람을 위해서는 절대적으로 필요하다. 마치 교통질서는 탱크나 덤프트럭이 아니라 자전거나 소형차의 운행 및 보행자를 위하여 필수적인 것과 같다.

현대 사회에서 정의를 위해 민주주의는 필수적이다. 민주주의가 바람직한 이유는, 다수 의견을 존중해서라기보다 권력의 독점을 막아 부패를 방지하기 때문이다. 모든 권력은 부패하고, 절대 권력은 반드시 부패한다. 그리고 부패는 필연적으로 부정의를 함축한다. 부패의 가장 전형적인 형태인 뇌물수수를 생각해 보면 이해가 쉽다. 어떤 정치학자는 뇌물이 '가난한 자의 돈을 빼앗아 부자에게 주는' 결과를 가져온다고 말했다. 정확한 지적이다. 민주주의는 모든 사람의 권리를 동등하게 존중하도록 보장하는 제도다. 동시에 구체적으로는 약자의 권리를 보호하는 제도라 할 수 있다.

민주주의는 고대 그리스의 도시국가(polis)에서 시작되었다고 알려져 있다. 국가의 중요한 사항을 결정할 때, 한두 사람이 아니라 많은 시민이 같이 의논했다는 점에서 민주주의의 효시라 할 수 있겠다. 그러나 당시 노예, 여자, 외국인, 상인들은 의결권이 없었다. 달리 말하면 민주주의의 핵심적인 요소, 즉 모든 사람의 평등한 권리, 특히 사회 약자들의 권리보장은 빠져 있었다.

진정한 민주주의는 구성원 전체의 기본 권리를 동일하게 존중해야 한다. 모든 사람이 하나님의 형상대로 지음을 받았다는 말씀대로 말이다. 민주주의가 서양에서 발달할 수 있었던 것도 기독교적 세계관이 작용했기 때문이다. 봉건주의가 중세를 지배한 것은, 당시 교회가 성경보다 전통의 권위를 더 존중하고 그리스의 세계관에 너무 치우쳐 있었기 때문이다. 이후 종교개혁을 통해 성경의 권위와 기독교적 세계관이 회복되면서 민주주의가 발달할 수 있었다.

한국 사회에는 아직도 부정부패가 만연하고 민주주의가 제대로 작동하지 못하고 있다. 전 세계에서 60번째로 행복한 나라라는 조사 결과는 정의가 충분히 존중받지 못하기에 억울함을 당하는 사람이 많아서이지 않을까. 민주주의가 제대로 작동해서 정의가 바로 서고 약자들이 보호받도록 하는 것, 이것이 바로 기독교적 세계관 운동의 중요한 임무 중 하나임을 잊지 말자.

08 소중한 가정

가정의
주권과 교육

✓ 현대 기독교 세계관 운동의 기틀을 마련한 사상가는 네덜란드의 신학자이자 정치가, 언론인이었던 아브라함 카이퍼(Abraham Kuyper)다. 그가 제시한 중요한 사상 가운데 하나가 바로 영역주권(The Sphere of Sovereignty)이다. 이 사상은 하나님께서 사회의 영역을 통치할 권한을 국가에만 주신 것이 아니라 각 영역에 고유한 주권을 직접 주셨으며, 따라서 어느 영역도 다른 영역의 주권을 무시하거나 침범할 수 없게 하셨다는 주장을 내용으로 한다. 교회의 고유 권한인 종교 행위에 국가가 간섭할 수 없으며, 국가의 정치 문제에 교회가 간섭할 수 없는 것과 같다. 거의 한 세기 후인 1983년, 프린스턴 대학의 정치철학자 마이클 왈저(Michael Walzer)는 《정의와 다원적 평등》(철학과현실사, 1999)이란 저서에서 유사한 주장을 제시한 바 있다. 비록 구체적인 내용은 다소 달랐지만, 덕분에 시대를 앞서 활동했던 카이퍼의 독창성은 더욱 돋보이게 되었다.

카이퍼가 언급한 영역 가운데 가장 중요한 것은 국가, 교회, 가정이다. 국가와 교회가 서로 주권을 침범하면 안 된다는 것은 정교분립이란 원칙으로 잘 알려져 있다. 그런데 가정도 국가나 교회 못지않게 고유한 주권을 가지고 있다는 점은 다소 생소하게 느껴진다.

사실 별 관심이 없기 때문이었을지도 모르겠다. 그러나 조금만 따져 보면 그런 결론은 쉽게 이해될 수 있다. 부부나 부모-자녀 관계에 대해 국가나 교회가 간섭하는 게 옳지 않다는 건 너무나 분명하다. 물론 가족 간이라도 국가의 공권력이 개입해야 할 때도 있다. 신체적 혹은 정신적 위해를 가하는 등 인간의 기본권을 침해하는 경우가 그렇다. 하지만 부부는 어떻게 사랑해야 하고, 자녀 양육은 어떻게 해야 하는가를 국가나 교회가 결정하거나 강요할 수 없음은 매우 당연하다.

카이퍼가 영역주권을 주장하면서 가장 큰 관심을 기울인 영역은 놀랍게도 가정이었다. 사실 18세기에 국가가 종교에 간섭한다든지, 교회가 국가의 권한을 침범하는 것은 이미 큰 논란이 되지 않았다. 그런데 가정의 경우는 문제가 달랐다. 카이퍼는 당시 국가가 가정의 영역주권을 부당하게 침범한다고 생각했는데, 그의 주장은 단순했다. 자녀 교육은 국가도 교회도 아닌 가정의 주권 아래에 있다는 것이다. 국가가 교육을 총괄하는 것은 가정의 주권을 침범하는 것으로 간주했다. 예를 들어 독일에서는 지금도 홈스쿨링이 금지되어 있어서 자녀를 공립학교에 보내지 않고 가정에서 교육하면 벌금을 물게 되어 있다. 카이퍼는 이러한 것을 가정의 영역주권을 국가가 부당하게 무시하는 것으로 보았다. 그는 교육 과정과 내용을 국가가 결정하는 잘못을 바로잡기 위해 일생의 노력을 기울였다. 그가 세운 네덜란드 최초의 사립대학교를 '자유대학'이라 한 것은 국가와 교회로부터 자유로운 학교라는 사실을 나타내기 위함이었다.

그의 줄기찬 노력으로 네덜란드는 헌법을 바꿔 유럽 최초로 사립학교를 세우고, 부모들이 자신들의 종교적 신념에 따라 학교를 선택할 수 있도록 했다. 교육비용은 100퍼센트 국가가 담당하되 교육의 질과 수준만 감독할 뿐, 교사 채용이나 교육내용에 대해서는 전적으로 학교가 결정할 수 있도록 하였다. 자유대학교도 다른 국립대학과 다름없이 국고 지원으로 운영된다. 그러나 정부는 학위 수준만 감독하고, 교수 임용과 강의에는 간섭하지 않는다.

우리나라에서도 사학법 개정 문제는 아직 완전히 해결되지 않은 상태다. 중고등학교의 입학을 추첨제로 하고 국가가 등록금 한도를 설정하는 등 사립학교의 자율성이 심각하게 제한받고 있다. 그뿐만이 아니다. 정부가 교과 과정과 내용까지 결정한다. 카이퍼의 관점으로 보면, 우리나라에서는 가정의 주권이 전혀 존중되지 않고 있는 셈이다. 그나마 홈스쿨링이 허용된다는 점에서는 독일 등 대부분 유럽 국가들보다는 더 자유롭다 할 수 있겠다.

한국에서 기독교가 가정의 영역주권을 회복하려면 몇 가지 선행되어야 할 것들이 있다. 기독교 학교가 운영의 투명성을 보증하고, 교육의 질이 월등하게 앞서야 한다. 또한, 기독교계는 물론 기독 교육계의 도덕적 권위가 확실하게 인정받아야 한다. 그렇지 않고는 신앙에 입각한 교육의 자율성을 보장받거나 가정의 고유 권한을 요구하기가 매우 어렵다. 한국 교회는 자녀들의 올바른 양육과 교육을 위하여 지금보다 훨씬 더 많은 고민을 해야 할 것이다.

세계관과
어머니

✓ "세계관과 어머니?" 제목을 보고 의아해하는 독자가 있을 것이다. "세계관을 오만군데 다 갖다 붙이는군! '달과 500원'에서처럼 '과'를 불법적으로 붙인 게 아닌가?" 그러나 사실은 그게 그렇게 이상하지는 않다. 어머니와 세계관은 절대로 무관하지 않다.

누구도 세계관을 어머니 뱃속에서 타고나지 않는다. 세계관은 이 세상에 태어난 후 주위 사회로부터 교육과 경험을 통해서 습득한다. 합리론이 주장하는 것처럼 인간이 태어날 때 이미 기본 관념은 다 가지고 있다는 것을 증명하기는 쉽지 않다. 설령 생득적 관념(生得的 觀念)이란 것이 있다 하더라도 그것은 어디까지나 가능성이지 구체적인 지식으로 현실화되어 있지는 않다. 오히려 존 로크(John Locke)가 주장한 것처럼 인간은 백지상태로 태어난다고 보는 것이 더 타당하다. 경험을 통해 그 백지에 글자가 써지고 그 글자들이 모여 단어가 되고, 단어들이 결합해 문장을 이루어 지식을 형성한다. 물론 거기에는 바깥에서 들어오는 정보를 이해하고 해석하고 결합하는 주체가 작용한다. 여기서 말하는 지식이란 의식적, 무의식적인 경험과 가치관, 행동방식 등을 모두 뭉뚱그려 표현한 것이다.

세계관도 후천적인 것인 만큼 역시 그런 과정을 거쳐서 형성된다. 세계관이란 의식할 수 있는 지식의 체계가 아니라 일상생활에서 무의식적으로 수행하는 행동과 판단, 소통에 녹아 있고, 거기에 작용하는 가치관 혹은 윤리관에 반영된 것이다. 그런 것은 체계적인 교육보다는 주로 우리에게 영향을 주는 주위 사람들의 일상적인 삶을 통하여 우리에게 무의식적으로 전수된다. 이 사실을 고려하면 어머니의 세계관이 자녀의 세계관 형성에 결정적인 역할을 한다는 사실을 인정할 수 있을 것이다.

이 세상에서 태어나 최초로 만나는 사회는 가정이고 최초의 교사는 어머니다. 교육학이나 심리학의 심오한 연구를 거치지 않더라도 우리는 어릴 때 받은 훈육과 교육이 사람의 일생에 큰 영향을 끼친다는 사실을 상식으로 알고 있다. "세 살 버릇 여든까지 간다"는 속담이 우연히 생긴 것이 아니고, 결혼 상대를 고를 때 가문을 보라는 충고도 공연한 것이 아니다. 백지상태에 처음으로 들어오는 정보가 바탕이 되고, 그 바탕을 근거로 해서 원시적인 자아가 형성되며, 그렇게 생긴 자아가 주체가 되어 그다음에 들어오는 정보를 취사선택한다. 그래서 최초의 정보, 어릴 때의 정보가 한 사람의 인격 형성과 세계관 형성에 결정적일 수밖에 없다.

그런데 인생 최초의 접촉이 어머니와 이뤄지고 어릴 때 가장 많은 시간을 보내는 사람도 어머니기 때문에 최초의 정보는 어머니가 제공하고 어릴 때의 정보 대부분도 어머니에게서 올 수밖에 없다. 어머니로부터 배운 사투리를 쉽게 바꾸지 못하고 어머니가 제공한 음식 맛을 평생 잊지 못한다. 나무도 어릴 때 곧게 키워야 곧은 나무가 될 수 있고 굽은 나무라도 어릴 때 바로 세워야 바로 자란다. 다 자라 버린 굽은 나무는 바로 잡을 수 없다.

물론 인간은 나무와 달라서 성장 과정에서 가치관과 행동방식, 세계관을 얼마든지 바꿀 수 있다. 그러나 쉽지는 않다. 어릴 때 서양에 이민 간 사람은 비교적 쉽게 그 문화에 적응하지만 어른이 되어서 이민 간 한국인은 대부분 그 지역 언어도 제대로 배우지 못하고 그 문화에 동화되지도 못한 채 한국인으로 죽고 만다. 물론 어머니의 세계관도 그 어머니 스스로가 만든 것이 아니다. 그것도 그의 어머니와 그가 살고 있는 사회의 세계관의 영향을 받아 형성된 것이다. 그리고 그 어머니 밑에 자란 자녀도 그 사회에서 성장하면서 그 문화의 영향을 받기 때문에 한 개인의 세계관은 주로 그가 살고 있는 사회의 세계관에 의하여 결정된다. 사실은 한 사회의 세계관이 어머니를 통하여 일찌감치 자녀에게 학습되는 것이다.

만약 자녀에게 전수된 어머니의 세계관과 그 세계관을 결정하는 그 전의 세계관이 잘못되었다면 누가 그것을 가장 쉽게 고칠 수 있겠는가? 태어난 아이는 물론 고칠 수 없고, 사회는 인격체가 아니므로 자신의 세계관을 인식하지도 못하고 고치지도 못한다. 그 셋 가운데는 역시 어머니의 역할이 가장 클 수밖에 없다. 그러므로 세계관 교육을 위해서 어머니의 위치는 전략적으로 중요하다. 어머니의 세계관을 고치는 것이 세계관 교육에 가장 효과적이다.

부부간의 사랑

✓ 　유교에서는 가정의 핵을 부모와 자식의 관계에 둔다. 유교 윤리의 기본으로 알려진 오륜(五倫)에서는 부자유친(父子有親)이 부부유별(夫婦有別)보다 먼저이고, 삼강(三綱)에서도 부위자강(父爲子綱)이 부위부강(夫爲婦綱)에 앞선다. 그러나 성경은 남편과 아내의 관계를 부모와 자식의 관계에 우선한다. "남자가 부모를 떠나 그의 아내와 합하여 둘이 한 몸을 이룰지로다"(창 2:24; 마 19:5 참고).

　부모와 자식은 혈연관계에 있기에 본능적이고 자연적이지만 남편과 아내는 같은 피가 아닌 약속으로 맺어져 있다. 이는 기독교가 자연종교가 아니라 언약의 종교란 사실과 무관하지 않다. 인도 신화에서 가르치듯 신이 인간을 낳은 것이 아니라 하나님이 우리를 그분의 형상으로 창조하시고 우리와 언약을 맺어서 우리는 하나님의 백성이 되고 하나님은 우리의 하나님이 되신다.

　언약에서 중요한 것은 약속을 신실하게 지키는 것이다. 하나님은 철저하게 신실하셔서 한 번 약속하신 것을 변하게 하지 않으신다. 그러므로 우리는 안전하게 하나님을 믿을 수 있고, 그 믿음으로 위로를 받는다. 물론 우리도 마땅히 하나님과 맺은 언약에 신실해야 한다. 부부간의 약속도 마찬가지다. 결혼식 때 신랑과 신부는 기쁠 때나 슬플 때나 언제 어디서나 서로 이 세상에 하나밖에 없는 남편이며 유일한 아내로 서로를 자신의 몸처럼 아끼고 보호해 줄 것을 약속한다. 그 약속에 신실할 때 부부는 서로 믿을 수 있고 가정은 안전하고 안정되어서 참 평화와 행복이 보장되는 것이다.

그러므로 부부간의 사랑에는 약속에 대한 신실함이 그 핵을 이룬다. 일생 부부가 연애할 때처럼 서로 좋아하고 같이 있고 싶어서 어쩔 줄 모르는 상황이 계속되면 참 좋겠지만, 그런 것은 소설이나 영화에서만 존재한다. 너무나 많은 젊은 부부가 그런 애송이 사랑이 사랑의 전부인 줄로 착각하고 그런 느낌이 사라지면 사랑이 식었다고 판단해 이혼한다. '결혼은 사랑의 무덤'이란 말도 그런 송아지 사랑(calf love)을 참사랑과 혼동한 데서 생겨나는 오해다.

그러나 그런 감정적인 사랑은 젊은 남녀가 다른 이성에게 관심을 두게 하려고 하나님께서 인간에게 심어 주신 하나의 씨앗에 불과하다. 끌림이 있어야 서로 관심을 기울이고 서로 더 알아보려고 노력한다. 만약 그런 감정이 없다면 아무도 이성에 관심을 쓰지 않을 것이고, 따라서 결혼하는 사람이 적어 인류의 존속이 어려워질 것이다. 그러나 그런 감정은 사랑의 전부가 아니고 사랑의 핵심도 아니다. 사랑의 핵심은 서로 믿고 서로에게 철저히 신실한 것이다. 아무리 서로 사랑한다고 야단법석을 떨어도 서로에 대한 철저한 믿음과 신실함이 없으면 그것은 진정한 사랑이 아니다. 감정적으로 사랑스럽지 않을 때도 '사랑'할 수 있어야 진정한 '사랑'이다.

감정적인 사랑은 참사랑의 시작은 될 수 있지만, 결혼의 조건은 아니다. 나의 부모님 세대에는 사랑해서 결혼한 경우가 극소수에 불과했다. 그렇다고 그들의 결혼이 잘못되었다고만 할 수는 없다. 그렇게 결혼한 사람들이 모두 불행하게 살지도 않았다. 오히려 "그대 아니면 죽는 것이 낫다"고 야단법석을 떨며 결혼한 요즘 젊은이들이 더 많이 이혼한다. 성경도 부부가 서로 사랑하라고 가르치지만, 사랑이 결혼의 조건이라고 가르치지는 않는다.

성경은 부부 간에도 아가페 사랑으로 사랑하라고 명령한다. 성경이 사랑을 '명령'한다는 사실 자체가 이미 그 사랑이 감정적인 것이 아니란 것을 보여 준다. 왜냐하면 감정은 명령을 받을 수 없기 때문이다. 신학자 다드(C. H. Dodd)는 아가페를 '감정이나 애정'(emotion or affection)이 주가 아니고 '능동적인 의지의 결단'(active determination of the will)이라고 주장했다. 그러므로 부부간의 관계는 감정적인 사랑만으로 이뤄지지 않으며 그렇게 되어서도 안 된다. 쉽게 변하고 사라지는 감정에 근거한 관계는 불안할 수밖에 없다. 그런 상태에서는 삶의 안정도, 생산적인 활동도 기대할 수 없다. 부부 간의 사랑은 그보다는 훨씬 더 깊고 성숙해야 한다. 합리성과 의지가 같이 작용해야 하고 감정이 그에 따라야 한다. 아가페 사랑에는 감정적인 애착이 동반할 수 있다.

바울 사도는 "누구든지 자기 친족 특히 자기 가족을 돌보지 아니하면 믿음을 배반한 자요 불신자보다 더 악한 자니라"(딤전 5:8)라고 경고한다. 이 경고는 우선하여 부부 관계에 적용되어야 한다. 모든 아내는 남편을 이 세상에 하나밖에 없는 남편으로, 모든 남편은 아내를 이 세상에서 하나밖에 없는 아내로 인식하고 서로에게 철저히 신실해야 한다. 그런데 만약 부부가 서로 돌보지 않는다면 이는 서로가 상대에 가지고 있고 마땅히 가져야 할 믿음을 배반하는 것이다. 그런 배신자는 불신자보다 더 악하다.

이혼은 약속을 배신한 결과다. 성경이 하나님을 배신하고 이방신을 섬기는 것을 간음에 비유한 것은, 우상숭배와 간음이 모두 배신을 함축하기 때문이다. 남편과 아내의 관계를 그리스도와 교회의 관계에 비유한 것은, 거기에는 모두 신실함이 기본이기 때문이다.

기독교 가정의 부부들은 서로에게 철저히 신실함으로 스스로 행복해질 뿐 아니라 지금 대대적으로 파괴되고 있는 한국의 가정들에 소금과 빛의 기능을 수행했으면 한다.

엄숙하고 소박한 결혼 문화

✓ 한 사람의 일생에서 결혼식만큼 중요한 의식은 없다. 태어나는 것과 죽는 것은 자신의 책임이 아니고, 그와 관계된 의식도 당사자에겐 무의미하다. 돌잔치나 장례식이 아무리 성대하고 뜻 있게 치러졌다 해도 그의 삶의 가치가 달라지는 것은 아니다. 그러나 결혼식과 그와 관계된 행사에는 당사자의 생각이 반영될 수 있고, 멋진 결혼 행사는 그 사람들의 삶과 이미지에 상당한 영향을 끼친다. 일생 회고하면서 즐거워하고 자랑스러워하는 결혼식, 자녀에게도 자랑할 수 있는 결혼식, 친구와 친지들이 진심으로 부러워하고 칭찬할 수 있는 결혼 행사, 교회와 사회에도 긍정적인 영향을 끼칠 수 있는 결혼식을 올릴 수 있다. 일생에 한 번밖에 없는 중요한 행사를 사람들이 하는 방식대로 그저 적당히 치르는 것은 너무 아깝지 않은가?

한국의 결혼 문화에서 적어도 두 가지는 고쳐야 한다. 하나는 결혼식을 그저 통과의례의 하나로만 취급하는 것이다. 물론 결혼식은 하나의 통과의례다. 그러나 취임식이나 졸업식과 같은 성격의 통과의례는 아니다. 졸업식을 하지 않았다 하여 졸업 자격이 없어지는 것도 아니고, 취임식이 없었다 하여 임무를 수행하지 못하는 것도 아니다. 그러나 결혼식을 올리지 않았으면 여러 면에서 온전한 결혼이라 할 수가 없다.

결혼 의식의 핵심은 서약이다. 신랑과 신부가 증인들과 하나님 앞에서 죽음이 둘을 갈라놓을 때까지 어떤 경우에라도 서로에게 신실하고, 부부의 대의와 정조를 지킬 것을 약속하는 것이다. 그런데 이 서약은 단순히 하나의 의례적인 형식이 아니라 국가 간의 조약이나 사업상의 계약과 같이 실제적인 의무와 권리가 발생하는 근거로 보아야 한다. 부부는 피로 연결된 자연적 관계가 아니라 두 성인의 서약으로 맺어지는 언약의 관계다. 시내산 언약으로 하나님은 이스라엘의 하나님이 되시고 이스라엘은 하나님의 선민의 지위를 얻은 것처럼 신랑과 신부는 혼인 서약으로 비로소 남편과 아내가 된다. 결혼식을 올리고 하객을 초청하는 것은 그 서약의 증인이 되어 약속수행을 더 충실하게 수행하도록 압력을 받기 위함이다. 그러므로 결혼식은 엄숙하게 치러야 하고 결혼 서약은 신실하게 해야 한다.

또 하나 고쳐야 할 폐습은 결혼 잔치를 돈 잔치로 만드는 것이다. 모든 신성한 것은 돈과 무관해야 하고, 결혼이 신성하다면 돈은 거기에 개입되지 말아야 한다. 돈을 바라서 결혼하는 것은 상대에 대한 모독이고 결혼의 신성함에 대한 모독이다. 수많은 청첩장을 뿌리고, 일급 호텔 예식장에서 온갖 호화로운 행사를 동원해 하객에게 돈 자랑을 하는 것은 신랑 신부의 행복과는 무관하게 부모의 허영심이 상언하는 코미디다. 그들은 사람들이 부러워할 줄 알지만 오히려 질투하고, 돈 없는 사람들은 서러워한다. 사람을 질투하게 하고 사람을 서럽게 하는 결혼이 의미 있고 행복할 수 있겠는가? 그리스도인 가정은 그런 광대놀이를 하지 말아야 하는 것은 말할 것도 없고, 우리 사회의 잘못된 결혼 문화를 고쳐야 한다. 한국 사회와 교계에서 존경 받는 이만열, 김일수, 고(故) 김인수 장로 등은 자녀 결혼식에 청첩장을 돌리지 않고 친척, 친지 몇 분만 초청해 조촐하고 엄숙하게 예식을 치렀다.

  신혼 가정에 필요한 모든 것을 부모가 다 공급해 주는 것도 아주 크게 잘못하는 것이다. 신혼부부가 열심히 일하고 철저히 아껴서 반짝거리는 새 숟가락 하나, 새 접시 하나 사 들고 마주 보면서 같이 즐거워하는 것이 얼마나 큰 행복인가? 그런데 부모가 모든 것을 한꺼번에 왕창 공급해 주는 것은 얼마나 잔인한가? 자녀에게 주는 것은 모든 부모의 즐거움이다. 그런 즐거움을 자신들이 누리기 위해서 신혼부부의 잔잔한 행복을 빼앗아 버리는 것은 자녀를 사랑하는 것이 아니라 자녀에게 죄를 짓는 것이다.

  그리스도인은 돈이 가정을 위한 행복의 조건이 아니라 오히려 방해가 될 수 있음을 알아야 한다. 부모의 경제적 책임은 자녀를 양육하고 필요한 교육을 받게 하는 것으로 끝내야 한다. 다른 사람에게 손을 벌려야 할 정도로 곤궁한 상황이 아니면 물질적으로 돕지 않는 것이 자녀의 책임감과 독립정신을 키우는 것이고 그들의 자존심을 존중하는 것이다. 젊어서 하는 고생은 사서라도 해야 한다.

  혼수가 적다고 며느리를 구박하는 못난 부모들이 가끔 있다. 인도 같은 후진국에는 결혼지참금(dowry) 제도가 심각한 사회적 문제다. 남존여비를 고수하는 후진 문화의 전형적인 악습이고, 우리의 혼수제도는 그런 잘못된 악습의 잔재다. 모든 사람의 평등한 인권을 존중하고 여권 신장에 앞장선 한국 기독교가 반드시 제거해야 할 전통이다. 혼수에 집착하는 것은 며느리의 권한이 점점 커지는 시대에 별것 아닌 것으로 늙어서 구박 받을 빙거(憑據)를 만드는 어리석음이기도 하다.

엄숙하고 조촐하며, 모두가 축하하고 즐거울 수 있는 기독교적 결혼 문화가 정착되기 바란다.

가정이
건강해지려면

✓　어떤 기독교 단체가 큰 집회를 준비하면서 C.C.C.(대학생선교회) 창립자 빌 브라이트 박사를 주 강사로 초청했다. 브라이트는 자기의 스케줄을 훑어보고는 정중하게 그 초청을 거절했다. 그 시간에 자기 아들과 농구를 하기로 약속했기 때문이다.

그런 태도가 과연 세계적인 기독교 단체인 C.C.C.의 총재에게 적절한가? 대부분의 한국 그리스도인들은 그의 거절을 의아하게 생각할 것 같다. 수많은 사람의 영적 이익보다 자기 아들과의 농구 놀이를 더 중요시하는 것은, 브라이트 박사 정도의 영적 권위와 달란트를 가진 사람에게는 좀 무책임한 행동이 아닌가? 자기 아들 한 사람과의 약속은 연기할 수 있지만, 수많은 사람의 시간을 조정하기는 그리 쉽지 않다. 나는 아들과의 농구 약속 때문에 그렇게 중요한 모임에 차질을 가져오는 일은 하지 못할 것 같다. 실제로 나는 대개 공적인 행사를 위해 가족과의 약속은 주저하지 않고 연기하거나 파기했고, 그 때문에 마음 아파한 경우도 별로 없었다.

브라이트 박사가 옳은지 내가 옳은지 단정적으로 말하기는 어려울 것 같다. 그러나 브라이트의 결정은 우리가 당연하게 수용하는 상식에 대해서 근본적으로 반성해 볼 계기는 될 것 같다.

❶ 이제까지 우리는 가족을 나 자신의 연장이라 생각하고, 가족에 대한 의무를 다른 사람에 대한 의무보다 덜 중요하게 취급해 왔다. 그래서 가족과의 약속을 어기거나 바꾸는 것을 다른 사람과의 약속을 어기거나 바꾸는 것처럼 심각하게 여기지 않았다. 그러나 이제 세상이 많이 달라졌고 우리도 달라져야 한다. 가족은 이미 나의 연장이 아니라 독립된 인격체들이며 따라서 가족들은 모두 나의 의무와 희생에 동참해야 할 의무가 없다.

자녀가 부모에게 순종해야 한다고 하여 부모의 부속품이 될 수 없으며, 부부일체라 하여 아내가 무조건 남편의 뜻에 따르던 시대는 지나갔다. 부모는 자녀를 보호하고 양육할 의무가 있으나 무조건 명령할 권리는 없고, 자녀는 일정 한도 내에서 부모에게 순종하고 부모가 늙으면 보양할 의무가 있으나 모든 일에 다 순종할 수는 없다.

가족 한 사람 한 사람은 각각 고유한 권리와 의무가 있으며 이를 바로 인식하고 존중할 때만 건강한 질서와 화목이 가능하게 되었다. 브라이트에게는 아들에게도 신실할 의무가 있으며, 아들은 아버지에게 약속을 지킬 것을 요구할 권리가 있다. 먼저 약속했기에 아직 약속하지 않은 수천 명의 교인보다 약속한 아들에게 더 큰 의무가 있는 것이다.

❷ 브라이트 박사가 겨우 농구 때문에 중요한 기독교 단체의 집회 강연을 포기하는 것을 과연 균형 잡힌 판단이라 할 수 있을까? 그렇지 않다고 생각한다면 우리는 가족과의 놀이가 가진 가치와 기

능을 과소평가하는 것은 아닌지 자문해 보아야 한다. 지금 대부분의 한국 가정들은 그 자체의 목적과 의미를 지닌 공동체가 아니라 다른 목적을 위한 수단으로 전락하고 말았다. 부모들은 생업에, 자녀들은 공부에 찌들어 있고 그리스도인들은 거기에 교회 출석과 QT, 봉사 시간까지 보태어 정신없이 바쁘다. 하나님의 영광을 위해서, 이웃에 더 잘 봉사하기 위해서가 아니라 우리의 탐욕을 채우고 경쟁에 이기기 위해 아귀다툼을 한다. 가정들은 마치 군인들이 전투 중간에 잠깐 쉬면서 다음 전투를 준비하는 예비 사단과 비슷하게 되어 있다. 이렇게 심각한 전쟁을 치르고 있는 상황에서는 휴식이니 놀이니 하는 것이 끼어 들 수 있는 공간이 없다.

물론 하나님은 우리 몸과 마음을 일하도록 만드셨다. 우리는 일하지 않으면 녹슬고 약해지게 되어 있다. 그러나 탐욕을 채우기 위해, 경쟁에 이기기 위해 과로하는 것이 하나님의 뜻이 될 수는 없다. 성경은 부지런히 일하기를 요구하면서도 놀랍게도 일주일에 하루는 쉬라고 명령한다. 우리 자신뿐 아니라 우리 가족들, 우리를 위해 일하는 사람들, 심지어 가축들까지 쉬라고 하셨다. 단순히 다음 엿새 동안 일하기 위해 쉬는 것이 아니라 그날을 축제일로 즐기란 것이다. 장차 하나님 나라에서 하나님의 가족들과 함께 벌일 영원한 잔치를 미리 맛보란 것이다. 일하기 위해 쉰 것이 아니라 쉼 자체를 위해 쉬란 것이다.

생업이나 공부, 출세, 경쟁과 무관하게 단순히 즐기기 위해 가족끼리 노는 것은 가정의 건강을 위해 중요하다. 서로 이해하고 용서하고 도와줄 것을 믿는 사람들끼리 모든 긴장을 풀고 이해에 관심 없이 즐겁게 노는 것은 잠시 맛보는 천국이며, 가족과 가정의 건강을 위해서 돈으로는 살 수 없는 보약이다. 할아버지, 할머니, 손자, 손녀가 한데 어울려 윷놀이를 하면서 아무 대가도 없는 승리를 위해 마음껏 왁자지껄 떠들 수 있다면 그 가정은 이미 건강하거나 곧 건강해질 것이다. 같이 여행하거나 경기하는 것도 마찬가지다. 그것은 결코 시간 낭비가 아니며 다른 것으로 대체할 수 없다. 가정이 건강해야 생업과 학업이 보람차고 효율적이 될 수 있다. 일만 하고 엄숙하기만 하면 가정이 병들 수밖에 없다. 가족끼리의 즐거운 놀이가 큰돈이나 좋은 성취보다 더 큰 가치를 가질 수 있다.

아버지와 권위

✓ 가정이 해체되고 있다. 대가족이 핵가족으로 줄고, 이혼이 빈번하며, 청소년들뿐만 아니라 아비나 어미도 자녀를 두고 가출해 버려 조손가정이 늘고 있다. '가정, 달콤한 가정'(home, sweet home)은 옛날 동요에서나 나옴직한 말이 되고 말았다.

가정의 기능이 모호해지고 있다. 과거에는 가장이 가족의 생계와 안전을 책임졌다. 그래서 부모가 없는 고아와 남편이 없는 과부가 가장 불쌍한 사람이었다. 그러나 오늘은 가장의 기능이 조금씩 국가의 손으로 넘어가고 있다. 복지란 이름으로 국가가 경제적 수요를 공급하고 법률과 공권력으로 개인의 안전을 보장한다. 고아와 과부가 과거만큼 힘들게 살지는 않는다. 옛날에는 자녀의 교육도 가정이 책임졌다. 그래서 버릇없는 자를 '호래자식'이라고 욕했는데 이는 아비 없이 자라 막돼먹은 사람이란 욕이었다. 그러나 지금은 어린이집, 유치원, 초중고등 교육기관이 양육과 교육의 임무를 수행한다.

이런 변화에도 대부분의 여론조사를 보면 국민 다수는 가정이 행복의 근원이라고 생각한다. 이런 결과가 나온 것은 사람들이 가정 해체의 위험을 느껴서 오히려 더 애써 보존해야 한다고 생각하기 때문일 수도 있다. 그러나 그보다는 많은 사람들이 가정은 본래 행복의 근원이란 것을 인정하기 때문이 아닌가 한다. 국가가 아무리 치밀하게 우리의 생존과 안전을 보장해 주고 우리의 일상생활을 보살펴 준다 해도 가정의 역할을 대행할 수는 없다. 국가의 행위는 제도와 법, 규정을 따라야 하고 어떤 제도나 법, 규정도 개인의 다양한 수요를 다 충족할 수 없다. 국가에서 한 개인은 다수 가운데 하나일 뿐이다. 그러나 가정에서 우리 하나하나는 대체 불가능한 독특한 존재다. 아내와 남편, 아버지, 어머니는 다른 사람과 바꿀 수 없다. 누구도 자녀와 바꿀 수 없다. 국가의 보호와 복지는 개인의 행복을 보장할 수 없다.

그리고 꿀벌이나 개미의 군거(群居)를 유지하는 본능적 질서와는 달리 모든 인간 공동체에는 인위적인 질서가 필요하고 가정도 예외가 아니다. 아무리 서로 사랑하고 뜻이 맞더라도 가정에는 질서가 있어야 하고, 그 질서를 위해서는 권위 행사자가 있어야 한다. 하루는 아버지가 명령하고 다음 날엔 어머니, 그다음 날엔 아들이 가정의 중대사를 결정할 수는 없다.

대부분 사회에서는 아버지가 가정의 권위를 행사해 왔다. 그것은 우연히 형성된 전통 때문만은 아닐 것이다. 어머니는 아이를 낳고 양육해야 하므로 주로 집에 머물러야 했으며 섬세하고 자상해서 아기의 모든 구석을 잘 살펴야 했다. 네덜란드의 심리학자 바우텐다이크(J. J. Buytendijk)는 여자의 시각은 치밀하다(intensive)고 하였다. 그러나 아버지는 가족을 신체적, 경제적, 사회적으로 보호해야 했고 그 사회적 책임 가운데는 종교적, 교육적 책임도 포함되어 있었다. 그래서 남자는 여자보다 육체적으로 강해야 하고 남자의 시각은 섬세하거나 치밀하지 못한 대신 광범위(extensive)해야 했다. 아버지가 가정의 권위를 행사하게 된 것도 이런 특징들 때문이 아닌가 한다. "엄격한 아버지와 자애로운 어머니(嚴父慈母)"란 표현이 생겨나고 아직도 남아 있는 것은 상당한 동의가 있기 때문이다.

그런데 오늘날 아버지가 수행했던 많은 업무를 국가가 대행하면서 그의 위상이 많이 약해졌다. 그러나 아기는 국가가 낳아 줄 수 없고, 갓 태어난 아기를 국가가 돌보기는 불가능하다. 그러므로 시대가 변해도 어머니의 역할은 불가결하다. 그러나 아버지는 어머니만큼 중요하지 않게 되었다. 있으면 좋지만 없어도 그만인 사치품이 되고 만 것이다. 아버지의 권위가 약해지는 것은 단순히 여권이 신장하기 때문만은 아니다. 아버지의 역할 상당 부분을 국가가 대행하기 때문이다.

그러나 국가가 가정을 완전히 대체할 수 없는 것처럼 국가가 가정의 권위를 대행할 수도 없다. 가정의 영역주권은 국가가 침범할 수도 없고 침범해서도 안 된다. 아버지가 아니면 어머니라도 권위를 가져야 가정의 질서가 바로 서고 자녀가 정상적인 훈육을 받을 수 있다. 아직은 아버지가 권위를 행사하는 것이 자연스러운 것 같다. 자녀가 결정하고 부모가 그에 순종하거나 아내가 명령하고 남편이 그에 따르는 것은, 아직 우리에게 생소하고 어색하다.

아버지가 가장이 되어 권위를 행사하는 것은 아버지가 다른 식구보다 더 지혜롭거나 강해서가 아니다. 옛날 왕조시대나 지금의 북한에서는 특별한 가문에서 태어났다는 이유로 통치자가 되지만, 민주주의에서는 선거에 이겨야 대통령이 된다. 오늘날 가장의 권위도 그렇게 이해할 수 있다. 자격이 있어서가 아니라 질서를 위해서 임무를 수행하는 것이다. 가능한 한 의논하여 모든 것을 결정하되, 의견이 엇갈리면 의장이 최후의 결정권을 갖는 것이다. 특별한 경우를 제외하고는 아버지가 의장이 되는 것이 여러 면에서 편리하다.

이 세상에서 태어나

최초로 만나는 사회는 가정이고

최초의 교사는 어머니다.

사단법인 기독교세계관학술동역회
사역 소개

세계관 운동

삶과 학문의 모든 영역에서 예수 그리스도가 주인이심을 고백하고, 하나님의 말씀대로 생각하고 적용하며 살도록 돕기 위한 많은 연구 자료와 다양한 방식의 강의 패키지들을 준비하고 있습니다. 특히 삶의 각 영역에서 만날 수 있는 문제들에 대한 대안을 찾을 수 있도록 세계관 기초 훈련, 집중 훈련 및 다양한 강좌들을 비롯하여 기독 미디어 아카데미, 기독교 세계관 아카데미, 어린이 청소년 세계관 강좌 등 다양한 강의와 세미나가 준비되어 있습니다. 강의를 원하시는 교회나 단체는 기독교세계관학술동역회 사무국으로 연락해 주시면 친절히 안내해 드립니다.

기독교학문연구회

기독교학문연구회(KACS : Korea Association of Christian Studies)는 기독교적 학문 연구를 위한 학회로, 각 학문 분야별 신학과 학제간의 연구를 진행하여 신앙과 학문의 통합을 추구하고 있습니다. 연구 발표의 장으로 연 2회의 학술대회를 개최하고 있으며, 한국연구재단 등재학술지 〈신앙과 학문〉(1996년 창간)을 발행하고 있습니다.

VIEW 밴쿠버기독교세계관대학원

1998년 11월, 밴쿠버기독교세계관대학원(VIEW)은 캐나다 최고의 기독교대학인 Trinity Western University 대학의 신학대학원인 ACTS와 공동으로 기독교세계관 문학석사과정(MACS-Worldview Studies)을 개설했습니다. 현재 캐나다 밴쿠버에 기독교세계관 문학석사 과정, 디플로마(Diploma) 과정을 운영하고 있으며, 2006년부터는 다양한 연수 프로그램(교사 창조론, 지도자세계관 학교, 청소년 캠프 등)을 개최하고 있습니다.

CTC 기독교 세계관 교육센터
CTC(Christian Thinking Center)는 가정과 교회와 학교에 기독교 세계관 교육 콘텐츠를 제공함으로서 다음 세대 그리스도인들이 기독교 세계관으로 생각하고 살아가도록 돕는 것을 사명으로 하는 기독교 세계관 교육기관입니다.

도서출판 CUP
바른 성경적 가치관 위에 실천적 삶을 살아가는 그리스도의 제자들을 세우며, 지성과 감성과 영성이 전인적으로 조화된 균형잡힌 도서를 출간하여 그리스도인다운 삶과 생각과 문화를 확장시키는 나눔터의 출판을 꿈꾸고 있습니다.

(사)기독교세계관학술동역회
연락처_ ☎. 02)754-8004
(03922) 서울특별시 마포구 월드컵북로 58길 9, ES타워 9층
E-mail_ info@worldview.or.kr
Homepage_ www.worldview.or.kr

도서출판 CUP
연락처_ ☎. 02)745-7231
(14549) 서울특별시 중구 을지로 148, 8층 803호 (을지로3가, 드림오피스타운)
E-mail_ cupmanse@gmail.com
Homepage_ www.cupbooks.com